영화, 영화인
그리고
영화제

Mr. KIM Goes To Film Festivals

영화, 영화인 그리고 영화제

Mr. KIM Goes To Film Festivals

김동호

문학동네

영화와 함께 울고 웃고 환호하며
―서문

국제영화제에 대한 나의 첫 경험은 1988년 8월의 몬트리올 영화제였다. 임권택 감독의 〈아다다〉가 경쟁부문에 선정되자 나는 임 감독과 주연배우 신혜수와 함께 몬트리올로 달려갔다. 다음해 8월에는 태흥영화사 이태원 사장, 임권택 감독, 배우 강수연과 경쟁부문에 진출한 〈아제아제 바라아제〉가 상영되는 모스크바 영화제에 참가했다. 당시 영화진흥공사 사장이었던 나는 몬트리올과 모스크바 영화제에서 '영화홍보'에만 열중했다. 1996년, 부산국제영화제의 창설을 준비하면서 홍콩 영화제와 칸 영화제를 방문했다. 이때는 부산영화제의 창설을 알리고 중요한 영화계 인사를 초청하는 일에만 몰두했다.

첫 부산국제영화제가 폐막한 직후 하와이, 로테르담, 싱가포르, 후쿠오카 영화제의 심사위원으로 초청받으면서 나의 세계영화제 탐방이 본격화되기 시작했다. '역마살' 때문일까. 부산국제영화제에 전 세계의 이목이 집중되면서 때로는 심사위원으로, 때로는 부산영화제의 공무로 영화제 탐방은 해마다 늘어났다. 최근 2009년과 2010년에는 각각 18개의 영화제에 참가했다. 나는 영화제를 방문할 때마다 그 영화제의 역사와 특성에 관한 자료를 모아왔다. 언젠가는 책으로 출판할 생각을 가졌지만 쉽사리 짬을 내지 못했다.

이 소망은 부산의 국제신문에 의해 이룰 수가 있었다. 2010년 1월 1일부터 8월 25일까지 매주 1회씩, 33회 분량의 귀중한 지면을 얻게 되었다. 이 책의 골자는 지면을 통해 이루어진 것이다. 누구보다 먼저 국제신문과 애독자들에게 깊이 감사드린다. 이와 더불어 2003년 3월호부터 2년 5개월 간 '김동호가 만난 영화제 사람들'을 연재해준 월간 『프리미어』에 대해서도 감사드린다. 이 연재는 국제신문 연재의 기초가 되었을 뿐 아니라, 이후 해외영화제에 대한 자료를 본격적으로 수집하는 계기가 되었다.

영화제를 다니다보면 수많은 영화와 함께 다양한 사람들을 만난다. 영화제는 영화와 관객이 함께 만나 웃고, 울고, 환호하는 축제의 마당이다. 영화제는 전 세계 곳곳에서 다양한 계층의 사람들이 모여드는 만남의 장소다. 그들과 함께 앉아 에스프레소 한 잔도 좋고, 진 토닉 한 잔도 좋다. 여기에 영화를 안주 삼으면 금상첨화다. 마주앉아 밤새도록 토론에 열중할 수 있는 곳이 바로 영화제다.

영화제는 저예산 독립영화인들에게는 자신의 영화를 선보이는 무대가 되기도 하고 소중한 요람이 되기도 한다. 중견 감독들에게는 자신의 영화를 향한 의지를 재확인시키는 단단한 땅이 되며, 거장들에게는 열광적인 관객을 만나는 영원한 만남의 장소이기도 하다. 영화를 선정하는 프로그래머들은 결과를 초조하게 기다리는 수험생처럼 관객이나 평론가들의 혹평에 좌절하기도 하고, 호평에 고무되기도 한다. 이러한 가운데 영화제는 성장해간다.

영화제엔 고유한 색깔이 있다. 와인마다 맛과 향이 다르듯이 영화제마다 각기 다른 색깔과 맛을 지닌다. 바텐더에 따라 같은 이름을 지닌 칵테일의 맛이 달라지듯, 영화제는 영화제의 수장과 프로그래머들의 취향에 따라 그 색깔이 변한다. 그 가운데 영화제는 상승 또는 하향 곡선을 그리면서 역사를 기록해나간다.

이 책이 햇빛을 보기까지 원고를 수정하고 보완해준 부산국제영화제의 이상용, 조영정 두 프로그래머와 스태프들, 따뜻한 환대를 보여준 해외영화제 집행위원장과 프로그래머 등 관계자 여러분에게도 특별한 감사를 드린다. 정해진 시간 때문에 방문했던 많은 영화제 중 40개의 영화제만을 수록했다. 하와이, 시애틀, 트라이베카, 인도 등 매우 중요한 30여 개의 영화제를 다루지 못한 데 대해 깊이 사과드리지 않을 수 없다. 나중에 증보판을 낼 기회가 생긴다면 좀더 충실한 세계영화제의 기록이 되도록 노력하겠다. 수록한 내용 중 분명 오류가 있을 것이라고 생각한다. 이러한 부분을 알고 계시면 연락을 부탁드린다. 미처 알아차리지 못한 오류나 부족한 부분에 대해서는 사과드리면서 새로운 판본을 통해 반영할 것을 약속한다. 끝으로 출판을 허용해주신 문학동네 편집진과 강병선 사장께도 감사드린다.

김동호

부산국제영화제 조직위원회 집행위원장

세계 영화인들의 추천사

영화감독 임권택

두어 발치 비켜서서 본 김동호란 인간

그와 처음 만난 것은 1988년 캐나다 몬트리올 국제영화제에서였다. 내 작품 〈아다다〉가 경쟁부문에 출품되어 주연 여배우인 신혜수 씨와 몬트리올로 가게 되었는데 개막식 행사가 끝난 다음날에야 부랴부랴 도착하게 되었다(그해 몬트리올 영화제에서 신혜수는 〈아다다〉로 최우수여우주연상을 수상하게 된다). 가서 보니 부임한 지 얼마 안 되어 면식이 없는 김동호 영화진흥공사 사장이 먼저 와 있었다(영화진흥공사는 현 영화진흥위원회의 전신이다).

김동호 사장이 진흥공사 직원들에게 경쟁부문에 오른 감독과 주연배우를 꼭 데려와야 한다고 단단히 일러놓고 서울을 떠났다는 소리를 전해 들으면서 나는 속으로 웃었다. 역대 영화진흥공사 사장 중에 해외영화제에 참가했던 사람이 아무도 없었던 데다가, 그들이 영화제에 온들 할 일이 뭐가 있겠는가 하는 생각 때문이었다. 또 김동호 신임 사장이 오랫동안 문화공보부의 요직을 두루 거쳤다고는 하나 영화에 관해서는 문외한이라는 걸 풍문으로나마 들어서 알고 있었기 때문이기도 했다. 아마 영화제를 핑계 삼아 관광이나 하자는 속셈이겠지, 하는 불쾌한 생각도 들기도 했다(실제로 유럽에서 영화제 참가단을 격려한다는 구실로 영화제 개최 도시에 가족까지 끌고 와 호화판으로 먹고 놀다 가는 해외공관 관리의 뒤태를 씁쓸하게 돌아보았던 기억이 났다).

김동호 사장은 우리를 반겨 맞아주었지만 나는 그리 반가울 수만은 없었다. 오히려 이 사람이 어떻게 노는가 어디 두고 보자, 하는 심사가 먼저였다. 그날 우리는 늦은 저녁식사를 겸해서 술을 마셔댔는데, 새벽 두어 시까지는 마셨을 것이다. 나도 한때는 영화감독으로보다는 술꾼으로 더 유명한 역전의 용사였는데 그의 주량도 만만치 않아 보였다. 다음날 늦은 아침, 나는 오랜만의 과음이 주는 고통을 견디며 가까스로 일어났다. 그런데 김동호 사장은 새벽 4시에 일어나서 우리 행사에 쓰일 연설문을 영문으로 작성하고 나서 산책도 다녀오고 아침식사도 이미 마쳤다고 한다.

한편, 캐나다나 미주지역에 근무하는 공관 관리들이 불원천리하고 김동호 사장을 찾아와 문안을 하며 옛정을 못 잊어했는데, 이건 예삿일이 아니었다. 나는 평소에 한국 관료사회의 부정부패가 나라를 망칠 것이라고 개탄하던 사람 중의 하나였다. 그런데 관복을 벗은 지 오래된 옛선배에 대한 후배들의 진심어린 존경심과 후배에 대한 선배의 자애심이 서로 간에 흘러넘쳐 맑고 깨끗하게 넘실대는 정을 현장에서 목도하자니, 관료사회를 개탄하던 나조차도 아무래도 우리나라가 망하지 않고 여기까지 올 수 있었던 것은 저런 능력 있고 깨끗한 소수의 관리들 때문이 아닌가 싶은 것이었다.

〈아다다〉의 시사회 날이 가까워지면서 김동호 사장은 바빠졌다. 그때만 해도 세계영화계에서 한국영화의 존재감이 전혀 없었던 시기였으므로 그는 시사 때 객석이 텅 빌까봐 조바심이었다. 그래서 그는 객석을 채우기 위해 아는 관리들을 동원하고, 교포사회, 교회 등의 사람들과 연계를 끌어내느라 아주 열심히 노력했다.

그의 그런 모습을 보다보니 저 사람이 여기 와서 뭐 하는지 두고 보자는 내 생각이 완전히 뒤집히고 말았다. 감독인 나조차도 그렇게 객석을 채우고 영화를 알리는 노력을 할 생각을 못했고, 아마 자기가 제작한 작품을 가지고 온 제작자가 있었다 하더라도 그렇게까지 열을 내며 뛸 수는 없었을 것이다.
그는 진흥공사 사장이 되자 영화에 관해서 더 알고자 틈만 나면 영화를 봤고 여러 영화제에 꾸준하게 참석했다. 그러다보니 어느 틈에 세계영화제 심사위원으로 불려 다닐 정도로 영화전문가가 되었다. 또 그는 빈손으로 해외영화제에 나가는 나 같은 감독들을 위해 꼭 자신의 카메라로 사진을 찍어줬다. 한국기자단도 없는 상황에서 그가 직접 참가 기념사진을 찍어주고 나중에 인화해서 건네주었던 것이다.
이제 김동호, 그 사람한테 보냈던 불신감이나 적대감 이런 것들이 일거에 사그라지는 느낌을 받으면서 나는 그 뒤로 그의 똘마니가 되고 말았다. 술을 먹자고 나오라고 하면 나가서 먹고, 술 취해서 새벽 1시든 2시든 우리 집으로 밀고 들어오면 나는 기꺼이 반겼다. 비록 집사람은 질색을 했지만, 이제 우리는 그런 사이가 됐다.

많은 사람들의 우려 속에 출발을 했던 부산영화제 첫해 때, 영화제 사무실이 어떻게 꾸며졌나 싶어서 그를 찾아가 보았다. 넓지는 않아도 그래도 쓸 만한 넓이의 사무실이었다. 그런데 집행위원장 자리라고 안내받아 갔더니, 한쪽 구석에 달랑 책상 하나와 의자 하나만 있고 사람 맞을 응접세트 하나 없었다. 그걸 보면서 이건 좀 지나친 겸사가 아닌가 싶기도 했다. 또 그가 부산영화제의 살인적인 스케줄을 소화하느라 퀵서비스 오토바이 뒷자리에 타고 해운대와 남포동 사이를 누비고 다니는 것을 목격하게 되었다. 그게 참 가관인 것 같기도 하고 어찌 보면 처량해 보이기도 했다.
부산영화제의 밤에는 외국에서 온 초대손님들과 우리나라 연기자들,

영화인들이 해운대에 널린 포장마차와 술집으로 흩어져서 술을 마신다. 그런데 김동호 위원장은 밤을 새워 그 많은 포장마차, 술집을 일일이 찾아다니면서 무슨 두주불사 전쟁 치르듯이 밤새껏 마시는 것 아니겠는가. 그러고는 또 새벽에 근처의 목욕탕에서 샤워를 한 말끔한 얼굴로 복집에 앉아서 복국을 먹고 있는 것을 여러 번 볼 수 있었다. 그 초인적인 모습에 이건 사람이 아니고 괴물이 아닐까 하는 생각이 들었는데, 그건 비단 나만의 느낌이 아니었다. 실제로 외국에서 온 사람들이 자기네들 나라에서는 그런 것을 본 적이 없다면서 '미스타 킴은 괴물'이라고 경외스럽다는 듯 말하곤 했다.

한마디로 그는 불과 몇 년 사이에 세계의 영화인들을 술로 재패해버린 것이다. 그렇게 해서 그는 순식간에 부산영화제의 위상을 세계적으로 끌어올렸고, 이제 내가 외국영화제에 가면 부산영화제 이야기를 여기저기서 듣게 되고, 혹시 초대받을 수 없냐고 묻는 사람들을 많이 만나게 되었다. 그는 부산영화제를 세계영화계에서 주목받는 자리로 끌어올리면서 반드시 이코노미 석만 타고 다니는 절약정신을 발휘하기도 했다. 간혹 부산으로 오갈 일이 있을 때 나는 출강하는 대학에서 보내준 비즈니스 석을 타게 되는데 그러다가 이코노미 석에 앉은 김동호 위원장을 만나서 민망했던 적이 많다. 몇 년 전만 해도 한국에서 외국을 가장 많이 나갔다 들어왔다 하는 사람 1위로 뽑혔던 김동호 위원장은 비즈니스 석으로 옮겨 탈 마일리지가 넘쳐나지만 한사코 이코노미 석만 탄다. 해외영화제의 초청을 비즈니스 석으로 받으면 나중에 부산영화제에서 초청할 때도 비즈니스 석을 제공해야 하기 때문이다. 상호절약이 가능한 이런 제안을 세계의 각 영화제들 측에 먼저 한 사람이 김동호 위원장이라고 한다.

그는 문공부 재직시에도 어찌나 술을 심하게 마셨던지 직원들 사이에서 그가 죽으면 해부를 해서 간이 어떻게 생겼는지 알아봐야 될 사람이라는 소리가 떠돌 정도로 악명 높은 술꾼이었다고들 한다.

그런데 그는 부산영화제에서 그렇게 많은 술을 먹고 돌아다니면서도 공식적인 자리가 아니면 전부 자기 사비로 사람들을 대접했는데 문공부 공직시절부터 그랬던 것으로 알고 있다. 그의 선친이 사업하다가 남기게 된 빚이 있었는데, 그는 상속받지 않으면 벗어날 수 있었던 채무를 고스란히 받아 안은 사람이었다. 그는 평생 월급에서 이 채무를 갚아나갔고 남은 돈으로는 직원들과 친구들과 술을 마시는데 썼다. 아이들의 교육비나 생활비는 일절 집에 가져다준 적이 없었다. 교육비와 생활비는 아마도 그의 부인이 목 좋은 장소에서 약국을 하면서 번 돈으로 다 감당하고 살았을 것이다. 나는 그렇게 믿는다.
어찌 보면 참 뻔뻔스러운 사람이라는 생각이 든다. 그 뻔뻔스러움이 어느 정도냐면, 어느 날 케이블TV에 출연해서 술 이야기가 나오자 자기가 임권택 감독 때문에 술을 먹게 된 사람이라는 터무니없는 소리를 해대서 나를 아주 악명 높은 술꾼으로 만들어놓고는 또 그것이 그리 좋은지 희희낙락할 정도였다.
이제 그런 속사정을 아는 나는 저렇게 일에 몰리고 나 같은 술꾼이 보기에도 엄청난 술 속에 사는 그가 저러고도 견딜 수 있겠는가 염려스러운 시선을 보내곤 했다. 남들한테는 안 보였겠지만 때로는 '아, 저 사람도 힘들어하는구나' 하는 기색을 알아차릴 때가 더러 있었다. 점점 더 야위어가고 사위어가는 그의 안색을 보고 있자니, 일을 열심히 해서 큰 성과를 내고 난 후라면 죽은들 어떠랴 하는 심정으로 그가 살아가고 있는 것처럼 생각되었다.
그러더니 그가 한 4년 전에 술을 완전히 딱 끊었다. 그래도 여전히 술자리에는 빠짐없이 참석하고 앉아서, 소주에 맥주를 타서 만드는 폭탄주 제조에 아주 능숙한 솜씨를 발휘해서 자기는 안 마시면서 남들은 마시도록 분위기를 조장했다. 술 끊고 4년이 지난 지금은 얼굴이 뽀얗게 돌아와서 자신은 살 만한 얼굴이 되어놓고, 남을 죽이는 짓은 취미 삼아 하는 것 같아서 기분이 언짢을 때도 있었다.

어쨌거나 15년 만에 부산영화제는 '시작은 미약하나 끝은 창대하리라'는 성경말씀처럼 되었는데 그 창대함을 끌어낸 김동호 위원장이 금년에 그만둔다고 한다. 부산영화제를 떠난 후에 그는 서예도 하고 영화도 만들겠다는 등, 하고파 하는 것이 많다. 그런데 어쩌면 사람들은 그가 하고파 하는 것을 하게 놔두지 않을 것 같고, 그는 또 부지런히 뛰지 않으면 안 되는 일 속에 묻혀 살 테지만, 그런 괴물도 같고 인간도 같고 한편으로는 그도 저도 아닌 신비한 존재인 것 같기도 한 김동호라는 사람의 흔적이 부산에 종종 보여야 될 것 아니냐는 생각을 한다. 여기에 그는 너무나 강하게 각인된 존재이기 때문이다.

임권택
영화감독

대만 영화감독 허우샤오시엔

진정한 영화인 김동호

나에게 김동호는 온화하며, 술을 즐기지만 단 한 번도 취하지는 않는 사람. 그는 만물을 일깨우는 봄과 같은 사람, 한국영화의 견고한 밑돌을 놓은 사람.

혹자는 "문학이란 비문학적인 것에서 오고, 영화란 비영화적인 것에서 온다"고 말한다. 그러니 김동호는 비록 영화인은 아니지만 진정한 영화인이라 하겠다.

허우샤오시엔(侯孝賢)
대만 영화감독

베를린 국제영화제 집행위원장 디터 코슬릭

친애하는 미스터 김

올해 부산영화제와 당신의 환송회에 친절히 초대해준 데 대해 너무 감사한다. 당신이 떠난다는 말을 들으니 마음이 아프다. 당신은 부산영화제를 세계영화제 지도상에 등극시켰고 한국영화를 전 세계에 널리 알리는 위대한 성과를 이뤄냈다.

나는 여러 번 부산에 초대되어 당신과 당신의 영원한 에너지, 우정 그리고 프로페셔널 정신을 경험할 수 있는 특권을 누렸다. 나는 당신과 함께한 그 순간들을 영원히 잊지 못할 것이며, 가슴 깊은 곳에서부터 충심으로 당신에게 감사한다. 당신은 진정한 친구이자 존경받는 동료다.

올해 개인적 이유로 당신과 함께할 수 없기에, 우리 베를린 영화제 전체 팀의 마음을 담아 보낸다. 특히 당신의 친구인 디터가 영원한 행운의 기원을 보내며.

2010년 9월 1일

디터 코슬릭(Dieter Kosslick)
베를린 국제영화제 집행위원장

나의 좋은 친구 김에게

2001년 칸 국제영화제 집행위원장으로 임명되었을 때 내가 가장 먼저 들었던 추천의 말은 "우선 부산영화제에 가봐야 한다"는 것이었다. 한국에 가본 적도 없었고, 부산이 어디에 있는지도 몰랐으며, 부산에서 열리는 영화제는 들어본 적도 없었다. 그럼에도 조언을 따랐다. 그 결과 한국영화들을 가장 먼저 칸에 가져오게 되었고, 그런 조언을 해준 피에르 리시엥에게 감사하게 되었다. 나는 칸 국제영화제의 집행위원장이 되기 전인 2000년에 임권택 감독의 〈춘향뎐〉을 보고 눈이 부셨었다. 계속해서 동시대 한국영화와 조우할 수 있다는 희망은 매우 흥분되는 일이었다. 시네필의 입장에서 한국영화의 무게와 이에 대한 서구의 무지를 잘 알고 있었고, 한국영화와의 모험을 확장시킨다는 생각으로 열정에 휩싸였다.

이러한 모험을 더욱 멋지게 만들어주었기에, 나는 부산영화제의 방문을 후회한 적이 없다. 그저 부산을 방문하고 수많은 한국감독들을 칸에서 맞이할 수 있었기 때문만은 아니다. 그것은 김동호가 자신의 존재만으로 뭔가 값지면서도 유쾌한 그 무엇인가를 더해줬기 때문이다. 이제 그가 자리에서 물러나려는 지금, 나는 그를 알게 된 것과 그가 부산을 위해 일하는 모습을 볼 수 있었던 것이 하나의 특권이라고 생각한다. 그의 노력 덕분에 나는 금세 부산과 한국 그리고 한국영화를 알고 사랑하는 법을 배웠다. 이는 김동호를 금세 좋아하게 되고, 그가 세계영화계의 강력한 인사 중 한 명이라는 것을 금방 이해하게 된 것과 같은 맥락이다. 영화제 집행위원장은 자신의 나라를 대표해야 한다. 아니, 그의 나라가 그를 통해 '구현'되어야 할 것이다. 김동호는 이를 완벽하게 성공시켰다. 몇 년 전부터 그는 그의 나라에서 배출하는 위대한 시네아스트들과 마찬가지로 한국 그 자체가 되었다. 그렇게 되기까지 김동호는 지성과 확신, 인내와 관용을 보여주었다. 그는 이를 아주 쉽게, 별다른 노력 없이 해냈다. 왜냐하면 상기한 장점들은, 우리 모두가 알다시피, 김동호의 내면에서 자연스럽게 비롯된 것이기 때문이다. 이런 장점들 외에, 나는 그가 타인을 존중하는 충실한 친구라는 것을 덧붙이고자 한다.

그를 칸 영화제에서 맞이하는 것은 늘 즐거운 일이었고, 그를 다른 영화제에서 마주하게 되는 것은 당연한 일이었고, 그가 부산영화제에 나를 강력히 초대한 것은 엄청난 특혜였다. 그와 함께한 좋은 추억들이 너무나 많기에 우선순위를 나열하려니 여러 기억이 한꺼번에 몰려든다.

김동호는 떠난다. 그러나 그에게 존경(omage)을 보내면서 과거를 회고하는 일은 결국 연습에 불과하리라. 왜냐하면 그가 남긴 흔적이 너무나 강렬하고 강력해서 지워지지 않을 것이기에, 결국 그는 우리를 떠나지 못할 것이기 때문이다. 이미 우리는 그를 그리워하기 시작했다. 하지만 그 어디서도 찾아볼 수 없는 부산의 작은 횟집들에서 밤늦게 시작해 새벽까지 이어지는 그 밤들의 전통이 지속되느냐는 오직 그의 마음에 달려 있다. 김동호 어서 오라! 피터 반 뷰렌 어서 오라! 허우샤오시엔 어서 오라! 사이먼 필드 어서 오라! 자, 어서 우리들의 타이거클럽에서 다시 한번 모이자!

티에리 프레모(Thierry Frémaux)
칸 영화제 집행위원장

* 타이거클럽은 김동호의 이름 중 '호'(虎)자를 따서 만든 세계영화인의 모임이다. 위에 언급한 이들이 타이거클럽의 주요 멤버이며, 그들은 세계영화제를 오가다 만나 즐거운 친구들의 모임을 갖는다.

보스에게

부산의 레드카펫은 칸의 그 유명한 레드카펫보다 크기는 작지만 길이는 훨씬 길다. 개막식이나 폐막식이 시작되기를 기다리며 관객석에 앉아 있노라면 거대한 화면에 비쳐지는 유명인사가 지역적으로 한계가 있음을 알게 된다. 차례로 전도유망한 젊은 남녀배우들이 우렁찬 환호 속에 카펫에 발을 들인다. 해마다 수천 명의 환대를 받는 젊고 유망한 스타를 싣고 새로운 마차가 도착한다. 내국인들이 그들을 알아보고 환호할 때, 외국인들은 그저 그 광경에 놀라워할 뿐이다. 더 먼 곳에서 온 외국인일수록, 아는 스타는 더 적어진다. 그러나 유명한 젊은이들의 입장이 끝나갈 무렵, 환호는 더욱 커지고, 장내는 깊은 존경심으로까지 채워진다. 드디어 장내는 진지해 보인다. 바로 저기서 그가 걸어 들어오고 있기 때문이다. 이 조그만 사내, 이 군대를 이끄는 장군, 부산의 나폴레옹. 이 사람이야말로 모든 사람이 알아보는 사람이다. 부산에서 로테르담까지, 베니스에서 로스엔젤리스까지, 칸에서 예레반까지, 지역에 국한되지 않고 세계적인 명성을 지닌 사람. 위대한 김동호, 보스의 행진이 시작된 것이다.

나는 이전에 그를 전혀 알지 못했다. 1996년 1월 로테르담 영화제에서 이상한 기자회견이 있었던 것을 기억한다. 테이블을 앞에 두고, 검은색 정장을 한 다섯 명 정도의 남자들이 긴장되고 근엄한 얼굴을 한 채 진지한 모습으로 앉아 있었다. 관광청에서 만들었을 법한 슬라이드 쇼가 있었다. 차례대로 그 진지한 얼굴들이 조금씩 움직이고 그들의 입에서 말이 흘러나왔다. 목소리들이 말하는 게 무엇인지는 그리 분명치 않았지만 대충 어떤 미지의 세계인 한국과, 로테르담과 비슷한 머나먼 항구도시인 부산에 대한 것이었고, 전통에 관한 것이자 동시에 미래에 대한 것이었으며, 영화에 대한 것, 그리고 새로운 영화제에 대한 것이었다. 중앙에 앉아 있던 조그만 사내 역시 뭔가를 이야기했다. 그의 목소리는 예리하지는 않았지만 분명하고 단호했다. 의례적이고 경건한 행사가 끝난 후, 이 남자는 갑자기 웃기 시작했으며 끝까지 웃음을 잃지 않았다. 어디서 왔건 간에 그가 악수를 나누는 모든 사람에게 전해주는 그 웃음은 바로 그 순간부터 존재해온 것이다. 보스의 미소와 함께, 그는 완벽한 주인이기도 했다.

나는 대체로 영화제와 영화제 사이를 오가는 여행자다. 이 웃고 있는 보스는 내가 가는 모든 곳에 있고 내가 가지 않는 곳에도 있다. 그는 내가 한번도 가지 않은 곳이나 절대로 갈 일이 없는 곳에도 있다. 그는 늘 모든 곳에 있다.

한번은 서울에 있는 그의 집을 방문했는데 벽에 걸린 그의 상패들을 세는 데에만 30분이 넘게 걸렸다. 그리고 그가 나를 여름별장으로 데려갔을 때, 그곳 역시 모든 방에 상들이 있었다. 그리고 정말 많은 사진들이 있었다. 그가 전 세계의 유명한 사람과 찍은 사진들, 거기에는 대통령과 장관들, 노벨상 수상자들, 위대한 예술가, 영화의 거장들이 있었다. 악수와 미소 속에서 그는 늘 중앙에 있었다. 그와 그를 둘러싼 세상이 있었다.

한때 그가 사람들의 보스일 뿐 아니라 소주와 위스키의 두목이었던 시절이 있었다. 셀 수 없이 많은 저녁에 그는 기나긴 음주의 밤을 시작하곤 했다. 술이 바닥이 났을 때에도 늘 새 술병을 찾아내곤 했다. 때때로 술자리가 계속되는 동안 잠이 들기도 했지만, 그 어떤 경우에도, 심지어 그가 깊은 잠에 빠져들었을 때조차도, 그는 결코 자리를 비운

적이 없었다. 한 사람으로서 그는 잠들어 있었지만 그 안에 존재하는 보스는 항상 자리를 지키고 있었다.

2002년 이래로 '타이거클럽'이라는 것이 존재해왔다. 영화제와 영화를 통해 우정을 나누는 몇몇 유명한 인사들의 기이하며 비밀스러운 조직이다. 정례모임에서 그들은 무대 뒤에서 벌어지는 비밀들을 나누며 끝이 없는 건배의 리듬에 맞춰 노래하고 춤을 춘다. 이곳에서 김동호는 보스이자 주인일 뿐 아니라 영원한 명예회장이기도 하다. 그가 술을 하던 시절, 그는 건배의 챔피언이었고, 더이상 그의 혈관에 알코올이 미치지 않게 된 후에도 '백색 라벨'이라 불리는 그만의 특제 소주를 여전히 마신다. 그리고 누구도 그의 속도를 따라잡지는 못한다. 모든 면에 있어서, 그는 과거에도 현재에도 그리고 앞으로도 늘 보스일 것이다.

피터 반 뷰렌(Peter Van Bueren)
네덜란드 영화평론가

영화제를 다니다보면 수많은 영화와 함께 다양한 사람들을 만난다. 영화제는 영화와 관객이 함께 만나 웃고, 울고, 환호하는 축제의 마당이다. 영화제는 전 세계 곳곳에서 다양한 계층의 사람들이 모여드는 만남의 장소다. 그들과 함께 앉아 에스프레소 한 잔도 좋고, 진 토닉 한 잔도 좋다. 여기에 영화를 안주 삼으면 금상첨화다. 서로 마주 앉아 밤새도독 토론에 열중할 수 있는 곳이 바로 영화제다.

차례

1 유럽의 영화제

2 아시아의 영화제

3 미주, 아프리카, 오세아니아의 영화제

부록

영화, 영화인
그리고
영화제

Mr. KIM Goes To Film Festivals

1

유럽의 영화제

Europe

아름다운 도빌의 풍광은 많은 화가와 영화감독들을 불러들였다. 그러나 무엇보다 도빌은 영화제의 도시다. 이곳을 찾는 외지인들은 봄에는 아시아에서 온 미지의 영화인들을, 가을에는 낯익은 할리우드 스타와 감독들을 극장과 거리 곳곳에서 마주칠 수 있다. 매년 봄에는 이곳에서 도빌 아시아영화제가 열리고, 가을에는 도빌 미국영화제가 열리고 있기 때문이다.

프랑스 도빌 아시아영화제
Deauville Asian Film Festival

한국영화를 위해 마련된 화려한 무대 같은 영화제

프랑스 파리 서북방, 자동차로 두 시간 거리에 아름다운 도시 도빌이 있다. 파리 생라자르 역에서 열차를 타고 리지외 역에서 갈아타더라도 두어 시간이면 도착한다. 도빌은 인구 4천 명의 작은 도시지만 여름이면 4만 명이 몰려드는 이름난 휴양지다. 넓은 바다와 해변이 있고, 1천5백 석의 극장을 갖춘 국제회의장(CID)이 있다. 카지노와 경마장, 골프장에다 노르망디풍의 아름다운 호텔과 명품점, 별장과 주택들이 아기자기하게 균형과 조화를 이루고 있다.
도빌은 명주(名酒)와 명마(名馬) 그리고 맛의 고장이다. 이곳 카운티의 이름을 딴 사과주 칼바도스와 포모(pommeau)는 애주가들이 즐겨 찾는 술이다. 여기서 사육되는 말들은 경매를 통해 전 세계로 팔려나간다. 150년 전인 1861년에 도빌을 세운 모르니 공작이 교회보다 경마장을 먼저 지었을 정도로 경마와 승마는 전통과 역사를 자랑한다. 매년 2월 열리는 음식축제는 전 세계에서 내로라하는 요리사들이 모여

자웅을 겨룬다.
도빌은 노르망디 상륙작전의 현장이기도 하다. 도빌에서 해안을 따라 서쪽으로 이동하면 한 시간 반 이내의 거리에 스워드, 주노, 골드, 오마하, 유타 등 다섯 개의 '비치(beach)'를 차례로 만나게 된다. 이곳이 바로 1944년 6월 6일 새벽 아이젠하워 장군이 이끄는 미국 · 영국 · 캐나다 연합군이 일제히 상륙하여 2차 세계대전을 승리로 이끈 노르망디 상륙작전의 현장이다. '디데이 해변'으로 불리는 이곳에는 10만 명의 병사들이 산화한 30개의 묘지, 기념물, 박물관 들이 당시의 처절했던 전투를 웅변적으로 보여준다.
아름다운 도빌의 풍광은 예로부터 수많은 화가들을 불러들였다. 바로 이웃한 트루빌과 승용차로 15분 거리에 위치한 옹플뢰르는 화가들이 사랑한 도시다. 인상파 화가 모네가 동료 화가인 고로, 시슬리, 피사로, 르누아르 등을 불러 그림을 그리게 했던 작고 아름다운 어촌이다.

그러나 무엇보다도 도빌은 영화의 도시다. 1966년 끌로드 를루슈 감독이 이곳에서 촬영한 영화 〈남과 여〉가 칸 영화제의 황금종려상을 포함하여 40여 개의 주요 상을 휩쓸면서 도빌은 하루아침에 전 세계 사람들에게 회자되기 시작했다. 박광수 감독의 〈베를린 리포트〉와 홍상수 감독의 〈밤과 낮〉도 이곳의 아름다운 해변과 거리를 담아낸 영화로 꼽힌다. 영화뿐만 아니라 도빌은 영화제의 도시이기도 하다. 이곳을 찾는 외지인들은 봄에는 아시아에서 온 미지의 영화인들을, 가을에는 낯익은 할리우드 스타와 감독들을 극장과 거리 곳곳에서 마주칠 수 있다. 매년 봄에는 이곳에서 도빌 아시아영화제가 열리고, 가을에는 도빌 미국영화제가 열리고 있기 때문이다.
도빌 아시아영화제는 1999년 외과의사인 알랭 파텔이 창설하였다. 그는 오래전에 연세대 의대에서 근무했고, 한때 부산에서도 봉직했

빛을 사랑하는 화가들과 영화감독들을 불러 모으는 도빌의 빼어난 풍광.

던 지한파 인사다. 1975년부터 매년 9월 도빌에서 열리고 있는 미국 영화제에 자극을 받아, 봄에 아시아영화제를 창설한 것이다. 한국영화에 애정이 많은 그는 첫해에 신상옥 감독의 회고전을 열어 〈지옥화〉를 비롯한 4편의 작품을 상영했다. 한국영화가 노르망디에 처음으로 상륙하는 관문을 튼 셈이다. 경쟁제도를 도입한 제2회부터 도빌 아시아영화제는 한국영화를 위해 만든 '화려한 무대' 같았다. 이후 12년을 이어오면서 한국영화의 독무대가 되었기 때문이다.

부산국제영화제의 자문위원인 영국 영화평론가 토니 레인즈가 심사위원장으로, 배우 윤정희가 심사위원으로 참여한 제2회 영화제에서는 이명세 감독의 〈인정사정 볼 것 없다〉가 5개 부문 중 여우주연상을 제외한 작품상, 감독상, 남우주연상(박중훈), 관객상 등 4개 부문을 모조리 석권했고, 알랭 코르노 감독이 심사위원장이었던 제3회 영화제(2001년)에서는 박찬욱 감독의 〈공동경비구역 JSA〉가 작품상과 감독상, 남우주연상(송강호), 관객상을 독차지했다. 신상옥 감독이 심사위원장으로 참여했던 2002년 제4회 영화제에서도 송해성 감독의 〈파이란〉이 작품상을 거머쥠으로써 이 영화제는 마치 한국영화를 위해 창설한 것처럼 보였다.

그런데 2003년 1월 16일 방콕 영화제 개막식장에서 만난 알랭 파텔은 재정난으로 영화제를 내놓아야 할 것 같다고 하소연했다. 얼마 지나지 않아 도빌 아시아영화제는 퍼블릭 시스템 시네마에 넘어갔다. 그해 3월 제4회 영화제가 끝난 후 파텔은 도빌을 떠났다. 그와 함께 일해온 프로그래머 제레미 스게는 칸 영화제 감독주간으로 자리를 옮겼다. 도빌 아시아영화제를 인수한 '퍼블릭 시스템 시네마'는 리오넬 슈상이 창설한 기업으로, 문화이벤트 · 광고 · 영화제 경영 등을 전문으로 하는 회사다. 리오넬 슈상 회장은 1973년 아보리아 판타스틱영화제(1984년까지 운영되다 없어짐)를, 1975년에는 도빌 미국영화제를 창설했다. 1982년과 2000년에는 꼬냑 스릴러영화제와 제라르메 판타스틱영화제를 만들었고, 2003년에는 도빌 아시아영화제를, 2004년에 모로코 마라케시 영화제를 각각 인수했다. 2004년에는 브라질의 마나우스에 아마존 영화제를 창설했다. 꼬냑 스릴러영화제가 2007년을 끝으로 없어지자, 인근에 본(Beaune) 스릴러영화제를 창설하여 2010년 4월 8일에 제2회 영화제를 열었다.
퍼블릭 시스템 시네마는 현재 도빌의 미국 및 아시아영화제와 제라르메, 마라케시, 마나우스, 본 등 여섯 개 영화제를 운영하는 영화제 재벌회사라고 할 수 있다. 리오넬 슈상 회장은 현 도호쿠대학 예술디자인학과 요이치 고마츠자와 교수와 함께 일본의 유바리 판타스틱영화제를 창설하는 데 주도적인 역할을 하기도 했다.

2004년 도빌 아시아영화제는 주최기관이 바뀌고 시상제도도 대상(최우수작품상)과 심사위원상, 비평가상, 그리고 새로 신설된 '액션아시아' 부문의 대상 등 4개 부문으로 변경되었지만 이후에도 한국영화의 수상 행렬은 계속되었다.

경쟁제도를 도입한 제2회 때부터 도빌 아시아영화제는 한국영화의 독무대였다. 도빌의 골목길을 거닐다가 박찬욱 감독과 함께(위). 1998년 제2회 영화제 때 한국대표단의 숙소 노르망디 호텔 앞에서 강제규 감독과 함께(아래).

2004년 제6회 영화제에서 임상수 감독의 〈바람난 가족〉이 대상을 수상한 것을 비롯해 2005년에는 이윤기 감독의 〈여자, 정혜〉가 심사위원상을, 류승완 감독의 〈아라한 장풍대작전〉이 액션아시아 부문 대상을 수상했다. 2006년에는 조창호 감독의 〈피터 팬의 공식〉이 심사위원상을, 김지운 감독의 〈좋은 놈, 나쁜 놈, 이상한 놈〉이 액션아시아 대상을 탔다. 2007년에도 이준익 감독의 〈왕의 남자〉가 심사위원상을, 2008년 제10회 영화제에서는 전수일 감독의 〈검은 땅의 소녀와〉가 대상을 거머쥐었다. 지난해 제11회 영화제에서는 양익준 감독의 〈똥파리〉가 대상과 심사위원상을, 나홍진 감독의 〈추격자〉가 액션아시아 대상을 수상하면서 국제비평가상을 제외한 3개 부문을 모두 한국영화가 차지했다. 올해 제12회 영화제에서도 박찬옥 감독의 〈파주〉가 심사위원상을, 김용균 감독의 〈불꽃처럼 나비처럼〉이 액션아시아 대상을 타는 기염을 토했다.

도빌 아시아영화제와 부산국제영화제는 서로 자매결연을 맺은 사이다. 1999년 첫 영화제를 치른 알랭 파텔은 그해 가을 처음으로 부산을 찾았다. 부산국제영화제가 한국영화와 아시아 영화를 선정하는 데 있어 최적의 장소임을 확인한 그는 부산국제영화제와의 자매결연을 제안했고, 이듬해 3월 제2회 도빌 아시아영화제에서 자매결연 행사를 가졌다. 그 이후 나는 매년 도빌을 방문했고, 알랭 파텔과 제레미 스게 프로그래머도 빠지지 않고 부산을 찾았다.

브뤼노 바르드

2004년에 '퍼블릭 시스템 시네마'가 영화제를 운영하면서 리오넬 슈상은 여섯 개 영화제의 회장(조직위원장)을, 브뤼노 바르드가 집행위원장(마라케시 영화제만은 예술감독을 맡고 있다)을, 제롬 라세르가 프로그래머를 맡고 있다. 비록 주인은 바뀌었어도 도빌과 부산국제영화제와의 깊은 유대는 변함없이 지속되고 있다. 2004년 이

올해 2010년 영화제는 여러모로 위축된 모습이었지만, 도빌과 한국영화의 끈끈한 유대감은 여전히 지속되고 있다. 2010년 액션아시아 부문 대상 〈불꽃처럼 나비처럼〉의 김용균 감독(위 왼쪽), 2010년 회고전에서 중국 로우예 감독의 무대 인사(오른쪽). 2009년 영화제 공식 포스터(아래 왼쪽), 2009년 이창동 회고전으로 도빌을 찾았던 이창동 감독(오른쪽).

후 프로그래머 제롬 라세르가 매년 부산에 와서 영화를 선정해갔지만 2007년 집행위원장 브뤼노 바르드가 부산을 찾으면서 부산국제영화제에 대한 인식이 바뀌었다. 부산에서 그는 그해 12월에 열리는 모로코 마라케시 영화제에 나를 초청했고, 작년 12월에는 마라케시에서 한국영화 특별전을 마련하여 한국영화인들과 함께 46편의 한국영화를 초청했다. 나는 2006년 필립 오지에 도빌 시장으로부터 도빌시 훈장을, 파리시로부터는 파리시 훈장을 받는 영예를 누렸다. 그리고 2008년 필립 오지에 시장은 부산을 찾았다.
2009년 제11회 도빌 영화제에서는 필립 오지에 시장과 안 마리 이드락 프랑스 외교통상부 장관 그리고 조일환 주 프랑스 한국대사와 나는 도빌 아시아영화제와 부산국제영화제가 한층 더 발전된 자매관계임을 선언하는 특별행사를 가졌다. 회고전의 주인공인 이창동 감독의 소개와 함께 〈밀양〉도 특별상영되었다.

2010년을 '중국의 해'로 정한 도빌 아시아영화제는 로우예 감독의 회고전, 루추안 감독의 특별전을 마련했고, 여기에 필리핀 감독 브리얀테 멘도사의 특별전을 포함하여 모두 36편의 영화를 스크린에 올렸다. 경쟁부문에 소개된 한국영화는 〈파주〉(박찬옥)와 〈김씨 표류기〉(이해준)였고, 액션아시아 부문에 〈불꽃처럼 나비처럼〉(김용균)이, 파노라마 부문에 〈박쥐〉(박찬욱)가 상영되었다. 그러나 올해 도빌 아시아영화제는 상영작품과 관객의 수가 예년보다 눈에 띄게 줄었고, 운영 경비도 크게 줄어든 것을 피부로 느낄 수 있었다. 영화제가 활력을 되찾고 한국영화의 '화려한 무대'가 오래도록 이어지기를 바라는 마음이 간절하다. 부산과 마찬가지로 해변 휴양지에서 성수기가 아닌 때에 영화제를 연다는 점에서 끈끈한 유대감이 느껴지기 때문이다. 영화와 바다의 만남을 부산에 이어 실천하고 있는 도시가 바로 '도빌'인 것이다.

퍼블릭 시스템 시네마(Public System Cinema)

퍼블릭 시스템 시네마는 1998년 7월 이래 파리 유로넥스트 2차 마켓에 상장된 프랑스의 퍼블릭 시스템 그룹 자회사로 영화산업에 종사한다. 퍼블릭 시스템 시네마는 여러 영화제를 운영하는 곳으로 유명하다. 프랑스의 도빌 미국영화제, 도빌 아시아영화제, 코냑 스릴러영화제, 제라르메 국제판타스틱영화제(아보리아즈 영화제 후신), 모로코의 마라케시 국제영화제, 브라질의 마나우스 아마조나스영화제 등을 운영하고 있다. 또한 영화제 조직과 프로그래밍 외에도 영화 관련 광고, 홍보, 프로모션, 마케팅, 영화계 종사자를 대상으로 한 파트너십과 특별이벤트 및 시사회 개최 등의 다양한 활동을 한다. 이러한 노하우 덕분에 위기에 처한 영화제를 인수하여 새롭게 활성화하거나 기존의 방향을 전환하는 기획력으로 '영화제 기업'이라는 찬사를 받으며 유럽 곳곳에서 폭넓은 활동을 벌이고 있다.

퍼플릭 시스템 시네마가 내세우는 목표는 아티스트들을 위한 길잡이 역할을 하여 그들에게 예술가의 영예와 엔터테인먼트를 제공하고, 모험으로 가득하기 마련인 문화 분야에서 직업상의 안전을 보장해주는 것이다. 문화 에이전시의 성격이 강한 퍼블릭 시스템 시네마는 자체적으로 기획 단계에서 개봉에 이르기까지 영화의 전 과정에서 활동할 수 있다는 것을 보여주고자 노하우를 쌓아왔으며, 다양한 영화제 운영을 통해 전 세계 영화계와 교류하고 있다. 아마도 이러한 역사가 퍼블릭 시스템 시네마의 자산이라고 할 수 있을 것이다.

한국에서는 찾아보기 힘든 이런 문화사업의 기획력은 오랫동안 영화제를 개최하고 성장시킨 유럽 문화의 저력을 보여주는 사례다. 흥미로운 것은 퍼블릭 시스템 시네마가 운영하는 영화제들의 성격이 제각각이라고 할 만큼 다양성을 확보하고 있다는 점이다. 작가주의의 영화제보다는 해당 지역의 관심을 끌 만한 영화를 중심으로 프로그램을 짠다는 특징을 제외하고는 공통점이 전혀 없는, 다양한 장르와 지역을 아우르는 프로그램을 선보이고 있다.

퍼블릭 시스템 시네마의 홈페이지 http://www.lepublicsystemecinema.fr

라스팔마스에는 원양어업에 종사하다 정착한 교민 8백여 명이 살고 있다. 이들 중 대부분이 부산 사람이다. 멀리 스페인의 섬에 와 있어도 부산에 있는 것 같은 느낌이 드는 것은 당연한 일일 것이다. 아직은 큰 규모의 영화제가 아니지만, 훗날 누군가가 라스팔마스의 성장한 모습을 보고 축제와 영화가 어우러진 '스페인의 부산'이라 부를지도 모를 일이다.

11° Festival Internacional de Cine de
Las Palmas de Gran Canaria

스페인 라스팔마스 국제영화제
Las Palmas International Film Festival

원양어업 전진기지에서 한국교민의 최대 문화축제로

지난 2009년 3월 14일 폐막한 제10회 라스팔마스 영화제에서 양익준 감독의 〈똥파리〉가 남우주연상과 여우주연상을 받았다. 이 영화를 만든 양 감독 자신이 주연을 맡아 여주인공 김꽃비와 함께 수상한 것이다. 〈똥파리〉는 부산국제영화제에서 후반작업 지원을 받아 완성한 영화로, 2008년 부산에서 처음 소개된 이후 전 세계 영화제를 누비면서 무려 23개에 달하는 각종 상을 휩쓸었다. 로테르담에서 최고상인 '타이거 어워드', 프랑스 도빌 영화제에서 대상과 비평가상, 블라디보스토크 영화제에서 대상과 여우주연상, 체코의 카를로비바리 영화제에서 아시아영화진흥기구(NETPAC)상 등 이루 헤아릴 수 없다. 국내에서도 양 감독은 부일영화상과 부산영평상에서 신인감독상을 수상했고, 김꽃비는 대종상에서 신인여우상을 탔다. 청룡영화상에서는 양익준 감독과 김꽃비가 각각 신인남우상과 신인여우상을 수상했다. 첫 장편영화로 이처럼 많은 국제영화제를 누비며 수상한 것도 기네스북에 오를 만한 일이다.
〈똥파리〉가 남녀주연상을 수상한 라스팔마스는 아프리카 서북쪽, 대서양 상의 카나리아 군도에 위치한 작은 항구도시다. 카나리아 군도는 테네리페, 라팔마, 그란카나리아 등 크고 작은 7개의 섬으로 이루어져 있고, 라스팔마스는 이들 섬 중 그란카나리아의 중심지다. '지상낙원'으로 불릴 만큼 스페인 최고의 관광지이자 휴양지이지만, 우리에게는 한때 신문 방송에 자주 등장했던 우리나라 '원양어업 전진기지'로 널리 알려져 있는 곳이다.

1966년에 한국과 스페인이 어업협정을 체결했다. 같은 해 9월에 태평양수산 소속 제1태평양호가 테네리페 산타크루즈 항에, 이어 11월에는 한국수산개발공사 소속 강화호가 라스팔마스 항에 첫 입항하면서 우리나라는 테네리페와 라스팔마스를 거점으로 아프리카 서쪽 대서양을 누비는 '원양어업 전성기'를 맞게 된다. 농림수산식품부에서 발행한『원양어업 50년 발전사』(2008년 12월)에 따르면 원양어업 전성기였던 1970년대 말, 라스팔마스에는 45개의 수산회사와 120여 척의 트롤선, 참치 연승어선 80척이 활동하고 있었다. 제주도 크기만한 이 작은 섬에 6~7천 명의 한국선원이 몰려들고, 5천 명의 교민이 북적댔으니, 대서양 외딴섬에 떨쳤던 '코리아 열풍'이 어떠했는지 짐작하고도 남을 일이다.
애환도 있다. 시 외곽 야산에 자리한 산라자로 묘지에 있는 '위령탑'은 조난사고로 숨진 한국선원들의 넋을 기리고 번성했던 지난날을 회상시킨다. 1978년 9월 30일, 한국원양어업협회가 박정희 전 대통령의 성금을 보태 건립한 이 위령탑에는 다음과 같은 박목월 시인의 헌사가 새겨져 있다. "(…) 오대양을 누비며 새 어장을 개척하고 겨레의 풍요한 내일 위해 헌신하던 꽃다운 젊은이들이 바다에서 목숨을 잃었다. 허망함이여. 그들은 망망대해 푸른 파도 속에 자취 없이 사

영화제의 깃발은 그곳 사람들의 미적 감각을 최대한 살린 디자인이 주를 이룬다. 영화제 깃발이 나부끼는 라스팔마스 시내의 활기찬 모습(위). 제11회 영화제 포스터(아래)

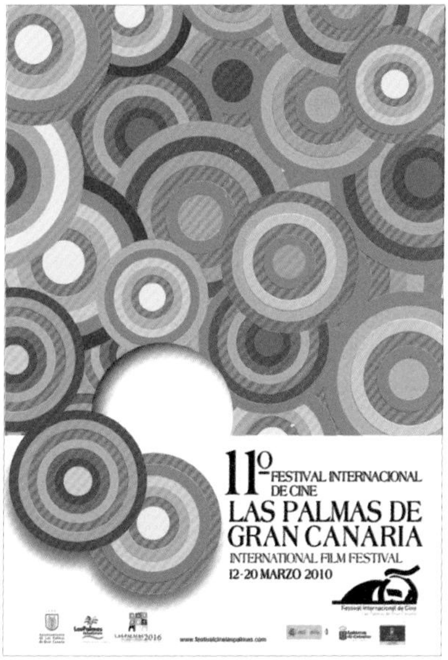

라져갔지만 우리는 결코 잊지 않을 것이다. (…)"

이처럼 한국선원들의 애환이 서린 이곳 라스팔마스에 2004년 3월, 한국영화가 본격적으로 상륙했다. 그해 3월 12일 개막한 제5회 라스팔마스 국제영화제에 한국영화 13편이 처음으로 초청된 것이다. 부산국제영화제에 처음 참가했던, 마드리드대학 교수이자 평론가인 알베르토 엘레나가 직접 선정한 〈8월의 크리스마스〉(허진호), 〈바람난 가족〉(임상수), 〈춘향뎐〉(임권택), 〈공동경비구역 JSA〉(박찬욱), 〈강원도의 힘〉(홍상수), 〈나쁜 남자〉(김기덕), 〈오아시스〉(이창동), 〈성냥팔이 소녀의 재림〉(장선우), 〈마리이야기〉(이성강), 〈고양이를 부탁해〉(정재은), 〈모텔 선인장〉(박기용), 임순례 감독을 비롯한 여섯 명의 감독이 참여해 만든 옴니버스 영화 〈여섯 개의 시선〉 등 1997~2004년에 제작된 한국영화 12편이 '서울 익스프레스 97-04'라는 이름으로 특별상영되었다. 김기덕 감독의 〈봄, 여름, 가을, 겨울 그리고 봄〉은 경쟁부문에 선보였다.
라스팔마스 개항 이후 처음 상륙한 한국영화 13편은 이곳의 한국교민들을 열광케 했다. 만사 제쳐놓고 매일 세 편의 영화를 보는 교민이 있는가 하면, 기자회견장까지도 총영사와 교민회 간부들이 자리를 메웠다. 배점철 총영사와 임리근 한국교민회 회장이 주최하는 환영 만찬이 열렸고, 특히 3월 19일 저녁에는 교민회 부인회가 '한국의 밤' 행사를 마련했다. 현지 시장을 비롯한 기관장과 영화제에 참가한 외국 게스트 등 3백여 명이 초청된 '한국의 밤' 행사장은 국악이 울려 퍼지는 가운데 한복을 입은 부인회 회원들이 정성껏 마련한 한국음식을 대접함으로써 한국문화를 소개하는 축제의 한마당이었다.

많은 영화제에 참가해 보았지만 한국영화인이 이처럼 환대받기는 처음이었다. 영화제에서 한국영화를 상영하는 것이 교민을 단합시키

2010년 라스팔마스 영화제 관계자들과 대화를 나누고 있는데 누군가 나를 쳐다봤다. 그 순간에 찰칵, 나는 사진에 찍혀 영화제 소식지의 한 면을 차지하게 되었다(위). 라스팔마스 시장(아랫줄 중간)과 제5회 심사위원들과 함께(아래).

는 축제의 역할을 하리라고는 미처 생각지 못했다. 나는 심사위원으로, 장선우 감독과 정재은 감독, 배우 옥지영은 게스트로 각각 초청받았다. 심사위원은 모두 일곱 명이었다. 특히 심사위원장을 맡았던 영국의 저명한 원로 연극배우 겸 영화배우인 클레어 블룸 여사, 전 세계를 충격에 빠뜨렸던 영화 〈파리에서의 마지막 탱고〉의 프랑스 배우 마리아 슈나이더, 미국의 여성감독 니나 로젠블럼 등 세계적인 배우, 감독들과 매일 해변을 따라 영화상영관을 왕복하고, 모래사장 벤치에 앉아 일광욕을 즐기거나 식물원을 찾으며 십여 일을 즐겁게 보낼 수 있었던 것은 큰 행운이었다.

개막식과 개막파티는 개막 전날에 발생한 마드리드 기차역 폭탄테러(이 사고로 199명이 사망하고 1400여 명이 부상당했다)로 취소됐지만, 19일에 열린 폐막식에서는 〈봄, 여름, 가을, 겨울 그리고 봄〉이 대상인 최우수작품상과 촬영상을 수상함으로써 교민들의 열광을 더했다. 라스팔마스 영화제는 시의 문화 · 관광 · 카니발 장관인 이사벨 가르시아 볼타 여사와 집행위원장인 클라우디오 우트레라가 처음 창설했으며 관광 수입으로 재정이 튼튼한 그란카나리아 라스팔마스 시의 전폭적인 지원하에 열리고 있다.

라스팔마스를 다시 찾은 것은 5년 만의 일이었다. 열 돌을 맞아 특별 초청된 자리에서 나는 스위스 로카르노 영화제와 스페인 히혼 영화제의 집행위원장, 스페인 평론가 등과 '공개토론회'를 가졌고, 〈똥파리〉의 양익준 감독과 배우 김꽃비, 〈낮술〉의 노영석 감독이 함께 참가했다. 그밖에 고 한형모 감독의 〈자유부인〉과 남기웅 감독의 〈대학로에서 매춘하다가 토막 살해당한 여고생 아직 대학로에 있다〉가 상영되었다. 오랜만에 다시 찾은 라스팔마스였지만 교민들의 뜨거운 환영 열기는 예전과 다를 게 없었다.

경쟁부문에 선정된 〈똥파리〉가 상영된 주 상영관에는 심덕보 총영

영화제 주 상영관 근처에 야자수가 군데군데 자라고 있어 남국의 섬 분위기를 물씬 풍긴다. 2010년 라스팔마스에서 크게 주목을 받은 영화 〈똥파리〉의 배우 겸 감독 양익준과 주연배우 김꽃비의 기자회견 모습, 양익준과 김꽃비를 알아본 현지 교민들이 영화제 수상 소식을 마치 자기 일인 양 반기며 말을 걸었고 한동안 이런저런 환담이 이어졌다. 영화제는 교민들의 화합을 이끌어내는 축제였다.

사, 김학률 한국교민회 회장을 비롯한 교민들로 초만원을 이루었고, 영화상영이 끝난 뒤에는 김 회장 초청으로 밤새도록 술자리가 이어졌다. 다음날 교민회 회장단과 섬 남쪽을 관광했고, 저녁에는 총영사 공관에서 시의 부시장과 우트레라 집행위원장 부부가 초청된 가운데 한국 게스트를 위한 송별 만찬이 이어졌다.

라스팔마스에는 원양어업에 종사하다 정착한 교민 8백여 명이 살고 있는데 대부분이 부산 사람이다. 멀리 스페인의 섬에 와 있어도 부산에 있는 것 같은 느낌이 드는 것은 당연한 일일 것이다.

〈똥파리〉와 함께 뜨거운 환영을 받으면서 그란카나리아 라스팔마스 영화제에 꾸준하게 한국영화들이 소개된다면 정말로 부산국제영화제와 같은 분위기가 들지도 모른다는 생각이 들었다. 한국영화가 다양한 영화들과 뒤섞여 경합을 벌이는 영화제로 성장한다면 관광도시 속 영화제가 아니라 부산의 경우처럼 영화제를 위해 사람이 찾아오는 관광도시가 될 것이다. 아직은 큰 규모의 영화제가 아니지만 훗날 누군가가 라스팔마스의 성장한 모습을 보고 축제와 영화가 어우러진 '스페인의 부산'이라 부를지도 모를 일 아닌가. 무엇보다 뜨거운 현지 교민들의 반응은 영화가 사람과 사람을 이어주는 든든한 다리임을 새삼스럽게 느끼게 해주었다.

한국의 독립영화와 〈똥파리〉

한국영화사에서 독립영화는 단순히 주류 영화로부터 이탈된 그룹을 지칭하지는 않는다. 서구의 '인디펜던트 시네마'(Independent Cinema)라는 개념과 정확하게 일치하지 않는 것은 이러한 차이 때문이다. 한국의 독립영화는 시대적 상황에 따라 다양한 명칭으로 일컬어졌다. 오늘날 독립영화라 불리는 일련의 운동은 실천 기반과 이데올로기의 지향점에 따라 단편영화, 열린 영화, 작은 영화, 민중영화, 민족영화, 비제도권 영화 등의 이름으로 존재해왔다.

이처럼 다양한 명칭이 사용된 것은 독립영화가 시대와 밀접하게 결부된 산물인 동시에, 수많은 갈등과 이데올로기가 교차하는 장이었음을 의미한다. 한국의 독립영화는 경제학적인 측면에서는 '작은 영화'로, 정치적인 지향점에 있어서는 능동적인 관객의 참여를 지향하는 '열린 영화'로, 소외된 계급의 이데올로기를 담는다는 점에서는 '민중영화'로, 주류 상업자본에 저항하는 '비제도권 영화'로 그 위상을 정립해왔다. 물론 이 다양한 이름 속에 차이만 있는 것은 아니었다. 이들 명칭은 시대와 담론의 한계를 뚜렷이 드러내긴 하지만, 동시대 주류 영화와 다른 새 영화를 지향한다는 점에서 공통분모를 지닌다. 독립영화들이 여러 이름으로 불릴 수밖에 없었던 것도 관습화된 영화들이 아니라 '새로운 시네마'(New Wave)에 대한 갈망 때문이었다. 그러나 1990년대 후반 들어, 독립영화를 둘러싼 상황들이 바뀌어갔다. 무엇보다 뚜렷한 대립각을 세우던 정치세력과의 갈등이 무뎌졌다. 검열과 통제로 일관하던 국가권력은 점차 표현의 자유를 인정해주었다. 또한 부산국제영화제의 성공에 힘입어 크고 작은 영화제들이 생기면서 '영화'에 대한 사회적 인식이 재고됐다. 축제라는 이름으로 치러진 영화제는 욕망의 해방구이자 갈등을 해결하는 문화의 장이었다.

2009년은 독립영화의 변화가 선언된 해로 기록될 만하다. 이충렬 감독의 다큐멘터리 〈워낭소리〉는 200만이 넘는 관객 동원을 기록했다. 이러한 관객들의 관심을 단순히 독립영화의 지형을 바꾸었다는 관점에 국한시키거나 주류 영화의 시스템을 변화시켰다는 입장에서만 볼 게 아니라, 한국영화 문화의 전체 흐름 안에서 바라볼 필요가 있다. 15만여 관객을 동원한 〈똥파리〉의 흥행 결과가 대단한 것이라곤 할 수 없다. 그러나 독립영화에 대한 관객과 언론의 관심은 문화적 상징자본을 획득할 수 있는 여지를 마련해주었다. 1990년대 중반 이후 한국영화에 대한 새로운 분위기가 꾸려질 때마다 두 가지 경우의 수가 존재했다. 하나는 확실한 흥행을 올려 산업적으로나 대중적으로 인지도를 획득하는 것이고, 다른 하나는 흥행을 올리진 못했어도 비평적으로 인정을 받으면서 작가나 예술영화 감독으로 상징자본을 획득하는 것이다. 이런 경우의 수를 통해 감독은 후속작을 제작할 기회를 얻을 수 있었고, 주류 시스템 역시 독립영화와 상호작용하며 긴장을 유지해나갈 수 있었다.

오늘날까지도 이어지는 로카르노 영화제의 명물, 야외상영은 첫해부터 선을 보였다. 당시 가로 8미터, 세로 7미터의 스크린을 설치하고 스위스 국기가 게양되며 국가가 연주되는 가운데 영화제가 열렸다. 이렇게 시작된 야외상영은 이 영화제의 대표적인 '상징'이 됐다.

Festival del film
Locarno

스위스 로카르노 영화제
Festival del film Locarno

로카르노의 야외상영관은 문을 닫지 않는다

이탈리아 밀라노에서 자동차로 두 시간 정도 스위스의 국경을 넘어 달리면 마조레 호숫가에 그림처럼 들어앉은 로카르노에 닿는다. 로카르노는 1차 세계대전 이후 유럽에 평화와 안정을 가져다준 1925년 평화협정 장소로 유명하다. 하지만 20세기를 통과하면서 매년 8월에 열리는 로카르노 국제영화제로 이름이 더 높다.
로카르노 영화제는 칸 영화제와 같은 해인 1946년에 창설되었고, 가장 오래된 베니스 국제영화제 다음의 출발 순위를 갖고 있다. 칸 영화제가 1946년 9월 20일 개막을 선포했다면, 이 영화제는 한 달 앞선 8월 22일에 그랜드호텔 정원에서 개막식을 거행했다. 오늘날까지도 이어지는 로카르노 영화제의 명물, 야외상영은 첫해부터 선을 보였다. 당시 가로 8미터, 세로 7미터의 스크린을 설치하고 스위스 국기가 게양되며 국가가 연주되는 가운데 영화제가 열렸다. 흥미롭게도 당시에는 미국, 프랑스, 영국, 이탈리아, 스웨덴, 소련 등 6개국 15편의 공식영화가 상영될 때마다 영화를 제작한 나라의 국기가 게양되면서 국가가 연주됐다고 한다. 야외상영인 탓에 비가 올 경우 인근의 리알토, 렉스, 쿠르잘 극장을 이용했다. 이렇게 시작된 야외상영은 이 영화제의 대표적인 '상징'이 됐다.

제1회 영화제에는 15편의 공식상영 영화 외에 '비전 프라이빗'(Vision Private) 부문에 10편, '리뷰 다큐멘터리'(Review Documentary) 부문에 13편 등 모두 38편의 영화를 상영하였다. 처음에는 비경쟁영화제를 표방하였지만 프랑스의 르네 클레르 감독이 연출한 〈그리고 아무도 없었다〉(And Then There Were None)가 최우수작품상과 감독상을 수상하고, 제니퍼 존스가 최우수여우상을 받는 등 6개 부문의 시상이 있었다. 로카르노의 시상제도는 1946년에서 1948년, 1950년에서 1957년 사이를 제외하고는 지금까지 지속되고 있다.
제1회 영화제부터 1970년까지 사용하던 그랜드호텔 정원의 야외상영 스크린은 지금도 남아 있지만, 로카르노 당국은 1971년에 8천 명을 수용할 수 있는 '피아자 그란데'(Piazza Grande · 대광장)를 조성하고 가로 26미터, 세로 14미터의 대형 스크린을 설치했다. 여기서 매일 밤 한두 번의 야외상영을 하는 한편, 인근에 3천2백 석의 오디토리엄 페비와 960석의 라 살라, 5백 석의 알트라 살라를 건립하여 주요 무대를 옮겼다. 오디토리엄 페비는 하루 네 번의 국제경쟁영화를 상영하면서도 야간에는 비워놓는다. 우천으로 인해 야외상영이 불가능할 때를 대비하기 위함이다.

로카르노의 한국영화 진출은 매우 늦게 이루어졌다. 일본영화는 1954년에 〈지옥문〉(기누가사 데이노스케)이 수상한 이후 거의 매년 초청됐고, 1961년에는 〈들불〉(이치카와 곤)이 대상을 받기도 했다. 그러나 한국이 로카르노에 본격적으로 알려진 것은 1989년에 배용균 감

로카르노의 상징이 된 '피아자 그란데' 야외상영 장면. 영화에 빠진 극장 안의 관객들.

피아자 그란데 야외상영장. 로카르노 당국은 1971년에 8천명을 수용할 수 있는 대광장을 조성하고 가로 26미터, 세로 14미터의 대형 스크린을 설치했다. 여기서 매일 밤 한두 번의 야외상영을 하는 한편, 인근에 3천2백 석의 오디토리엄 페비와 960석의 라 살라, 5백 석의 알트라 살라를 건립하여 주요 무대를 옮겼다. 오디토리엄 페비는 하루 네 번의 국제경쟁영화를 상영하면서도 야간에는 비워놓는다. 우천으로 인해 야외상영이 불가능할 때를 대비하기 위함이다.

독의 〈달마가 동쪽으로 간 까닭은〉이 대상인 황금표범상을 비롯하여 에큐메니칼 심사위원상, 국제비평가연맹상(FIPRESCI)을 받고, 박광수 감독의 〈칠수와 만수〉가 청소년심사위원 3위상을 동시에 수상하면서부터다. 하지만 이후 10년간 로카르노는 한국영화계와 인연이 없었다. 그러다가 1999년 박광수 감독의 〈이재수의 난〉이 청소년심사위원상을 받은데 이어 2001년에는 문승욱 감독의 〈나비〉가 여우주연상(김호정)을, 2002년에는 김응수 감독의 〈욕망〉이 상영되면서 로카르노는 다시금 우리에게 다가왔다. 또한 전주국제영화제에서 제작한 문승욱(한국), 스와 노부히로(일본), 왕샤오슈아이(중국)의 '삼인삼색' 영화 〈전쟁, 그 후〉가 비디오부문 대상을 받았고, 다음해인 2003년에는 김기덕 감독의 〈봄, 여름, 가을, 겨울 그리고 봄〉이 국제비평가연맹상과 아시아영화진흥기구상(NETPAC), 청소년심사위원 1위상, 국제시네마클럽에서 주는 돈키호테상을 받았다.

이후에도 한국영화와의 인연은 계속 이어지고 있다. 2007년에 열린 제60회 로카르노 영화제에서는 노동석 감독의 〈우리에게 내일은 없다〉가 경쟁부문에 진출했고, 노영석 감독의 〈낮술〉이 제61회 영화제 경쟁부문에서 '특별언급'과 넷팩상을 수상했다. 제62회 영화제에는 홍상수 감독이 심사위원으로 초대됐다.

황금표범상 트로피

로카르노 영화제는 상금이 많다. 국제경쟁부문 최우수작품상인 황금표범상에는 9만 스위스프랑, 심사위원특별상과 감독상에는 3만 프랑이 수여된다. 오늘의 감독부문 황금표범상 수상자에게 3만 프랑, 심사위원특별상에는 판권 구입조로 3만 프랑이 수여되며, 야외상영작품 중에서 USB은행에서 수여하는 2만 프랑의 관객상과 버라이어티상이 별도로 시상된다.

로카르노 영화제는 티치노 주와 로카르노 시의 지원과 주도로 운영

영화제를 이끄는 사람들. 2010년 로카르노 개회식 만찬에서 왼쪽부터 올리비에 페레 집행위원장이 스위스 문화부의 장 조슬랭 씨와 대화를 나누고 있다(위). 2003년 로카르노 영화제에서 왼쪽부터 김기덕 감독, 이레네 비냐르디 전 집행위원장, 테레사 카비나 전 부위원장 등과 함께(아래 왼쪽). 왼쪽부터 현재 영화제를 이끌고 있는 마르코 솔라리 조직위원장, 로카르노 시장, 올리비에 페레 집행위원장(아래 오른쪽).

된다. 역대 조직위원장은 변호사 출신의 로카르노 또는 무랄토의 시장이 맡아왔다. 2000년부터 6대 조직위원장을 맡고 있는 마르코 솔라리는 변호사 출신은 아니지만 1944년 티치노에서 태어나 제네바대학에서 사회학을 전공한 후 스위스의 거대 슈퍼마켓 체인인 미그로스의 사무국장, 미디어 기업인 린지어의 부사장을 역임한 CEO출신이며 2007년부터 티치노 관광청 사장을 겸하고 있다.

처음 로카르노를 방문했던 2002년, 마르코 솔라리 조직위원장과 함께 영화제를 이끌던 집행위원장은 이레네 비냐르디였다. 1992년부터 2000년까지 영화제를 이끌던 마르코 뮐러(현재 베니스 국제영화제 집행위원장)의 후임이었던 비냐르디는 이탈리아 최대 일간지 『라 르포브리카』의 여성 편집국장 출신으로 2001년부터 2004년까지 영화제를 운영했다. 2005년부터 2009년까지는 프레드릭 메르가 집행위원장을 맡았다. 이레네 비냐르디는 퇴임 후 이탈리아 영화진흥기구인 '필름 이탈리아' 사장으로, 프레드릭 메르는 '시네마테크 스위스' 관장으로 자리를 옮겼다. 프레드릭 메르에 이어 지난해 9월, 칸 영화제 감독주간 책임자였던 올리비에 페레가 로카르노의 새 집행위원장이 되었다. 2010년 8월 4일 개막된 제63회 영화제는 그의 데뷔 무대였다. 1971년 프랑스 마르세유에서 태어나 파리4대학 소르본느에서 문학을 전공한 그는 1996년부터 2009년까지 프랑스 시네마테크의 프로그래머로 활동했다. 2004년부터 칸 영화제 감독주간의 책임자를 겸직해 오다가 로카르노로 자리를 옮긴 것이다.

나는 로카르노 영화제를 네 번 방문했다. 첫 방문은 2002년 8월 1일부터 11일까지 개최됐던 제55회 영화제에 넷팩상(아이사영화진흥기구상) 심사위원으로 참가하면서였다. 아시아영화진흥기구 회장인 인도의 아루나 바슈데프, 부회장인 나, 베를린 영화제의 영 포럼 디렉터로 있다가 막 퇴임한 울리히 그레고르, 이렇게 셋이 심사를 맡았다.

로카르노 옛 성에서 개막식이 열리고 있다.

개막 전날 도착한 나는 오전에는 유람선으로 로카르노-아스꼬나-브리사고 섬을 일주했고, 오후에는 트램과 곤도라로 카르다다의 정상에 올라 로카르노 시와 호수를 한눈에 관망할 수 있었다.

처음으로 방문한 로카르노는 편안했다. 당시 집행위원장이었던 이레네 비냐르디는 기자시절에 이미 부산국제영화제를 방문했었고, 부위원장인 테레사 카비나(현재 아부다비 영화제부위원장) 역시 프로그래머 시절부터 부산국제영화제에 참석했을 뿐 아니라 '와이드 앵글 파티' 때 나의 단골 댄스파트너였다. 인더스트리 책임자인 나디아 드레스티도 해외에서 자주 만나 잘 아는 사이였기 때문에 '여인천하' 로카르노 영화제가 더욱 친숙해 보였다.

개막식은 로카르노 옛 성에서 조촐하게 진행됐고, 개막식과 리셉션이 끝난 후 주요 게스트들은 버스로 브리사고로 옮겨 디너파티에 참석했다. 돌아오는 길은 배로 이동했다. 때마침 스위스의 국경일 행사가 열리고 있었다. 밤하늘로 불꽃들이 터졌고 수면 위로 형형색색의

꽃들이 그려졌다. 지상에서 쏘아 올리는 화려한 불꽃놀이를 호수 한 가운데 떠 있는 선상에서 관람할 수 있었다. 그때의 그 '장관'은 잊지 못할 추억이 되었다. 로카르노 터미널에서 하선하여 피아자 그란데에 도착했을 때에는 비가 내리고 있었다. 우천을 대비한 공간인 오디도리엄 페비로 옮겨 개막영화를 보면서, 이는 야외상영을 운영하는 부산국제영화제가 배워야 할 점이라는 생각이 들었다.
로카르노의 방문은 계속 이어졌다. 2003년 제56회 영화제 방문에 이어 프레드릭 메르 집행위원장과 테레사 카비나 부위원장의 콤비가 이끄는 2006년 제59회 영화제에도 참석했다. 무엇보다 2007년에 개막된 제60회 영화제에 붉은 장미 예순 송이를 프레드릭 메르 집행위원장에게 선물하던 때의 즐거운 기억이 생생하다.

올해는 내 오랜 친구이기도 한 올리비에 페레가 새로 이끄는 제63회 로카르노 영화제에 부산의 이수원 프로그래머와 함께 참석했다. 그는 조용하면서도 매우 의욕적인 변화를 시도하고 있었다. 먼저 상영 편수를 줄였다. 적게는 3백 편, 많게는 4백 편의 영화를 초청했던 전례를 깨고 280편으로 상영 편수를 줄이는 대신(2006년에는 320편 초청) 월드 프리미어와 신인감독의 첫번째 작품의 수를 늘려 새로운 영화를 발굴하는 데에 주력했다. 이러한 맥락에서 '오늘의 감독' 부문은 모두 감독들의 첫번째 또는 두번째 작품으로만 선정했다. 또한 지금까지 전통을 고집해온 큼직한 메인 카탈로그의 형태를 지참하기 편리하도록 작게 만들었다. 이 카탈로그의 쓰임새는 부산영화제도 배워야겠다는 생각이 들 정도였다. 오랜 전통 속에서 지속적인 변화를 시도하는 로카르노의 연륜과 깊이는 항상 많은 것을 가르쳐준다. 환갑이 넘었으면서도 새로움을 추구하는 세계적인 영화제들이 우리 앞에 놓여 있는 것이다.

호수에 불빛이 떨어지는 로카르노 시가지의 야경.

영화제는 그 자체로만 빛나는 것이 아니다. 도시의 모습과 거리의 풍경 속에서 피어나는 아름다움 속의 축제이기 때문이다. 2차 세계대전 당시 로테르담은 세 차례나 폭격을 입으며 잿더미가 되었다. 그 비극의 도시가 상처를 씻어내고 이렇게 아름다운 외관을 갖추기까지는 오랜 시간, 숱한 노고의 손길들이 필요했으리라.

INTERNATIONAL
FILM FESTIVAL
ROTTERDAM

네덜란드 로테르담 국제영화제
International Film Festival Rotterdam

전쟁의 폐허를 딛고 유럽의 문화도시로 자라나다

1996년 제1회 부산국제영화제가 끝난 직후 로테르담 국제영화제 사이먼 필드 집행위원장으로부터 이듬해 1월말에 열리는 제26회 로테르담 영화제의 심사위원장을 맡아달라는 이메일을 받았다.

당시 국내 영화제의 심사조차 해본 경험이 없었던 터라 기쁘면서도 걱정이 앞섰다. 서점으로 달려가 회의 진행에 관한 영문책자를 구입했다. 서울에서 암스테르담까지는 비행기로, 암스테르담에서는 영화제가 제공하는 승용차를 타고 로테르담에 도착했다. 영화제는 1천 명이 넘는 해외 게스트와 외신기자들로 붐볐고, 티켓 판매량이 21만 5천 장에 이를 정도로 규모가 컸다. 무엇보다 40여 편의 영화제작 프로젝트와 투자자 또는 공동제작자를 만나게 해주는 '시네마트'가 매우 인상적이었다. 대부분의 아시아 감독들이 영화제작 자금조달에 큰 어려움을 겪고 있는 실정이니 이 제도는 아시아 감독들을 위해 매우 필요할 것이라는 생각이 들었다.

제26회 로테르담 영화제에서 처음으로 데뷔한 심사위원장의 역할은 쉽지는 않았지만 나름 성공적으로 마쳤다고 자평한다. 나를 포함하여 벨기에계의 세계적인 프랑스 여성감독인 샹탈 애커만과 튀니지의 여성감독 무피다 틀라틀리, 네덜란드의 여배우 아리안 슈루터, 미국의 평론가 파비아노 카노사 등 다섯 명이 함께 심사를 했고, 홍상수 감독의 첫 장편인 〈돼지가 우물에 빠진 날〉이 만장일치로 '타이거 어워드'를 수상했다. 영화제의 진행을 심사위원장 자격으로 지켜보면서 막 걸음마를 뗀 부산국제영화제가 벤치마킹해야 할 곳이 바로 로테르담이라는 판단이 섰다.

로테르담 영화제는 1972년 후버트 발스에 의해 창설됐다. 극동지역과 개발도상국의 대안적인 영화, 혁신적이며 비상업적인 영화를 조명하는 데 목표를 둔 비경쟁영화제로 운영하기 시작했다. 그러다가 1988년 창설자인 후버트 발스가 갑자기 타계하자 그의 업적을 기려 '후버트 발스 펀드'를 창설하고 개발도상국가의 영화제작자 또는 감독을 지원하기 시작했다.
1995년 초에 오랫동안 집행위원장을 맡았던 마르코 뮐러가 스위스의 로카르노 영화제 집행위원장으로 옮기면서 후임으로 사이먼 필드가 임명됐다. 사이먼 필드가 집행위원장을 맡으면서 로테르담 영화제는 규모 면에서나 내용 면에서 한 단계 도약하기 시작했다. 로테르담 영화제는 1995년부터 비경쟁영화제의 기본 틀 위에서 일부 경쟁제도를 도입하여 젊은 감독들의 첫번째 또는 두번째 영화를 대상으로 '타이거 어워드'를 시상하기 시작한다. 매년 3편을 선정하여 1만 5천 유로를 상금으로 수여한다. 초청영화 편수는 2백여 편에서 6백여 편으로 늘어났고, 관객도 21만여 명에서 30여만 명으로 증가했다. 영화제 전용관인 파테 극장이 개관했고, 30주년을 맞는 해에는 영화제를 위한 전용건물을 확보했다.

제2차 세계대전 당시 독일공군(Luftwaffe)의 대공습으로 로테르담 시 전체가 완전히 쑥대밭이 되었다. 하지만 그 폐허를 딛고 일어나 오늘날 로테르담은 건축의 도시로 화려하게 부활했다. 조형미를 자랑하는 영화제 관련 건축물들의 모습. 프랑스 자본을 유치해 건축한 파테-로테르담 상영관(위). 영화제 중앙본부이자 전용건물인 둘렌 빌딩(아래 왼쪽), 보이만스 반 베닝겐 미술관(아래 오른쪽).

사이먼 필드는 2003년 영화제를 마친 직후 해임통보를 받고 이듬해 영화제를 끝으로 퇴임했다. 2004년 산드라 덴 하머가 새 집행위원장으로 부임했다. 그녀는 20여 년간 로테르담 영화제에서 일한 산 증인이었다. 프로그래머와 시네마트를 포함한 '인더스트리 부문'의 책임자와 부위원장을 역임한 후 2001년부터 사이먼 필드와 공동위원장으로 있다가 위원장직을 승계했다. 산드라 덴 하머 역시 2004년부터 2007년까지 4년간 집행위원장을 맡은 후 암스테르담의 필름아카이브로 자리를 옮겼고, 2008년 로테르담 영화제 측은 장기간의 숙고 끝에 미술과 비디오아트 전문가인 루트거 울프슨을 새 집행위원장으로 임명하였다.

현재 부산국제영화제와 로테르담 영화제는 자매관계다. 심사위원장으로 로테르담을 방문했던 나는 제2회 부산국제영화제에서 전문가들을 초청하여 '시네마트'를 벤치마킹한 프로그램의 창설을 위한 준비 세미나를 개최하였다. 다음해인 1998년 로테르담 영화제에서 프로젝트 마켓인 '부산프로모션플랜'(PPP)의 창설을 알리고, 로테르담 시네마트와 자매결연을 알리는 공동 기자회견을 가졌다. PPP는 처음부터 큰 성공을 거두면서 부산국제영화제의 '대표 프로그램'이 됐다. 시네마트가 전 세계를 대상으로 한다면, 부산의 프로젝트 마켓은 아시아 감독들을 대상으로 운영했기 때문에 성공할 수 있었다. 또한 부산국제영화제가 비경쟁영화제를 기조로 삼아 아시아 감독들의 첫번째 또는 두번째 영화 중에 '뉴커런츠상'을 시상하는 것은 로테르담의 타이거 어워드의 성격과 유사하다.
개인적으로 사이먼 필드는 나와 매우 가까운 친구다. 영국 현대예술관의 영화책임자였던 그는 1993년 한국영화 회고전을 준비하기 위해 영화평론가 토니 레인즈와 함께 한국을 방문했다. 그때, 그들 두 사람과 박기용 감독, 건축가 김원과 함께 밤새도록 술을 마시며 친해졌

난생처음 영화제 심사위원으로 참여해 많은 교훈을 얻었던 1997년 로테르담 영화제의 심사위원단. 왼쪽부터 무프다 트라틀리, 파비아노 카노사, 샹탈 애커먼, 아리안 슐루터 순이다. 양팔로 사이먼 필드 전 집행위원장과 나를 어깨동무하고 있는 산드라 덴 하머 전 집행위원장, 우리는 그날 유쾌하게 취했었다(아래 왼쪽). '탁류(濁流)'라는 뜻의 로테르담은 예로부터 이름난 항구이기도 했다. 로테르담 항을 배경으로 루트거 울프슨 현 집행위원장과 함께(아래 오른쪽).

다. 그 후 부산영화제를 준비하면서 1996년 칸 영화제에서 로테르담 영화제를 맡게 된 그와 다시 만날 수 있었고, 1997년부터는 매년 로테르담을 방문하면서 돈독한 사이가 되었다.

로테르담은 한국영화와도 인연이 깊다. 홍상수 감독에 이어 2003년에는 박찬옥 감독의 〈질투는 나의 힘〉이 타이거 어워드를 수상했다. 이 인연은 올해 2010년 영화제에도 이어져 박찬옥 감독의 〈파주〉가 개막작으로 선정되었다. 한국영화가 이처럼 큰 규모의 해외영화제에서 개막작으로 환대받기는 처음이었다. 이밖에 타이거 어워드를 받은 한국영화는 이윤기 감독의 〈여자, 정혜〉와 양익준 감독의 〈똥파리〉가 있다. 부산에서 첫 상영을 한 후로 양익준의 〈똥파리〉는 로테르담을 시작으로 세계를 누비기 시작했다. 로테르담 영화제에는 해마다 10편 정도의 한국영화가 꾸준하게 초청돼왔다. 올해 역시 〈파주〉를 시작으로 '새로운 미래' 부문에 정성일 감독의 〈카페 느와르〉, 장건재 감독의 〈회오리바람〉, 이용주 감독의 〈불신지옥〉, 이연우 감독의 〈거북이 달린다〉가 초청됐다. '스펙트럼' 부문에서는 황철민 감독의 〈양 한 마리, 양 두 마리〉와 봉준호 감독의 〈마더〉가 선을 보였다. 로테르담과 부산시는 2005년 9월에 자매결연을 맺었다. 두 도시는 여러모로 닮았다. 인구 59만 명의 로테르담은 네덜란드 제2의 도시이자 유럽 최대의 항만도시다. 부산과는 3~4위를 다투는 항만 물류도시였지만 중국에 밀려 지금은 부산이 5위, 로테르담은 9위로 처졌다. 또한 로테르담은 '건축'으로도 이름난 도시다. 그러나 오늘날의 이러한 명성은 거저 얻어진 게 아니다. 2차 세계대전 중 세 차례에 걸쳐 철저하게 파괴된 비극적인 배경이 있다. 1940년 5월 14일, 히틀러의 침공으로 항만과 주요 도심이 폭격당했고, 1943년 3월에는 연합군의 대대적인 공습을 받았다. 1944년 11월에는 패퇴하는 독일군이 연합군의 항만시설 이용을 봉쇄하기 위해 또다시 파괴했다.

첫 장편영화로 2010년 로테르담을 찾은 영화평론가 정성일 감독의 〈카페 느와르〉 스틸사진들.

전쟁이 끝나자 건축가와 도시계획 전문가들의 주도하에 도로와 항만, 그리고 주택을 복구하기 위한 도시재건운동이 전개된다. 1985년과 1995년 두 차례에 걸친 도심개발계획을 추진해 도시의 모습을 새롭게 했다. 마침내 로테르담은 2001년 유럽연합에 지정한 '문화수도'가 된다. 영국의 글래스고와 함께 문화가 주도한 도시재개발의 대표적인 성공사례로 꼽힌다. 로테르담이 유럽의 문화도시가 된 2001년은 바로 로테르담 영화제의 30주년에 해당한다.

영화제 30주년을 목표로 시정부는 외자를 유치하여 영화제 전용극장인 파테 극장을 조성하기 시작했다. 1999년 개관한 파테 극장은 대형 스크린을 포함한 7개의 스크린과 2천7백여 명을 수용할 수 있는 좌석 및 첨단 음향시설을 갖추고 있으며, 2층의 넓은 홀에서 모든 극장을 출입할 수 있도록 편리하게 설계됐다. 외관 역시 빼어나게 아름답다. 또한 30주년에는 극장 옆의 건물 '둘렌'을 개조하여 영화제 전용으로 사용할 수 있는 7백 석의 마켓 전용극장과 각종 연회장소, 비디오룸, 컨벤션홀 등을 오픈하였다. 각종 영상자료를 수집·전시하는 샤보 박물관과 보이만스 반 베닝겐 미술관도 개관했다.

로테르담이 30주년을 넘기면서 크게 성장할 수 있었던 데에는 영화제 관계자뿐만 아니라 시당국의 지원이 무엇보다 컸다. 부산국제영화제가 로테르담 영화제를 벤치마킹했듯이 아시아 중심의 문화도시를 지향하는 부산시에도 건축가와 예술가들의 손길로 되살아난 로테르담의 과거와 현재가 도움이 될 듯하다. 영화제는 그 자체로만 빛나는 것이 아니라 도시의 모습과 거리의 풍경 속에서 피어나는 아름다움 속의 축제이기 때문이다. 도시와 영화제의 아름다움은 사람의 노력과 손길로 이루어진다는 것을 새삼 되새기게 된다.

부산프로모션플랜(PPP)

PPP는 부산프로모션플랜(Pusan Promotion Plan)의 머리글자만 딴 약자 표기다. PPP는 제3회 부산국제영화제가 열린 1998년에 처음으로 시작됐으며, 아시아 감독들의 신작 프로젝트를 전 세계의 영화산업 관계자들에게 소개함으로써 광범위한 투자와 공동제작의 기회를 제공하는 것을 목표로 삼았다. '프로젝트 마켓'(Project Market)이라 불리는 이러한 형태는 로테르담, 파리시네마트, 홍콩, 상하이 등 유수한 영화제와 마켓에서 수용하고 있는 방식이다. 칸, 베를린, AFM(아메리칸 필름마켓) 등과 같은 국제적인 필름마켓에서는 직접 계약이 주로 이루어지지만, 프로젝트 마켓은 공동 개발과 투자에 중점을 둔다.

PPP의 진행 방식은 다음과 같다. 선정된 감독과 프로듀서에게는 PPP에 참가하는 세계 각국의 영화관계자들과 만날 수 있는 일대일 미팅이 주어진다. 감독과 프로듀서는 다양한 미팅을 하며 자신의 프로젝트를 설명하고, 앞으로 있을 영화의 제작과 투자에 필요한 대화를 나눈다. PPP 기간에 미팅룸에는 프로젝트별로 테이블이 마련되는데, 참가자의 신청을 토대로 조율한 일정에 맞추어 제작자와 투자자는 부산국제영화제가 선정한 이들 프로젝트를 접할 수 있다. 계획 중인 영화의 아이디어를 사고파는, 말 그대로의 마켓인 것이다. 때로는 감독과 프로듀서가 자신들이 원하는 투자사와 제작사를 선택해서 미팅을 신청할 수도 있다.

2007년에 10주년을 맞으면서 PPP는 영화산업계의 흐름을 더욱 폭넓게 수용하는 쪽으로 변모했다. 저예산 독립영화를 중심으로 한 기존의 프로젝트 선정에서 대중적이고 상업적인 성향의 프로젝트까지 포괄하게 됐다. 지역적인 경계도 확장하여 아시아 바깥의 프로젝트까지 포함시켜 미국, 프랑스, 독일, 이집트 등 다양한 국가에서 프로젝트를 신청받고 있다. 최근에 선정된 PPP 프로젝트 작품으로는 이창동 감독의 〈시〉, 우니 르콩트 감독의 〈여행자〉, 윤종찬 감독의 〈나는 행복합니다〉, 이해준 감독의 〈김씨 표류기〉, 이명세 감독의 〈M〉 등이 있고, 역대 선정작으로는 봉준호 감독의 〈괴물〉, 장률 감독의 〈망종〉 등이 있다.

베니스 국제영화제는 1932년에 창설된 가장 오래된 영화제다. 역사가 오래된 만큼 기복도 심했다. 무솔리니의 파시즘이 지배하던 1930년대에는 선전도구로 전락했었고, 제2차 세계대전의 참화에 휩싸여 영화제가 중단되기도 했다. 메인 행사장이 연합군의 본부로 징발된 적도 있었다. 그러나 산마르코 황금사자상을 만들면서 영화제는 정치색을 벗고, 품격을 높이면서 비상업적인 예술영화들을 조명하기 시작한다.

la Biennale di Venezia

Arte
Architettura
Cinema
Danza
Musica
Teatro
Archivio Storico

이탈리아 베니스 국제영화제
Venice International Film Festival

역사와 전통을 등에 업고 포효하는 영화제의 황금사자

베니스(베네치아)의 마르코 폴로 공항 바로 옆에 있는 선착장에서 영업용 쾌속정인 '워터 택시'나 수시로 운항하는 배를 타면 40분 정도 걸려 리도 섬에 도착한다. 매년 8월말에서 9월초, 이 작은 섬은 전 세계에서 몰려온 스타와 거장 감독들, 영화제작사 직원들, 취재를 위해 모여든 기자들로 넘쳐난다. 규모의 차이는 있지만 영화에 대한 뜨거운 열기는 78년 전인 1932년이나 지금이나 똑같다.
1999년에서 2008년까지 10년 동안 한 해만 거르고 매년 이 뜨거운 열기에 젖었다. 이곳에는 영화제만 있는 것이 아니다. 2년마다 열리는 세계 최대의 미술축제인 베니스 비엔날레를 보는 재미도 만만치 않다. 매년 10월에 개최하는 부산국제영화제 입장에서 본다면, 영화제 준비로 가장 바쁜 시기인 9월 초순에 열리는 베니스 영화제에 참가한다는 것은 무리한 일정이다. 그러나 1999년부터 〈거짓말〉을 필두로 〈섬〉(2000), 〈수취인 불명〉(2001), 〈오아시스〉(2002), 〈바람난 가족〉(2003), 〈빈집〉(2004)이 매년 경쟁부문에 진출했기 때문에 짬을 내어 리도 섬을 찾았다.
베니스 국제영화제는 올해로 67회를 맞이했다. 1932년에 창설됐으니 가장 오래된 영화제이고, 칸(63회), 베를린(60회)과 함께 세계 3대 영화제로 손꼽힌다. 1895년부터 격년을 주기로 개최된 베니스 비엔날레가 미술뿐 아니라 음악 · 건축 · 연극 · 영화 등 각 분야를 포괄하는 종합 국제예술제가 되어야 한다는 요청에 따라 비엔날레의 회장인 주세페 볼피 디 미수라타 백작의 주도하에 영화제가 시작되었다. 사무총장 안토니오 마리아니와 로마에 본부를 둔 국제교육영화원의 사무총장이자 베니스 영화제 초대 집행위원장이 된 루치아노 데 페오는 1931년 국제현대음악제를 창설하고, 1932년 8월 6일에는 국제예술영화제를 개최하였다. 이것이 베니스 영화제의 시작이었다. 베니스 리도 섬의 엑셀시오르 호텔 테라스에서 21일까지 개최된 첫 영화제에서는 프랭크 카프라의 〈어느 날 밤에 생긴 일〉, 제임스 웨일의 〈프랑켄슈타인〉, 알렉산드르 도브첸코의 〈대지〉 등 오늘날 고전이 된 영화들이 상영되었고, 그레타 가르보, 클라크 게이블, 빅토리아 데 시카 등 세계적인 배우와 감독들이 참석하면서 2만5천 명의 관객들로부터 환영을 받았다. 공식 시상은 없었지만 출품영화에 대한 관객들의 투표를 통해 최우수 감독으로는 〈인생의 길〉을 출품한 소련의 니콜라이 에크 감독이, 가장 재미있는 영화로는 르네 끌레르 감독의 〈우리에게 자유를〉이 뽑혔다. 1934년에 개최된 제2회 영화제(8월 1~20일)에서는 19편의 영화가 상영되었고, 국제교육영화원이 최우수 이탈리아영화와 외국영화 및 남녀주연상을 선정하여 시상했다.

베니스 영화제는 역사가 오래된 만큼 기복도 심했다. 격년제 영화제로 출범한 베니스는 1935년부터 매년 개최하는 영화제로 바뀌었고, 1937년에는 '팔라조 델 치네마'가 준공되면서 메인 행사장으로 사용되기 시작했다. 1938년에는 국제경쟁제도를 채택하였다. 소위 경쟁영화제로 모양을 바꾼 것이다. 하지만 무솔리니의 파시즘이 지배하던 1930년대에 비엔날레와 영화제는 정치적 선전도구로 전락했고, 1943년에서 1945년 동안에는 2차 세계대전의 참화에 휩싸여 영화제가 중단되기에 이른다.

전쟁이 끝난 1946년 베니스 영화제는 베니스의 산마르코 영화관에서 다시 열린다. 메인 행사장이었던 팔라조 델 치네마가 연합군의 본부로 징발되었기 때문이다. 1949년 영화제는 리도 섬의 팔라조 델 치네마로 귀환했고, 산마르코 황금사자상이 제정되었다. 이와 함께 영화제는 정치색을 벗고, 품격을 높이면서 비상업적인 예술영화들을 집중 조명하기 시작했다.

특히 1950년대에서 1960년대에 이르는 시기에 베니스 영화제는 새로운 아시아 영화를 발굴하여 소개함으로써 주목을 받았다. 1951년 구로사와 아키라 감독의 〈라쇼몽〉이 황금사자상을 수상한 것을 비롯하여 1953년에는 미조구치 겐지의 〈우게쯔 이야기〉, 1954년에는 구로사와 아키라의 〈7인의 사무라이〉와 미조구치 겐지의 〈산쇼다유〉가 각각 은사자상을 수상했다. 1957년에는 인도 사티야지트 레이의 〈아푸 제2부–아파라지토〉가, 1958년에는 일본 이나가키 히로시의 〈무호마츠의 인생〉이 각각 황금사자상을 수상했다. 1950년대의 베니스는 일본영화의 주무대였다.

1969년 에네스트 G. 로라가 집행위원장이 되면서 각계의 여론을 수렴하여 시상제도를 폐지하기도 하였지만 시상제도는 1980년에 다시 부활한다. 현재 베니스 영화제에는 경쟁부문을 이원화해서 중견감독들의 작품을 대상으로 하는 주요 경쟁부문인 '베네치아67'(뒤의 번호는 영화제 횟수를 따른다)과 젊은 감독들의 작품 위주로 새로운 영화의 흐름을 보여주는 오리종티, 단편경쟁부문으로 나누어 시상한다. 메인 경쟁부문은 최우수작품상인 황금사자상, 최우수감독상인 은사자상, 심사위원특별상, 볼피컵 남우주연상, 볼피컵 여우주연상, 신인연기자상인 마르첼로 마스트로야니상, 최우수각본상인 골든 오셀라상, 기술공헌상인 오셀라상을 수여한다. 오리종티 부문에서는 장편과 다큐멘터리에게 오리종티상을 주고 있다.

시상제도가 부활된 1980년대 이후에도 아시아 영화의 수상은 계속 이어졌다. 대만 허우샤오시엔의 〈비정성시〉(1989), 중국 장이모우의 〈귀주이야기〉(1992)와 〈책상서랍 속의 동화〉(1999), 대만 차이밍량의 〈애정만세〉(1994), 베트남 트란 안 홍의 〈씨클로〉(1995), 일본 기타노 다케시의 〈하나비〉(1997), 이란 자파르 파나히의 〈순환〉(2000), 인도 미라 네이어의 〈몬순 웨딩〉(2001), 중국 지아장커의 〈스틸 라이프〉(2006) 그리고 대만 이안의 〈브로크백 마운틴〉(2005)과 〈색, 계〉(2007) 등이 황금사자상을 받았다.

그러나 한국영화의 베니스 진출은 비교적 늦게 이루어졌고 수상 실적도 미미한 편이다. 1961년에 신상옥 감독의 〈성춘향〉이 처음으로 베니스 영화제에 선을 보였고, 20년이 지난 1981년에 이두용 감독의 〈피막〉이 최초로 경쟁부문에 진출했다. 1987년 임권택 감독의 〈씨받이〉가 경쟁부문에 진출하여 강수연이 최우수여우주연상을 수상했다. 그러나 한동안 한국영화는 베니스 영화제의 문을 두드리지 못했다. 그러던 중 토리노 영화제의 집행위원장으로 있으면서 한국영화주간을 마련했던 알베르토 바르베라가 베니스 영화제의 수장으로 부임하면서 한국영화가 다

영화제의 주 상영관인 '카지노' 극장의 전경. 베니스는 영화제뿐 아니라 미술, 건축, 음악, 연극 등 다양한 문화이벤트를 동시에 개최함으로써 문화도시 베네치아의 이미지를 강력하게 구축하고 있다.

시 베니스에 진출하기 시작했다. 그는 한국영화에 큰 공헌을 했다. 1999년에는 장선우 감독의 〈거짓말〉이, 2000년에는 김기덕 감독의 〈섬〉이, 2001년에는 다시 김기덕 감독의 〈수취인 불명〉과 송일곤 감독의 〈꽃섬〉이 잇따라 경쟁부문에 올랐다.

2001년 이탈리아 총선에서 총리직에 부임한 실비오 베를루스코니가 문화예술계의 수장들을 전격 사임시킬 당시 알베르토 바르베라는 베니스 비엔날레 회장을 포함한 국영방송사 사장과 함께 영화제 집행위원장 자리에서 물러나게 된다.

알베르토 바르베라의 뒤를 이어 베를린 영화제 집행위원장이었던 모리츠 데 하델른이 베니스 영화제를 맡게 되었다. 이 시절에도 한국영화는 활발하게 진출하였다. 2002년에 이창동 감독의 〈오아시스〉가 경쟁부문에 올라 감독상과 신인연기자상(문소리)을 수상했고, 2003년 제60회 영화제에는 임상수 감독의 〈바람난 가족〉이 본선 경쟁부문인 '베네치아60'에, 김현성 감독의 〈나비〉가 신인감독들의 비평가주간에 선정되었다. 2004년에는 김기덕 감독의 〈빈집〉이 공식 경쟁부문에 진출하여 감독상을 수상했고, 2005년에는 박찬욱 감독의 〈친절한 금자씨〉가 공식 경쟁부문에 올라 '젊은사자상'을 수상했다.

현재의 집행위원장인 마르코 뮐러는 1953년 로마에서 태어나 대학에서 동양학과 문화인류학을 전공한 후 중국에서 박사학위를 취득한 '중국통'이다. 1978년부터 영화평론가, 영화제 큐레이터, 베니스 영화제 프로그래머 등을 역임했고, 페사로 영화제 집행위원장(1989), 로테르담 영화제 집행위원장(1989~1991), 로카르노 영화제 집행위원장(1991~2000)을 역임한 후 2003년부터 모리츠 데 하델른의 뒤를 이어 베니스 영화제의 집행위원장을 맡고 있다.

2006년에 〈짝패〉(류승완), 2007년에 〈천년학〉(임권택)과 〈검은 땅의 소녀와〉(전수일)가 베니스 영화제에 소개되었지만, 2005년 이후 5년

2002년 9월 기자회견하는 이창동 감독, 문소리, 명계남(위). 황금사자가 줄지어 서 있는 레드카펫(아래 왼쪽). 2005년 제62회 베니스 국제영화제 경쟁부문에 진출한 〈친절한 금자씨〉가 홍보를 위해 현지에 내건 간판(아래 오른쪽). 이 영화는 '젊은사자상'을 수상했다.

2000년 베니스 영화제 기자회견장에서 모리스 데 하델른(전 집행위원장), 이창동 감독, 배우 문소리, 이충직 교수와 함께(위). 2005년 〈친절한 금자씨〉로 영화제를 찾은 박찬욱 감독, 배우 이영애와 함께(아래).

간 한국영화는 경쟁부문은 물론 비경쟁부문에서도 선정되지 못하고 있다. 2010년에 열린 제67회 영화제에서도 한국영화는 경쟁부문 진입에 실패했고, 김곡과 김선 형제 감독의 〈방독피〉가 오리종티 부문에, 홍상수 감독의 〈옥희의 영화〉가 같은 부문의 폐막영화로 선정되었다.

최근 한국영화 감독이나 제작자들이 영화제를 목표로 영화를 만들거나 영화제에서의 상영을 바라는 현상이 늘고 있다. 칸, 베를린, 베니스뿐 아니라 그 밖의 다양한 영화제의 개최 일정과 성격을 치밀하게 분석한 후에 접근하는 것이 보다 현명할 것이다. 가장 오랜 전통을 지닌 베니스에서 한국영화가 개가를 올릴 날을 손꼽아 기다린다.

5월의 칸과 달리 베를린의 관객은 추위 속에서도 차분하게 영화를 성찰하고 이야기하는 지성을 지니고 있다. 그들의 시선에는 휴양지의 축제 분위기와는 다른, 영화를 향한 애정이 스며 있다.

Berlinale 60. Internationale Filmfestspiele Berlin

독일 베를린 국제영화제
International Berlin Film Festival

추위를 녹이는 조용한 애정, 차분한 지성

끊임없이 내리는 눈 속에서 베를린 영화제는 올해 회갑을 맞았다. 지난달 11일 베를리나레 팔라스트 극장에서는 축하 연주에 이어 60년의 역사를 요약하는 동영상과 함께 50년 이상 베를린에 참석한 예루살렘 영화제 집행위원장 리아 반 레어 여사가 소개됐다. 디터 코스릭 현 집행위원장은 객석에 앉아 있는 베를린 영화제 전 집행위원장 모리츠 데 하델른에게 공로패를 수여했다. 26편의 경쟁영화와 베르너 헤어초크 심사위원장을 비롯한 일곱 명의 심사위원들이 소개된 후 개막영화인 중국 왕취엔안 감독의 〈단원〉(Apart Together)이 상영되면서 영화제는 화려하게 막을 열었다.

그밖에도 독일 통일의 상징인 '브란덴부르크 문'에서는 임시로 마련한 야외 스크린에 새롭게 '복원한' 프리츠 랑 감독의 무성영화 〈메트로폴리스〉(Metropolis)가 독일영화 부흥의 염원을 담아 세계 최초로 상영됐고, 프리드리히슈타트 팔라스트 뮤지컬 극장에서는 롭 마샬의

〈나인〉이 관객의 뜨거운 갈채를 받았다. 로만 폴란스키 감독이 만든 〈고스트 라이터〉(The Ghost Writer)의 두 주역 피어스 브로스넌과 이완 맥그리거를 비롯한 톱스타들이 레드 카펫을 밟으며 축제의 분위기를 고조시켰고, 비경쟁부문 영화 〈셔터 아일랜드〉(Shutter Island)의 마틴 스콜세지 감독과 주인공 레오나르도 디카프리오는 팬들의 열광적인 환호를 받으면서 축제 분위기를 절정으로 이끌었다.
젊은 감독들의 영화를 집중 조명해온 '인터내셔널 포럼'은 창설 40주년을 맞이했고, 포츠다머 플라츠로 옮기기 전까지 주 상영관이었던 추 팔라스트(Zoo Palast) 극장은 개관 50주년을 맞아 다채로운 행사들을 마련했다. 열흘 동안의 폭설과 추위를 영화의 열기로 녹였던 베를린 영화제의 회갑잔치는 꿀을 채집하다 실종된 아버지를 찾아나서는 7세 소년의 이야기를 다룬 세미 카플라노글루 터키 감독의 〈벌꿀〉에 '황금곰상'을, 연금중인 로만 폴란스키 감독(〈고스트 라이터〉)에게 감독상을 수여하면서 대장정을 마무리했다.

베를린 영화제가 시작된 것은 1951년의 일이다. 미국대표부 공보처의 영화담당관 오스카 마테이의 주도적인 노력으로 1950년 가을 무렵 영화제 창설을 위한 추진위원회가 구성됐고, 알프레드 바우어가 초대 집행위원장으로 선임됐다. 그리고 1951년 6월 알프레드 히치콕의 〈레베카〉 상영을 시작으로 제1회 베를린 영화제가 문을 열었다.
영화광이자 영국군의 영화 자문관이었던 알프레드 바우어는 1976년까지 26년간 재임하면서 베를린 영화제의 기반을 튼튼히 다져놓았다. 전후 냉전의 시기에는 연방정부와 시정부는 물론 이해 당사국 간의 정치적 압력과 갈등을 극복하면서 구 소련영화(1974년)와 동독 및 중국영화(1975년)를 초청했다. 알프레드 바우어는 1986년 75세로 별세했다. 베를린 영화제는 그를 추모하여 1987년 '알프레드 바우어상'을 제정하여 영화예술에 공헌한 사람에게 상을 수여하고 있다.

2007년 〈싸이보그지만 괜찮아〉로 베를린 영화제를 찾은 박찬욱 감독, 배우 임수정과 정지훈이 주 상영관 앞의 레드카펫에 섰다(위). 이 영화는 그해 알프레드 바우어상을 수상했다. (아래 왼쪽부터) '세계 문화의 집'과 '추 팔라스트' 극장, 주 상영관 '베를리날레 팔라스트'의 모습들. 화려한 조명과 더불어 다채로운 풍경이 펼쳐지지만 베를린 영화제만의 차분한 분위기가 감돈다.

알프레드 바우어에 이어 제2대 집행위원장으로 부임한 볼프 도너는 오늘의 유럽 필름마켓인 '영화시장'과 어린이영화제를 창설하고, 새로운 독일영화를 집중 조명하는 '뉴저먼 필름' 부문을 신설한다. 1978년 그는 매년 6월에 개최하던 영화제를 칸 영화제보다 빠른 2월 말에서 3월초 사이로 앞당기는데, 이로 인해 칸 영화제와 국제영화제작자연맹으로부터 강력한 항의를 받아 3년 만에 사임하게 된다.

볼프 도너의 뒤를 이어 로카르노 영화제 집행위원장인 모리츠 데 하델른이 제3대 집행위원장으로 발탁돼 2001년까지 22년간 베를린 영화제를 이끌었다. 정치적 수완이 뛰어난 모리츠 데 하델른은 영화를 통한 동서진영의 화합을 시도하고, 대폭적인 예산 증액으로 영화제 본부를 신시가지인 포츠다머 광장으로 옮겨 분위기를 일신하는 업적을 남겼다. 그러나 새로 옮긴 베를리날레 팔라스트(Berlinale Palast) 극장에서 50주년 영화제 행사를 화려하게 끝낸 직후 연방정부와 시의회로부터 해임통보를 받고, 다음해 51회 영화제를 끝으로 물러났다.

2002년 제4대 수장으로 부임한 인물이 바로 지금의 '디터 코스릭' 집행위원장이다. 디터 코스릭은 1948년 남부 독일의 작은 마을 포르츠하임에서 태어나 뮌헨에서 커뮤니케이션, 정치, 교육학을 전공한 후 대학조교, 함부르크 시공무원, 여성평등을 위한 시민연대 대변인, 잡지 기자 등 다양한 경력을 쌓은 후 1983년 영화계에 입문하여 주로 영화기금 업무를 담당했다. 함부르크 영화기금 책임자(1983~1992), 유럽 영화배급 기구의 창설 및 대표를 역임했고, 1992년 쾰른에 본부를 둔 유럽 최대의 지방영화진흥기구(Filmstifting NRW) 책임자로 부임하여 탁월한 역량을 발휘했다. 그의 경력이 말해주듯, 그는 천부적인 외교관 기질을 갖고 있다. 능수능란한 다변에 재치가 넘쳐 흐른다.

현재 베를린 영화제의 프로그램은 크게 경쟁부문(장편과 단편), 특별상영, 파노라마, 회고전, 독일영화, 포럼, 제너레이션 부문으로 나누어진다. 여기서 가장 주목받는 섹션 중 하나가 포럼이다. 1971년 울리

2002년부터 베를린 국제영화제의 위원장을 맡고 있는 디터 코슬릭과 함께.

히 그레고르가 젊은 감독을 발굴하기 위해 창설했다. 인터내셔널 포럼부문은 모리츠 데 하델른 집행위원장과 울리히 그레고르와의 불편한 경쟁관계 때문에 오랜 기간 '한 지붕 두 가정'처럼 독자적으로 운영되기도 했다. 그러나 31년간 포럼부문을 운영했던 울리히 그레고르가 모리츠 데 하델른과 동반 퇴진한 이후 새로 부임한 디터 코스릭은 크리스토프 테레히테를 포럼 프로그래머 책임자로 발탁하고, 1992년 이후 파노라마 책임자로 일해온 빌란트 스펙을 유임시킨 후 모든 부문을 통합 운영하는 외교력을 발휘했다.

2003년에는 영화인들의 단기교육을 위한 닷새 간의 워크숍 '베를리나레 탤런트 캠퍼스'를 창설했고, 2004년에는 개발도상국가의 영화제작을 지원하는 '월드 시네마 펀드'와 공동제작 마켓을 창설하여 운영하기 시작했다. 2006년 양대 필름마켓의 하나인 밀라노 필름마켓(MIFED)이 없어지고 미국 필름마켓(AFM)을 봄에서 가을로 옮기면서 그는 유럽 필름마켓의 기능을 대폭 확대하는 등 베를린 영화제의 위상을 크게 높였다. 프루브스트 베키 여사가 유럽 필름마켓을 20년이 넘게 운영해오고 있다.

한국영화와 베를린 영화제와의 관계는 다른 어느 영화제보다 각별하다. 1956년 이병일 감독의 〈시집가는 날〉이 제7회 베를린 영화제에 초청받으면서 한국영화가 최초로 유럽의 국제영화제에 진출한 기록을 남겼다. 1961년에는 강대진 감독의 〈마부〉가, 1962년에는 신상옥 감독이 연출한 〈이 생명 다하도록〉의 아역배우 전영선이 특별상인 은곰상을 각각 수상했다. 이후 20년간 한국영화의 베를린 진출은 뜸했지만 1980년대 접어들면서 〈만다라〉(임권택, 1981), 〈땡볕〉(하명중, 1985), 〈길소뜸〉(임권택, 1986), 〈태백산맥〉(임권택, 1995), 〈아름다운 청년 전태일〉(박광수, 1996), 〈공동경비구역 JSA〉(박찬욱, 2000) 등이 잇따라 경쟁부문에 올랐다. 하지만 수상의 영예를 안지는 못했다.

그런데 2004년 김기덕 감독의 〈사마리아〉가 감독상을 수상하고, 2005년에는 임권택 감독이 명예 황금곰상을 받으면서 베를린과의 거리는 가까워졌다. 2007년에는 박찬욱 감독의 〈싸이보그지만 괜찮아〉와 장률 감독의 〈경계〉가 경쟁부문에 진출했고, 박찬욱 감독은 알프레드 바우어상을 수상했다. 2008년에는 홍상수 감독의 〈밤과 낮〉이 경쟁부문에 진출했다.

2010년 베를린 영화제에는 이재용 감독의 〈여배우들〉이 파노라마 부문에서 선을 보였고, 포럼 부문에서는 소상민 감독의 〈나는 곤경에 처했다〉와 류형기 감독의 〈너와 나의 21세기〉, 그리고 양영희 감독의 〈선화, 또 하나의 나〉가 상영됐다. 단편경쟁에서는 이란희 감독의 〈파마〉와 정유미 감독의 〈수학시험〉 등을 볼 수 있었다. 경쟁부문에 해당되는 작품은 없었지만 여러 부문에 걸쳐 한국영화가 소개되고 있는 것에서 베를린 영화제의 변함없는 애정을 느낄 수 있다.

오랫동안 포럼의 책임을 맡았던 울리히 그레고르는 1970년대 말부터

2004년 제54회 영화제에서 김기덕 감독의 〈사마리아〉 기자회견이 열렸다(위). 베를린 영화제에 상륙한 한국영화 중에서 처음으로 수상의 영예를 얻은 작품이다. 2000년 경쟁부문에 진출한 〈공동경비구역 JSA〉 기자회견 현장(아래).

2006년 심사위원으로 베를린을 찾았던 배우 이영애의 무대인사(위 왼쪽 끝). 주 상영관인 '베를리날레 팔라스트' 극장의 모습들(아래).

한국을 꾸준히 찾았던 지한파였고, 특히 디터 코스릭 집행위원장은 2001년과 2002년 파노라마의 빌란트 스펙, 포럼의 크리스토프 테레히테, 프로그래머 제이콥 왕과 함께 부산국제영화제를 찾았다. 빌란트, 크리스토프, 제이콥 등은 매년 부산국제영화제에 참석해서 영화를 선정하고 있다.

최근 베를린 영화제의 경쟁부문에 한국영화가 오르지 못하는 이유 중의 하나로 칸 영화제에만 쏠리는 한국영화인들의 편향성을 들 수 있다. 한국의 영화인들도 특정 영화제에 대한 집착에서 벗어나 자신의 영화를 소개할 수 있는 다양한 네트워크와 마당을 모색해야 하지 않을까 싶다. 놀라운 집중력을 갖고 있는 한국인이지만 종종 외골수의 기질을 보여주기도 한다.

5월의 칸과 달리 베를린의 관객은 추위 속에서도 차분하게 영화를 성찰하고 이야기하는 지성을 지니고 있다. 그들의 시선에는 휴양지의 축제 분위기와는 다른, 영화를 향한 애정이 스며 있다. 세 번이나 베를린을 찾아온 이재용 감독의 말처럼 지적인 대화를 나누는 즐거움 역시 영화제의 화려함 이상으로 반가운 일인 것이다.

알프레드 히치콕(Alfred Joseph Hitchcock, 1899~1980)

서스펜스의 대가, 스릴러 영화의 거장으로 불리는 알프레드 히치콕은 지치지 않는 열정의 소유자였다. 무엇보다 현대영화가 요구하는 두 마리 토끼를 잡은 몇 안 되는 인물 중 하나로, 그의 독특한 스타일은 오락적 요소와 예술적 요구를 손쉽게 결합시킨 대표적인 예다. 현대영화를 대표하는 또다른 인물인 장뤽 고다르는 히치콕을 이렇게 설명한다.

"유명한 화가들처럼 그에게는 하나의 그림이 있다. 이 그림에 이어 다음 그림들이 끊임없이 이어진다. 그가 꽃 한 송이를 영상에 담으면 그것은 곧 하나의 이야기가 된다."

히치콕은 영국에서 영화를 만들다가 미국으로 건너간 대표적인 영국 영화인이다. 또한 무성영화에서 유성영화까지, 흑백영화에서 컬러영화까지 영화사의 변천을 두루 경험한 인물이기도 하다. 심지어 〈다이얼 M을 돌려라〉는 3D를 염두에 두고 촬영된 작품이었다. 이처럼 변화무쌍한 그의 영화세계는 흔히 다섯 시기로 나누어지곤 한다.

첫번째 시기는 〈39계단〉 이전의 초기작이다. 무성영화가 다수 포함된 이때의 작품들에선 독일 표현주의 영향이 엿보이며, 〈하숙인〉(1926)이 가장 유명하다. 두번째 시기는 〈39계단〉(1935)에서 〈자마이카 인〉(1939)에 이르기까지의 작품들이다. 스크루볼 코미디처럼 티격태격하는 커플이 주인공인 경우가 많다. 우연히 서로 얽히게 된 남녀가 모험을 함께하며 사건을 해결하고 커플이 되는 것으로 끝나곤 한다. 〈39계단〉가 대표작이다.

세번째 시기는 〈바람과 함께 사라지다〉의 제작자로 유명한 셀즈닉 형제와 계약을 맺고 함께하는 동안 미국에서 시작된 새로운 흐름이다. 셀즈닉 형제가 제작한 대표작 〈레베카〉(1940)뿐만 아니라 다른 곳에서 제작한 〈의혹의 그림자〉(1943)에는 여주인공의 시선을 따라 강박관념으로 고통을 받는 캐릭터가 중심에 선다. 여주인공들의 의혹이야말로 이 시기의 가장 중요한 관점 중 하나다. 히치콕은 〈의혹의 그림자〉를 자신의 최고 작품으로 꼽기도 했다.

네번째 시기는 셀즈닉 형제와 결별하고 영화를 만들던 시기다. 히치콕 하면 떠오르는 영화들이 주로 이때 제작되었다. 미국의 스튜디오 제작방식에 의존하긴 했지만 제작자의 간섭에는 반발했다. 자유롭게 영화를 만들 수 있는 여건이 확보된 이 시기는 〈열차의 이방인〉(1951)을 비롯해 〈이창〉(1954), 〈현기증〉(1958), 〈북북서로 진로를 돌려라〉(1959), 〈사이코〉(1960), 〈새〉(1963) 같은 수작들을 쏟아냄으로써 거장의 면모를 드러낸 명실상부한 전성기다.

마지막 다섯번째 시기는 〈마니〉(1964) 이후의 말년이다. 이때의 영화는 대부분 크게 평가를 받지 못했지만 〈마니〉는 후대에 새롭게 해석된 바 있다. 마지막 여배우였던 티피 헤드런의 신경증적인 모습이 화면을 가득 지배한다. 히치콕은 배우들에게 큰 영예를 안겨주기도 했지만 불화설로도 유명했다. 공포와 불안의 대가 히치콕은 자신의 영화에서처럼 갈등이 많은 삶을 살았다. 그러나 스릴과 서스펜스 속에서 웃음을 유발시키는 이 기괴한 유머의 소유자는 영화사에 길이 남을 걸작을 낳은 명감독으로 끊임없이 추앙받고 있다.

2003년 카를로비바리 영화제에 다큐멘터리영화를 들고 참석한 하루툰 가차트리안 감독은 네덜란드 언론인 피터 반 뷰렌을 만나 매일 술자리를 함께했다. 피터는 하루툰에게 영화제 창설을 제의했고, 하루툰은 귀국하자마자 예레반 국제영화제를 창설하였다. '살구'가 그 지방의 특산물인 점에 착안하여 영화제 이름을 '황금살구영화제'(Golden Apricot)로 정했다. 2010년 제7회를 맞이한 예레반 영화제의 탄생은 그렇게 즉흥적이었다.

세르비아 베오그라드 국제영화제
Belgrade International Film Festival

보스니아 사라예보 영화제
Sarajevo Film Festival

아르메니아 예레반 국제영화제
Yerevan International Film Festival

역사의 상처를 딛고 꽃핀 세 개의 영화제

'센트이스트'(Cent East)는 중 · 동부유럽영화제연합(The Alliance of Central and Eastern European Film Festival)의 약자로, 중부 및 동부 유럽 국가에서 개최되는 영화제 간의 상호 협력과 교류를 목적으로 만들어졌다. 지난 2007년 11월 7일 독일의 코트버스 영화제에서 바르샤바 영화제의 스테판 로딘 집행위원장이 주도해 만들었다. 한 국가에 하나의 영화제만이 회원으로 가입할 수 있는 이 협력기구에는 현재 바르샤바 영화제와 코트버스 영화제를 비롯해 17개 영화제가 회원으로 가입돼 있고, 체코의 카를로비바리 영화제는 우호적인 지원영화제로 참여하고 있다.

동유럽의 영화제들은 방문하는 일이 드물지만 그중에서도 에스토니아의 타린 영화제를 간 기억은 특별하다. 이 지역은 여름에는 낮이 길고 겨울에는 밤이 길다. 그래서 이 영화제를 흑야영화제라고도 부른다. 1997년 두 딸의 어머니인 티나 록 여사가 창설하여 14년째 운영하고 있다. 그녀의 초청으로 2004년 12월 제8회 영화제에 참가한 후 라트비아와 리투아니아를 순방하며 영화제 관계자들을 만난 바 있다. 슬로바키아의 브라티슬라바 영화제는 올해 11월 심사위원으로 참가할 예정이다. 이외에 아르메니아의 예레반과 보스니아 헤르체고비나의 사라예보는 2006년 7월과 8월에 각각 심사위원으로, 세르비아 몬테네그로의 베오그라드는 2008년 2월 심사위원장으로 참가한 적 있다. 이 글은 동유럽에 관한 짧은 인상기라고 할 수 있다.

세르비아 베오그라드 국제영화제
— 유럽에서 아시아를 아우르는 풍성한 잔칫상

세르비아의 수도 베오그라드에는 2010년 57회를 맞는 베오그라드 다큐멘터리영화제와 베오그라드에서 60킬로미터 떨어진 코스마이 산중에서 개최되는 소포트 영화제, 그리고 올해로 38회를 기념하는 베오그라드 국제영화제가 있다.

베오그라드 국제영화제는 1971년 시에서 창설한 영화제다. 티토 대통령은 유고 영화 75주년을 기념하여 찰리 채플린, 루키노 비스콘티, 프랭크 카프라 등 세계 거장 감독들과 주요 유고 영화감독들에게 훈장을 수여하는 행사를 마련했다. 이 행사는 한 해 동안 상영됐던 인기 외국영화들을 모아서 틀어주는 단순한 주간행사에 불과했지만, 훈장을 받은 감독 외에도 많은 영화인들이 참여해서 성황을 이루었다. 발칸 반도의 최대 일간지 『폴리티카』의 영화평론가 밀루틴 콜리치가 영화선정을 맡고, 영화감독 두산 마카베예프, 데얀 두루코비치가 주도했던 이 행사가 성공하자 베오그라드 국제영화제로 바꿔 매년 비경쟁영화제로 열게 됐다. 이렇게 출범한 베오그라드 영화

베오그라드 영화제 상영관 '사바센터' 내부는 영화 상영을 기다리는 사람들로 북적인다. 이 많은 사람들이 자리에 앉자 커다란 상영관이 가득 찬다. 곧 영화가 시작될 것이다.

2008년 베오그라드 영화제 기자회견(위). 상영관 '베오그라드 문화센터'로 입장하는 관객들(아래).

제는 오랜 기간 비경쟁영화제로 운영하다가 1980년대에 접어들면서 경쟁영화제로 모습을 바꾼다. 정치적인 소용돌이 속에서 1993년과 1994년에는 영화제가 중단되기도 한다.

1997년 미롤류브 부코비치가 집행위원장으로 부임하면서 베오그라드 영화제는 오랜 정체에서 벗어나기 위한 발판을 마련한다. '유럽 중의 유럽'이란 공식 경쟁부문을 신설하고 'FantAsia' 부문을 마련하여 1998년부터 아시아 영화들을 초청하기 시작한 것이다.

압바스 키아로스타미의 〈체리향기〉를 비롯한 4편의 영화와 함께 김기영 감독의 〈하녀〉와 〈불의 딸〉 등 아시아 영화가 처음으로 베오그라드에 소개되었다. 이후 한국영화는 2000년 〈유령〉(민병천)을 비롯한 4편이 초청된 데 이어 〈박하사탕〉과 〈거짓말〉(2001), 〈죽거나 혹은 나쁘거나〉(2002), 〈오아시스〉(2003), 〈봄, 여름, 가을, 겨울 그리고 봄〉(2004), 〈올드 보이〉(2005), 〈빈집〉과 〈망종〉(2006), 〈아내의 애인을 만나다〉와 〈시간〉(2007), 〈숨〉과 〈밀양〉(2008) 등 매년 그해의 대표작 한두 편이 꾸준히 초대받고 있다.

미롤류브 부코비치

미롤류브 부코비치는 세르비아 출신의 평론가로 남서유럽 시네마 네트워크와 동서교류재단을 창설하고 회장직을 맡아 주도적으로 운영한 바 있다. 나는 그의 초청으로 2008년 2월 제36회 베오그라드 영화제에 참석하였다. 영화제는 매년 2월 마지막 금요일부터 3월 첫 주 일요일까지 3천7백 석의 사바센터와 베오그라드 문화센터, 유고슬라브 영화자료원, 돔 신디카타 영화관 등에서 개최된다. 13만 명의 관객이 참여하는 비교적 큰 규모의 영화제다.

보스니아 사라예보 영화제
— 당국의 허가 없이도 전쟁영화는 상영되어야 한다

보스니아 헤르체고비나의 수도 사라예보는 우리에게 잘 알려진 도시다. 1973년 4월 세계탁구선수권대회에서 이에리사와 정현숙 선수가 세계를 제패하고, 1984년에는 14회 동계올림픽이 열려 사라예보란 이름을 회자시킨 바 있다. 무엇보다 역사 속의 사라예보는 세르비아의 국수주의 청년 가브릴로 프린칩이 순방중인 오스트리아 황태자 프란츠 페르디난트와 임신한 그의 부인 조피를 암살함으로써 1차 세계대전을 촉발시켰던 현장으로 유명하다.
사라예보 영화제는 1995년에 창설됐고 올해 16회를 맞는다. 복합문화회관인 오바라 아트센터의 관장인 미르사드 푸리바트라는 1992년부터 다양한 문화운동을 전개했던 인물이다. 그는 1993년 2월 '키노 아폴로'에서 당국의 허가 없이 전쟁영화를 상영하다가 극장이 폐쇄되는 일을 겪었다. 1993년 10월 23일에는 오바라 아트센터에서 소규모의 '사라예보 필름페스티벌'을 개최하기도 했다.
그는 1995년 10월 27일 제1회 사라예보 영화제를 개최했다. 첫해에는 미르사드 푸리바트라의 부인 이제타 그라데비치가 창설자 겸 집행위원장을 맡아 15개국 37편의 영화를 상영했는데, 로카르노 영화제의 집행위원장 마르코 뮐러(현재 베니스 영화제 집행위원장)가 직접 가지고 온 비디오로 틀었다고 한다. 1996년 제2회 영화제부터는 미르사드 푸리바트라가 맡아 영화제를 운영하고 있다.

나는 2006년 8월 18일부터 26일까지 개최되었던 제12회 사라예보 영화제에 심사위원으로 참여했다. 경쟁영화제인 사라예보 영화제에서는 상금 2만5천 유로가 수여되는 최우수장편영화상과 1만 유로의 상금이 수여되는 심사위원특별상, 여우 및 남우주연상이 수여되고

나는 2006년 제12회 사라예보 영화제에 심사위원으로 참석했다. (위 왼쪽부터) 야스밀라 감독과 얀츠비코비치 감독, 바우터 바란드레히트 포티시모 사장, 제롬 파이야르 칸 마켓 책임자, 미르사드 푸러바트라 집행위원장과 함께였다. 영화제를 마무리하는 시상식장에서 수고한 모든 이들과 함께(아래).

있으며 단편경쟁, 다큐멘터리경쟁부문이 따로 운영되고 있다. 또한 프로젝트 마켓인 '씨네링크'를 운영하면서 이에 따른 시상도 병행하고 있다. 내가 참석했던 2006년 영화제에서는 강이관 감독의 〈사과〉와 박찬욱 감독의 〈친절한 금자씨〉가 파노라마 부문에서 신을 보였고, 미국의 아벨 페라라 감독과 헝가리의 벨라 타르 감독의 회고전이 열렸다.

체제 기간 중 심사위원과 주요 게스트들이 비행기로 이탈리아 동쪽 아드리안 해에 마주한 크로아티아의 두브로니크에 갔던 것은 색다른 체험이었다.

아르메니아 예레반 국제영화제
— 영화의 황금살구가 열리는 고장, 예레반

흑해와 카스피해의 중간 지역에 아르메니아의 수도 예레반이 있다. 북쪽으로는 그루지아(그루지아의 북쪽은 러시아다), 서쪽으로는 터키, 동쪽으로는 아제르바이잔, 남쪽으로는 이란을 마주하고 있다. 그 사이에 끼어 있는 작은 나라가 아르메니아다. 예레반에는 1백만 명이 살고 있다.

2010년 제7회를 맞이한 예레반 영화제의 탄생은 즉흥적이었다. 2003년 카를로비바리 영화제에 다큐멘터리영화를 들고 참석한 하루튠 가차트리안 감독은 네덜란드 언론인 피터 반 뷰렌을 만나 매일 술자리를 함께했다. 피터 반 뷰렌은 하루튠 가차트리안에게 영화제 창설을 제의했고, 하루튠은 귀국하자마자 영화평론가인 수잔나 하루츄난과 함께 2004년 7월 제1회 예레반 국제영화제를 창설하였다. '살

구'가 그 지방의 특산물인 점에 착안하여 영화제 이름을 '황금살구 영화제'(Golden Apricot)로 정했다. 이 과정에서 그루지아 출신의 여배우 아시니 칸지안이 적극 참여하게 되었고, 그의 남편인 이집트 카이로 태생의 캐나다 감독 아톰 에고이얀이 조직위원장을 맡았다. 예레반 영화제는 정부의 적극적인 지원을 받아 운영되고 있다.

나는 제3회 영화제에 심사위원으로 참여했다. 로카르노와 베를린 그리고 베니스 영화제의 집행위원장을 역임한 모리츠 데 하델른이 심

예레반 영화제 주 상영관 앞에 많은 사람들이 모였다. 햇살이 드리운 건물은 영화제 이름처럼 황금살구 빛깔이었다(위). 2006년 제3회 영화제에서 나는 예레반 문화부장관으로부터 훈장을 받았고(아래 왼쪽) 산드라 로테르담 영화제 집행위원장, 작가 페르치 제이툰시안, 모리츠 데 하델른, 우스타오글루 감독과 함께 심사위원으로 영화제에 참석했다(아래 오른쪽).

사위원장을 맡았고, 당시 로테르담 영화제의 집행위원장이었던 산드라 덴 하머와 터키 감독 예심 우스타오글루, 그리고 아르메니아의 작가 페르치 제이툰시안이 함께 심사위원을 맡았다. 크쥐시토프 자누시 감독과 나는 아르메니아 문화부 훈장을 받았다. 이 일정을 통해 프로젝트 마켓인 로테르담 영화제의 시네마트와 부산국제영화제의 부산프로모션플랜(PPP), 그리고 예레반 영화제의 DAB(Directors Across Borders)프로젝트를 서로 교환하여 운영하기로 잠정 합의했다. 이후 2007년 1월, 로테르담 영화제에서 아르메니아 문화부 장관과 세 영화제의 집행위원장들이 모여 정식으로 자매결연을 선언했다.

동유럽의 영화제들은 한국사회에 잘 알려져 있지 않지만 이 지역은 오래전부터 문화와 전통이 숨 쉬는 곳이다. 아직 대규모의 영화제들이 꾸려지지는 않았지만 영화와 예술을 사랑하는 관객들과 함께 이들의 성장을 지켜보는 것은 즐거운 일이다.

산세바스티안은 스페인의 북동쪽에 위치한 인구 18만 명의 작고 아름다운 항구도시다. 도시 바로 앞 바다는 꼭 조개처럼 생겨서 라콘차 만이라고 불린다. 이곳은 칸타브리안 해로 이어진다. 라콘차 만 한가운데에 산타클라라 섬이 그림처럼 떠 있고 두 개의 작은 산이 학의 양 날개처럼 펼쳐져 있다. 아름다운 경관이다.

FESTIVAL DE SAN SEBASTIÁN

스페인 산세바스티안 국제영화제
San Sebastian International Film Festival

그림 같은 항구도시와 아름다운 상영관에 홀리다

지난 2002년 9월, 몇 년을 기다린 끝에 산세바스티안 영화제를 찾았다. 영화제가 매년 9월 중순에 열리는 탓에 10월의 부산영화제를 준비하다 보면 행사 기간을 놓치곤 했었다. 그런데 그해에는 부산영화제 개최 시기가 11월로 늦춰지는 바람에 여유가 생겼다. 2002년은 산세바스티안 영화제가 50주년을 맞는 해이기도 했다. 부산국제영화제는 10주년 행사를 준비할 필요가 있던 터라 배울 것도 있겠다는 생각이 들었다.
산세바스티안은 스페인의 북동쪽에 위치한 인구 18만 명의 작고 아름다운 항구도시다. 도시 바로 앞 바다는 꼭 조개처럼 생겨서 라콘차만이라고 불린다. 이곳은 칸타브리안 해로 이어진다. 라콘차 만 한가운데에 산타클라라 섬이 그림처럼 떠 있고 두 개의 작은 산이 학의 양 날개처럼 펼쳐져 있다. 아름다운 경관이다.
그런데 이보다 더 날 매료시킨 것은 영화제 전용관인 쿠르잘(kursaal),

즉 문화회관이었다. 도시 한가운데를 가로질러 흐르는 우루메아 강과 라콘차 만이 만나는 해변에 위치한 이 문화회관은 직육면체의 큰 건물 두 채가 각기 서로 다르게 마주하고 서 있다. 특히 밤에는 육면체의 건물 전체에서 비추는 빛과 바다에 반사되는 빛이 한데 어우러져 환상적인 야경을 보여준다. 이 건물은 스페인을 대표하는 건축가 라파엘 모네오가 설계하여 1998년 완공한 후 1999년부터 영화제에서 사용하고 있다.
2002년 9월 19일 개최된 개막식에서 50주년을 기념하는 특별행사는 없었다. 기념행사는 이틀 뒤인 21일에 열렸다. 잠실체조경기장과 같은 대공연장에서 거행된 50주년 기념행사는 밤 열 시부터 새벽 세 시까지 장장 다섯 시간에 걸쳐 진행되었다. 총 4부로 편성된 행사의 1부에서는 기념식, 회고전의 주인공인 프란시스 포드 코폴라 감독에 대한 감사패 수여, 이와 함께 50년의 역사를 담은 기록영화 상영이 있었다. 2부에서는 지상과 공중을 무대로 활용한 '영화촬영' 주제의 총체극 공연이 눈길을 사로잡았고, 3부에서는 고전과 현대를 아우르는 음악공연이 펼쳐졌다. 4부는 3천 명의 관객이 함께 어울려 춤추는 댄스파티로 이어졌다. '정열의 나라' 스페인다운 연출이었다.

50년의 역사를 넘긴 산세바스티안 영화제는 1953년 9월23일에 창설되었다. 창설 당시에는 국제영화제작자연맹으로부터 비경쟁영화제로 B등급을 받았지만 첫해부터 경쟁영화제로 운영했다. 연맹으로부터는 1955년 공식적인 경쟁영화제로 승인되었다. 1957년에는 A급 영화제로 격상되었고, 초창기부터 할리우드 영화인들을 초청함으로써 '화려한 영화제'로 부각되었다. 하지만 정부의 검열제도로 인해 진통을 겪어야 했다. 시와 주정부 및 중앙정부로부터 예산지원을 받았기 때문에 그 영향권에서 벗어날 수 없었고, 이를 반증하듯 집행위원장이 자주 교체되었다.

2002년 산세바스티안 영화제는 50주년을 맞이했다. 환한 불빛으로 오십 해를 기리고 있는 직육면체의 문화회관과 다섯 시간에 걸친 뜨거운 공연이 인상적이었다.

지금의 영화제 수장인 미켈 올레치레기 집행위원장은 2001년부터 10년간 영화제를 이끌고 있다. 미켈은 1956년생으로 대학에서 경영학을 전공한 뒤 방송계에 몸을 담았다. 1990년에는 ETB채널의 프로그램 매니저로 근무했으며, 1993년 재무관으로 발탁되면서 산세바스티안 영화제와 인연을 맺게 되었다. 시골 아저씨처럼 성격이 소탈하고 쾌활한 미켈은 누구를 만나든 친근하게 대한다. 산세바스티안 영화제에는 미켈 이외에도 항상 그와 함께 다니는 호세 마리아 리바가 있다. 유럽의 기사(騎士)를 떠올리게 하는 공손하고 부드러운 인물이다. 그는 나와 마주칠 때마다 '마이 프레지던트' 라고 부르면서 거수경례를 붙인다. 영화평론가였던 그는 프랑스인이며, 오랜 기간 칸 영화제에서 비평가주간 책임자로 일했다. 1980년 이후 산세바스티안 영화제의 이사회 회원으로 현재 2인자 역할을 하고 있다.

산세바스티안 영화제는 몇 가지 특색을 지녔다. 부산과 같이 벨로드롬이라는 야외상영제도를 운영하고 있다. 4백 평방미터의 스크린과 1천 석을 마련하여 영화제 기간 중 3~4편의 영화를 상영한다. 본선 경쟁부문과 함께 비경쟁부문인 '자발테기'(Zabaltegi) 섹션을 운영하고 있다는 점이 흥미롭다. '자유로움'을 뜻하는 자발테기 부문은 1984년에 시작되었고, 형식이나 장르, 매체를 가리지 않고 젊은 감독들이 만든 작품을 초청한다. 본선 경쟁부문에서는 황금조개상(최우수작품상), 은조개상(최우수감독상, 최우수남우상 및 여우상), 심사위원상(최우수촬영상, 최우수각본상)을 수여한다. 또한 신인감독상을 본선부문과 자발테기 부문에서 선정한 후 시상하는데 수상자에게는 15만 유로의 상금이 수여된다. 1986년에 신설된 '도노스티아 어워드'('도노스티아'는 산세바스티안의 바스크어 명칭)는 평생공로상의 성격을 띠고 있다. 첫 수상자로 그레고리 팩을 선정한 이후 매년 두세 명의 세계적인 감독과 배우를 시상함으로써 영화제의 성격을 친(親)할리우드적인 화려한 영화제로 만들고 있다. 글렌 포드(1987), 안소니 퍼킨스(1991), 로버트 미

관객들이 가득한 벨로드롬 야외상영장의 모습(위). 2010년 자발테기 포스터, 2002년 50주년 기념 포스터 등 시선을 잡아끄는 산세바스티안의 다양한 포스터들(아래).

첨(1993), 라나 터너(1994), 카트린느 드뇌브(1995), 알 파치노(1996), 로버트 드니로(2000), 리처드 기어(2007), 메릴 스트립(2008) 같은 스타가 이 도노스티아상을 수상했다.

산세바스티안 영화제에 한국영화가 진출한 것은 2000년부터다. 봉준호 감독의 〈플란다스의 개〉가 경쟁부문에 처음으로 소개되었고, 2002년에는 이정향 감독의 〈집으로〉가 자발테기 섹션에 소개되면서 신인감독상 부문에서 '특별언급'되었다. 당시 밤 10시에 공항에 도착한 이 감독은 '감독과의 대화시간'이 다 돼서야 극장에 겨우 도착할 수 있었다. 행사가 끝난 후 그녀와 함께 밤새도록 술을 마신 기억이 난다. 2003년에는 봉준호 감독의 〈살인의 추억〉이 본선 경쟁부문에 초대되어 최우수감독상과 신인감독상을 수상했고, 김기덕 감독의 〈봄, 여름, 가을, 겨울 그리고 봄〉도 비경쟁부문에 소개되었다. 2004년에는 〈거미숲〉(송일곤)이 공식 경쟁부문에 올랐고, 2005년에는 김기덕 감독의 〈빈집〉이 국제비평가상과 함께 국제비평가연맹에서 선정한 올해 최고의 영화로 선정되었다. 강이관 감독의 〈사과〉는 신인감독상을 수상했고, 허진호 감독의 〈외출〉도 함께 초청되었다. 2007년에는 〈아주 특별한 손님〉(이윤기)과 〈어깨 너머의 연인〉(이언희)이 초청되었고, 2008년에는 〈마더〉(봉준호)와 〈애니멀 타운〉(전규환), 〈영도다리〉(전수일)가 초청된 바 있다.
2009년에 열린 제57회 산세바스티안 영화제에는 46개국에서 초청된 202편의 영화가 상영되어 16만6천여 명의 관객을 동원했으며 황금조개상은 중국영화 〈난징! 난징!〉에 돌아갔다. 지난 10년간 집행위원장을 맡아 영화제를 이끌던 미켈 올레치레기는 개인적인 이유로 2010년 영화제를 치른 후 퇴임한다. 그는 한 일간지와의 인터뷰에서 "새로운 희망, 아이디어, 그리고 경쟁력 강화를 위해 필요한 세대교체"라고 퇴임 배경을 밝혔다. 2011년 1월 1일부터 산세바스티안 영

스페인 빌바오 구겐하임 미술관

화제를 운영할 새 집행위원장은 호세 루이스 레보르디노스다. 새로운 집행위원장 체제 아래 58년 역사를 지닌 산세바스티안 영화제가 앞으로 어떤 모습으로 관객을 맞게 될까 궁금하다.

산세바스티안에서 버스로 한 시간 거리에 있는 빌바오에는 구겐하임 미술관이 있다. 영화제 50주년 행사를 참관하고자 했던 것도 있지만 사실 산세바스티안에 갔던 이유 중의 하나는 빌바오가 지도상으로 산세바스티안 인근에 위치하고 있어 구겐하임 미술관을 찾아볼 수 있지 않을까 하는 기대감 때문이기도 했다.
미국의 원로 건축가 프랑크 게리가 설계한 거대한 추상형의 은빛 건물은 해마다 황폐해져가던 조그만 조선공업 도시 빌바오를 연간 1백만 명이 넘는 관광객이 몰리는 문화도시로 한순간에 바꿔놓았다.

아름다운 세바스티안의 해변

2002년 내가 이곳을 찾았을 때, 2층은 전시 준비로 문을 닫았지만 1층에서는 설치미술 작품이, 3층에서는 상설전시와 함께 독일의 거장 감독 빔 벤더스의 사진전이 열리고 있었다. 부산영화제에 심사위원으로 다녀갔던 빔 벤더스 감독이 때마침 심사위원장으로 산세바스티안에 와 있었기 때문에 구겐하임에서 돌아온 후 그와 많은 이야기를 나눌 수 있었다.

당시 구겐하임 미술관을 보고 난 후, 부산 해운대에도 이와 같은 형식을 지닌 건축물이 필요하다는 생각이 절실해졌다. 부산의 랜드마크인 동시에 영화와 문화를 지지하는 상징적인 아이콘이 필요함을 절감한 것이다. 부산 영상문화의 중심이며 부산영화제의 심장부가 될 '두레라움'(부산영상센터)의 완공이 가까워진다. 그럴수록 빌바오 구겐하임 미술관의 기억이 더욱 새롭게 되살아난다.

부산 두레라움

영화제에는 영화제의 상징처럼 활용되는 극장이나 공간이 있기 마련이다. 칸 영화제의 경쟁섹션에 소개되는 '뤼미에르 극장'은 영화의 아버지인 뤼미에르 형제의 이름을 빌어 만든 칸 영화제의 상징물이다. 계단을 따라 오르는 레드카펫은 칸의 권위와 전통을 대변한다. 부산국제영화제 역시 여러 국제영화제의 랜드마크를 교훈 삼아 영화제를 안정적으로 운영할 수 있는 전용관 시스템의 필요성이 대두되었다.

이에 따라 영상센터인 '두레라움'이 건설중이다. 부산영상센터의 건립은 '부산영화후반작업 시설', '부산문화컨텐츠 콤플렉스', '부산영화체험 박물관' 건립 사업과 더불어, 부산시가 시행하는 "아시아 영상문화 중심도시로서의 인프라 구축과 허브 조성을 위한 4대 중심사업" 가운데 가장 중점을 두고 추진되고 있는 사업이다. 두레라움은 건물 자체가 부산의 랜드마크가 되어야 한다는 여론에 힘입어 2005년 국제현상설계공모를 실시했고, 공모전에 참가한 세계 각국의 유명 건축가와 건축회사 일곱 곳이 경합을 벌인 끝에 오스트리아의 해체주의 건축가 쿱힘멜브라우(Coop Himmelblau)가 선정되었다. 부산의 영상문화를 이끌어갈 부산영상센터의 명칭도 공모전을 거쳤다. 두레라움은 두레(함께 모여), 라움(즐거움)의 순우리말 합성어로, 영상센터가 영화를 사랑하는 사람들이 "다 함께 모여 마음껏 즐기는 공간이 되게 하자"는 취지를 담고 있다.

해운대의 센텀시티 안에 세워지는 두레라움은 한 개의 다목적 공연장과 세 개의 영화상영관으로 구성된 '시네마운틴'(Cine Mountain), 영화제 사무국, 시네마테크부산, 부산아시아필름아카이브, 전시실 등이 설치될 '피프힐'(PIFF Hill), 카페와 레스토랑 같은 휴게시설을 수용할 '더블콘'(Double Cone), 이렇게 세 개의 주요 건물로 구성된다. 건물의 형태와 건축 재료들은 '대지'를 상징하고, 두 건물을 잇는 세계 최장 길이의 LED조명 지붕은 '하늘'을 상징하며, 인근의 수영강변 및 에이펙(APEC) 공원과의 조화를 꾀한다. 설계를 맡은 쿱힘멜브라우 사는 '두레라움'을 미디어, 테크놀로지·엔터테인먼트·레저가 가변적으로 잘 짜인 이벤트 체험의 열린 건축, 대중들이 즐거이 찾는 다목적의 도시광장으로 연출했다고 밝혔다.

에든버러는 예술의 도시이자 세계적인 축제의 도시다. 매년 8월이 되면 도시 전체가 온갖 축제로 술렁인다. 그중 가장 오랜 역사와 전통을 자랑하는 것이 에든버러 국제영화제다. 2차 세계대전이 끝난 직후인 1947년, 전쟁의 슬픔에서 벗어나지 못하고 있는 유럽인들에게 음악과 드라마, 영화를 통해 희망과 즐거움을 제공하고자 '에든버러국제음악과 연극축제'와 '에든버러 국제영화제'가 함께 열렸다. 이렇게 탄생한 에든버러 영화제는 올해로 64회를 맞았다.

EDINBURGH INTERNATIONAL
FILM FESTIVAL

영국 에든버러 국제영화제
Edinburgh International Film Festival

축제의 도시 에든버러, 그곳에서 가장 빛나는 영화의 축제

영국 스코틀랜드의 행정수도인 에든버러는 유서 깊고 아름다운 도시다. 높은 언덕과 화산암 위에 7세기부터 지어져 1130년에 전모를 갖춘 에든버러 성은 영욕의 역사를 간직한 채 위용을 자랑하고 있고, 성을 중심으로 동서남북으로 뻗어 있는 넓은 도로와 암갈색의 근대식 건물, 성당과 교회, 박물관과 미술관, 곳곳에 조성된 공원은 도시를 아름답고 풍요롭게 만들고 있다. 성의 정문에서 시작하여 16세기 종교개혁가 존 녹스의 집을 거쳐 작가박물관, 세인트자일즈 성당, 홀리루드 궁전에 이르는 이른바 '로열 마일'이 올드타운의 중심을 이루고 있다. 가파르고 좁은 골목과 큰길 양쪽으로 들어 찬 상점들은 이곳을 찾은 관광객들로 발 디딜 틈이 없다.

관광명소였던 올드타운에 맞서 1767년에 에든버러 시가 공모해서 당첨된 뉴타운은 제임스 크레이그에 의해 설계되었다. 명문가의 이름을 딴 하노버, 조지, 프리데릭, 프린세스 거리(Street)와 샬로트 광장

그리고 주변에 건조된 조지아 스타일의 건축물은 올드타운과 함께 유네스코의 문화유산으로 지정되었다. 전통과 근대의 건축물 모두가 명물이 된 셈이다.

에든버러는 예술의 도시이자 세계적인 축제의 도시다. 8월에 이곳을 찾으면 도시 전체가 음악 · 연극 · 오페라 공연과 미술전시, 영화상영으로 술렁대고, 전 세계에서 몰려온 문화예술인들로 북적거린다.
에든버러 성 앞마당 특설무대에는 세계 각국에서 참여한 군악대의 화려한 공연이 펼쳐진다. '밀리터리 타투'로 불리는 이 축제를 즐기기 위해 전 세계에서 20만 관객이 몰려온다. 개회식 직전 안내방송으로 나라 이름을 호명하면 관객들이 큰 소리로 화답하는데 한국을 포함하여 응답이 없는 나라가 거의 없을 정도다. 성의 건물과 광장 전체를 무대로 연출한 밤의 축제는 환상적이고, 성벽에서 연주하는 '올드 랭사인'의 트럼펫 피날레는 관객들의 가슴을 적셔준다.
샬로트 광장과 성 조지 광장에서는 '책의 축제'가 열린다. 1983년에 창설된 이 축제에는 영국은 물론 전 세계의 저명한 작가, 시인, 출판인들이 참여하여 독자들, 특히 어린이들과 만난다. 월터 스콧, 코난 도일의 활동무대였던 에든버러는 2004년 유네스코에 의해 '문학의 도시'로 지정되었다. 도시 곳곳에 월터 스콧의 동상, 존 맥머레이 박물관, 작가박물관, 스코틀랜드 시(詩)도서관, 스코틀랜드 스토리텔링 센터 등 문학과 관련된 시설이 많다. 매년 2월 에든버러 시민들은 도서관, 학교, 마을회관에서 무료로 배부된 책을 읽고 시당국에서 마련한 다양한 행사에 참여한다. 어셔 홀, 퀸즈 홀, 그리고 축제극장에서는 64년의 전통을 자랑하는 '음악과 연극의 축제'가 열리며 연극 · 오페라 · 음악 · 발레 공연이 이어진다.
8월의 에든버러에는 12개의 주요 축제 이외에도 크고 작은 축제들이 해마다 늘어나고 있다. 국제TV페스티벌(1976년 창설), 재즈와 블루스

오랜 역사를 간직한 에든버러 성에서 의장대 축제가 열렸다. 해마다 8월이 되면 이 환상적인 축제를 즐기기 위해 전 세계의 관광객이 몰려온다.

축제(1979년 창설), 의회가 주관하는 정치학 축제(2004년 창설), 코미디 축제(2008년 창설)가 있고, 2004년 30개의 화랑들이 모여 만든 작은 규모의 아트 페스티벌도 있다. 음식을 중심으로 아시아 문화를 소개하는 국제민속축제 성격의 '에든버러 멜라'와 2009년에 창설된 '인터엑티브 페스티벌'이라는 게임 축제까지 꼽아보면 모든 유형의 축제가 열린다고 해도 과언이 아니다.

에든버러의 다양한 축제 중 가장 재미있으면서도 유명한 것은 '프린지 페스티벌'이다. 1947년 에든버러 축제에 공식 초청을 받지 못한 여덟 개의 공연단체들이 주도하여 창설한 행사다. 오늘날 주요 행사를 위협할 정도로 성장한 프린지 페스티벌은 지난 2009년에도 250개의 장소에서 2천 건이 넘는 행사들을 개최함으로써 공식행사를 뛰어넘는 에든버러의 대표적인 축제로 자리잡고 있다. 누구든 공연장소를 정하고, 행사 주최 측에 3백 파운드 이상만 내면 250쪽에 달하는 프린지 페스티벌 공식 소개책자에 등재된다.
그러나 8월에 열리는 12개 주요 축제 중에서도 가장 오랜 역사와 전통을 자랑하는 축제가 바로 '에든버러 국제영화제'다. 2차 세계대전이 끝난 직후인 1947년 전쟁의 슬픔에서 벗어나지 못하고 있는 유럽인들에게 음악과 드라마, 영화를 통해 희망과 즐거움을 제공하고자 '에든버러국제축제기구'(EIF)가 창설되면서 '에든버러 국제음악과 연극축제'와 '에든버러 국제영화제'가 함께 열렸다. 이렇게 탄생한 에든버러 영화제는 올해로 64회를 맞았다. 칸 영화제보다 한 회가 더 많기는 하지만 칸 영화제가 1948년과 1950년 두 해를 개최하지 못한 탓에 실제로 창설된 해는 한 해가 뒤진다.

에든버러 국제영화제의 창설에는 1925년 결성된 런던의 영화협회진흥원(Film Society Council)과 1930년 창설된 에든버러영화조합의 역할

에든버러 국제영화제 주 상영관 '필름하우스'(위)와
축제극장 앞에 깔린 개막식 레드카펫(아래).

이 컸다. 프랑스의 영화운동에 자극받아 결성된 두 단체는 런던과 에든버러에서 시민들을 위한 영화상영 운동을 꾸준히 벌여왔다. 영국 다큐멘터리 운동의 창시자인 존 그리어슨이 주도하여 베니스나 칸과 차별화된 '국제다큐멘터리영화제'를 창설하고, 첫해에 모두 75편의 다큐멘터리를 초청하였다. 이것이 에든버러 영화제의 시작이었다. 제2회 때에는 로버트 플래허티의 〈루이지아나 스토리〉를 월드 프리미어로, 로베르토 로셀리니 감독의 〈독일 영년〉 등 27개국 1백여 편의 영화를 초청함으로써 전 세계 다큐멘터리 작가들이 모이는 명소로 인정받았다. 1950년에 열린 제4회 영화제에서는 '리얼리스트, 다큐멘터리, 실험'이란 주제로 장편과 단편영화를 초청하기 시작했다. 영화제의 시상 분야는 스폰서에 따라 소멸되거나 신설되었고 지금은 장편 · 단편 · 다큐멘터리로 구분하여 다양한 시상제도를 운영하고 있다. 영국 신작 장편영화에 주어지는 '마이클 파웰상'은 현재 대상에 해당하는데, 영국영화진흥원이 지원하는 이 상에는 상금 1만 5천 파운드가 수여된다.

처음으로 에든버러를 방문한 것은 1976년의 일이다. 영국 공보성 초청으로 중앙 및 지방정부의 정부와 공공기관의 공보활동 상황을 시찰하기 위한 목적으로 3주간 영국에 머물 때, 닷새 동안 에든버러와 글래스고를 방문했었다. 때마침 에든버러 성 앞마당에는 8월에 열리는 공연을 위해 가설무대를 설치하는 중이었고, 글래스고 인근의 이스트 킬브라이드에서는 스코틀랜드 개발공사와 시당국, 그리고 공공기관이 주관하는 '뉴타운 건설사업'이 착수되고 있었다. 그 후 에든버러는 세계적인 축제의 도시로 변했고, 조선공업의 쇠퇴로 황폐화됐던 글래스고는 1990년 유럽연합이 '유럽의 문화수도'로 지정할 만큼 변모했다. 이 두 도시의 변화와 그 과정을 확인하기 위해 2007년 8월 처음으로 에든버러 영화제를 찾았다.

한나 맥길 집행위원장과 함께

올해 두번째로, 8월에서 6월로 옮긴 제64회 에든버러 영화제에 참석했다. 2007년에 에든버러를 방문했을 때 5년간 영화제를 맡아 운영했던 쉐인 다니엘슨은 퇴임했고, 미모의 젊은 여성 '한나 맥길'이 새 집행위원장으로 부임하여 많은 변화를 시도하고 있었다. 런던에서 소설가이자 언론인으로 활동하던 그녀는 문인답게 영화제의 주제를 '영화와 기록문자'로 정하고 '책의 축제' 및 '연극 축제'와 연계하여 다양한 프로그램을 마련했다. 최우수영국영화연기상을 신설하는 한편 신인 발굴을 목적으로 영화아카데미를 창설하고, 숀 코네리, 로버트 칼라일, 시무스 맥가비 등에 이어 여배우 틸다 스윈튼을 영화제 후원자로 영입했다. 그녀는 60년을 이어온 전통을 깨고 매년 8월에 개최되던 영화제를 2008년부터 6월로 옮겼다.

개최 시기를 6월로 옮긴 영화제는 비교적 차분하게 운영되고 있었다. 1천2백 석의 '축제극장'에서 자크 타티의 원작을 실방 쇼메 감독이 연출한 영국 · 프랑스 합작 애니메이션 〈일루저니스트〉(The Illusionist)가

2010년 영화제 홍보 깃발이 내걸린 필름하우스의 거리 풍경(위)과 2007년 개막식 저녁파티 장면(아래).

개막영화로 상영된 것을 비롯하여 장편, 다큐멘터리, 단편, 애니메이션을 포함한 3백여 편의 영화가 상영되었다. 특히 다른 국제영화제들과는 달리 자국 영화인 영국영화를 집중적으로 발굴하여 상영하고 있었고, 영국영화에 대한 인력 양성, 공동제작과 프로모션에 치중하고 있었다. 60여 년 전, 전쟁을 딛고 에든버러에서 시작된 영화제는 이제 영국영화를 세계영화의 중심에 세우는 원동력이 되고 있다.

두 차례 에든버러와 글래스고를 방문하면서 영국영화의 발전을 위해 집중하는 에든버러 영화제의 노력이 인상 깊게 각인됐다. 1983년 글래스고에서 조선업계 왕으로 군림했던 버럴 부부가 9천 점의 문화재를 시에 기증한 것을 계기로 정부, 공공기관, 시민단체가 중심이 돼 '폐허'와 '유령'의 도시였던 글래스고를 20여 년 만에 '문화도시'로 변모시킨 사례는 우리에게 큰 교훈을 안겨주고 있다.

예테보리 국제영화제에서 재미있는 것은 데뷔하는 신인감독에게 주는 '잉마르 베리만 데뷔 어워드'의 부상이다. 베리만의 영화 23편이 들어 있는 DVD박스 세트와 함께 잉마르 베리만 해변에서 가져온 돌에 이름을 새겨서 준다. 참으로 소박한 부상이지만 수상자에겐 그보다 더한 영광이 없을 것 같다.

스웨덴 예테보리 국제영화제
Göteborg International Film Festival

일 년에 한 번 북유럽에 눈길을 돌릴 충분한 이유

스웨덴 하면 떠오르는 것이 무엇일까? 북유럽의 눈과 추위, 사회보장제도가 잘 갖춰진 복지국가, 거칠고 사나운 바이킹의 후예들, 볼보 자동차? 영화에 관심이 있는 사람이라면 〈제7의 봉인〉과 〈화니와 알렉산더〉 등을 만든 거장 잉마르 베리만 감독을 떠올릴지도 모르겠다. 확실한 건 우리가 스웨덴에 대해 아는 것이 많지 않다는 점이다. 스웨덴의 수도인 스톡홀름도 생소할 뿐더러 예테보리의 길에서 한국 관광객과 마주칠 일은 거의 없다. 그만큼 낯선 이름이지만 이 영화제는 부산국제영화제와 특별한 인연을 이어온 곳이다.

무엇보다 예테보리 영화제는 부산국제영화제가 아시아 감독의 신작을 소개하는 장인 부산프로모션플랜(PPP)에 해마다 상금을 지원하고 있다. 이는 예테보리 영화제가 주관하는 펀드에서 나오는 돈으로, 개발도상국 영화를 육성하고자 스웨덴 국제개발협력국 문화분과에서 출자한 것이다. 부산국제영화제가 아시아시네마펀드(ACF)를 만들어 아시아 영화들의 제작을 지원하는 것과 비슷한 맥락으로 보면 된다. 이 영화제의 경우 지원하는 국가의 범위가 북유럽 국가가 아니라 아프리카, 남미, 아시아 등 전 세계 개발도상국으로 펼쳐져 있다. 예테보리 영화제에서 펀드를 담당하는 카밀라 라르손은 이 펀드의 수혜자를 찾기 위해 해마다 직접 부산에 와서 PPP 미팅에 참가하고 수혜를 받을 프로젝트를 골라가곤 한다. 2009년 이 영화제 펀드의 수상자는 〈날고 싶은 눈먼 돼지〉(Blind Pig Who Wants To Fly)로 부산국제영화제 뉴커런츠 부문 후보에도 올랐던 인도네시아 감독 에드윈이었다.

예테보리 국제영화제는 매년 로테르담 영화제(1월말)와 베를린 영화제(2월초) 사이에 열린다. 2010년 영화제는 1월 29일부터 2월 8일까지 개최됐다. 로테르담이나 베를린에 비하면 그리 알려진 영화제는 아니지만 상영 편수로 보자면 어디 내놔도 손색없는 영화제다. 올해의 공식 기록에 따르면 78개국 450편의 영화가 상영됐고 총 관객은 13만여 명인 것으로 알려졌다. 영화제는 시내 아홉 개 극장으로 나뉘어 운영되지만 주 상영관은 '드라켄'이라 불리는 곳이다. 드라켄 극장 바로 옆에 설치된 천막에서 매일 감독과의 대화가 진행되곤 한다. '노르딕 마켓'이라 부르는 마켓행사도 연다. 여기서 덴마크, 스웨덴, 노르웨이, 핀란드, 아이슬란드 등 스칸디나비아 반도와 그 주변 나라들에서 생산된 주요 영화는 모두 볼 수 있으며, 향후 이들 나라에서 나올 영화에 대한 설명도 들을 수 있다. 북유럽 영화를 한꺼번에 보고자 하는 프로그래머에겐 노르딕 마켓이 효과적인 셈이다.

예테보리에 처음 와서 무엇보다 놀란 것은 북유럽하면 흔히 떠올리곤 하는 추위가 크게 느껴지지 않았다는 점이다. 눈 덮인 침엽수림을 볼 수 없는 경우도 많다. 올해는 유럽 전역이 눈과 추위로 몸살을 앓

2010년 노르딕 영화상을 받은 영화 〈R〉의 시상식(위), 특별한 이벤트 없이 차례로 수상자를 부른 뒤 식이 끝나면 밤새 와인과 뷔페 음식을 즐긴다. 바이킹의 상징 '돛배' 네온사인이 빛나는 주 상영관 '드라켄'의 전경(아래).

았던 터라 예테보리도 눈의 도시로 변했다. 이곳 사람들에게도 이렇게 많은 눈은 드문 일이라고 한다.

예테보리는 17세기 무역의 거점으로 탄생한 항구도시로, 스웨덴 특유의 육중한 건물들이 동화 속 나라 같은 아름다움을 뽐낸다. 밤에 조명을 밝힌 예테보리 시내에 서 있다 보면 디즈니랜드의 세트장 한가운데 들어선 듯한 느낌을 받는다. 예테보리는 한국인이 많이 찾는 곳은 아니지만 유럽에서는 드물게도 우리에게 익숙한 두 가지를 발견할 수 있는 곳이다. 바로 초밥집과 24시간 편의점이다. 일본과의 교류가 활발하다는 걸 체감할 수 있는 두 가지 상징이다. 스칸디나비아의 특산물인 싱싱한 연어로 인해 초밥집이 번성했을 터이다. 24시간 편의점은 스웨덴이 밤에 활발한 곳임을 짐작케 한다. 직접 체험하진 못했지만 예테보리는 언더그라운드 음악과 예술로도 널리 알려진 곳이라고 미국『뉴욕타임즈』의 한 기사는 전하고 있다.

예테보리 영화제는 현재 두 명의 여성 집행위원장이 재정과 프로그래밍을 분담하는 체제로 운영되고 있다. CEO 직함을 지닌 아사베른로가 펀드 운영을 비롯한 재정적인 부문을 담당하고, 마리트 카플라가 프로그램과 관련된 책임을 지는 위원장이다. 북유럽 경쟁부문, 잉마르 베리만 데뷔 경쟁부문, 스웨덴 단편경쟁부문, 스웨덴 소설원작 경쟁부문, 스웨덴 단편 월드프리미어 부문, 스웨덴 장편경쟁부문 등 스웨덴과 북유럽 영화가 중심인 부문이 많다. 갈라, 마스터스, 비평가의 시선 등의 부문에서는 북유럽을 벗어난 지역의 영화를 소개한다. 2010년 한국영화로는 박찬옥 감독의 〈파주〉와 이숙경 감독의 〈어떤 개인 날〉 등이 상영됐다.

북유럽이 우리에게 낯선 만큼 북유럽 영화를 볼 기회도 많지 않다. 그나마 지난해 상영된 〈렛 미 인〉(Let The Right One In)이라는 스웨덴

영화가 한국 관객이 기억하는 북유럽 영화로 알려져 있다. 소설로도 크게 성공한 〈렛 미 인〉은 뱀파이어 이야기와 십대 소년소녀의 러브 스토리를 매혹적으로 그려냈는데 스웨덴에서도 크게 화제가 됐던 모양이다. 〈렛 미 인〉이 한국의 예술영화관에서 인기가 있었다는 소식을 전하자 그들에게도 〈렛 미 인〉이 좋은 자극이 됐다고 말한다. 스웨덴은 일 년에 25편 내외의 장편 극영화가 나오는 곳으로 산업적으로 보면 자국 영화 점유율이 20퍼센트를 넘지 못한다. 그래도 〈렛 미 인〉 이후 지난해까지 스웨덴 영화의 점유율이 상승하며 자국 영화인들에게 큰 힘이 됐다고 한다. 그 무렵 극장에서 상영중이던 〈이지 머니〉라는 영화는 변호사 출신 감독이 연출한 작품인데 대중적인 매력이 있는 스릴러로서 또다른 흥행 성공작이 될 전망이라고 했다.

하지만 영화제 관계자들 사이에서 스웨덴보다 매력적인 북유럽의 영화 강국은 덴마크다. 로테르담 영화제 경쟁부문에 소개된 〈R〉을 비롯하여 최근 영화들도 화제가 되고 있지만, 무엇보다도 덴마크는 〈킹덤〉과 〈브레이킹 더 웨이브〉의 감독 라스 폰 트리에와 '도그마 운동'으로 유명하다. 영화에서 기교적인 부문을 없애고 본연의 정신에 입각하자고 외친 도그마 운동은 덴마크 영화가 전 세계영화에서 두각을 나타내는 데 크게 이바지했다. 도그마 운동 자체는 1990년대 반짝하고 이내 사그라졌지만 그 정신은 덴마크의 젊고 유능한 영화인들을 배출해내는 모태가 되었다. 북유럽 다른 국가의 영화들이 잘 만들었음에도 어딘지 개성이 부족한 느낌을 주는 것과 달리, 덴마크 영화는 어떤 식으로든 관객을 자극하려 하는 듯하다.

많은 유럽 영화가 그렇듯 북유럽 영화도 지극히 상업적인 영화는 많지 않다. 젊은 감독들 중에 할리우드 영화나 홍콩영화에 자극을 받아 장르 영화를 만드는 경우가 있긴 하지만 대부분 장르나 스타시스템과 무관한 영화들이다. 대부분의 영화들이 가난한 아시아 국가에서 나온 영화들보다 기술적으로는 뛰어나다. 그럼에도 어딘지 미흡

한 느낌이 드는 건 북유럽이 갖고 있는 문제의식이 아시아의 개발도상국에 비해 상대적으로 덜 치열하다는 선입견 때문일까? 가끔은 살기 좋은 나라라고 해서 좋은 영화가 많이 나오는 건 아니라는 생각이 들기도 한다.

예테보리 영화제의 마무리는 각종 영화상을 발표하는 폐막파티다. 실내에서 이뤄지는 폐막파티는 예테보리 합창단이 부르는 노래와 함께 막을 연다. 특별한 이벤트 없이 차례로 수상자를 발표하고 식이 끝나면 밤늦도록 와인과 뷔페 음식을 즐긴다. 올 예테보리 영화제 최고의 영예인 노르딕영화상은 교도소에서 벌어지는 살인과 폭력을 미스터리 형식에 담아낸 〈R〉이 차지했고, 잉마르 베리만 데뷔 어워드는 〈캔 고 쓰루 스킨〉(Can Go Through Skin)이 탔다. 재미있는 것은 데뷔하는 신인감독에게 주는 잉마르 베리만 데뷔 어워드의 부상이다. 베리만의 영화 23편이 들어 있는 DVD박스 세트와 함께 잉마르 베리만 해변에서 가져온 돌에 이름을 새겨서 준다. 참으로 소박하지만 수상자에겐 그보다 더한 영광이 없을 것 같다.

예테보리 영화제는 올해로 33회를 맞은 꽤 오래된 영화제다. 칸이나 베를린, 베니스 같은 유명한 영화제와 경쟁할 생각이 없는 이 영화제는 북유럽 영화를 조용히 알리는 국제영화제로 자리잡았다. 북유럽 영화가 지금보다 더 많은 유명세를 탄다면 예테보리 영화제의 중요성도 더 커지겠지만, 이곳에서 영화제를 이끌어가는 사람들은 꼭 그래야 한다는 욕심이 없어 보인다. 하긴 로테르담 영화제와 베를린 영화제 사이에서 더 많은 욕심을 내기도 어려울 것이다. 그래도 일 년에 한 번 북유럽에 눈길을 돌릴 충분한 이유를 가진 영화제임엔 틀림없다. 한 번 가면 꼭 다시 가보고 싶게 만드는 풍경과 사람, 그리고 영화 축제가 그곳에 있다.

잉마르 베리만(Ernest Ingmar Bergman, 1918~2007)

우디 앨런 감독은 종종 자신의 코미디 영화가 베리만에 다가가기를 원한다며 "내가 존경하는 것은 베리만뿐이다"라고 말하곤 했다. 우디 앨런만 이런 존경을 보낸 것이 아니었다. 구로사와 아키라는 "그의 영화는 항상 내 영혼에 깊은 감동을 전한다"라고 말했다.

스웨덴 웁살라에서 목사의 아들로 태어난 베리만은 영적인 충만함으로 가득 찬 섬세한 성격의 소유자였다. 1918년에 태어난 베리만은 십대가 되기도 전에 인형극을 무대에 올리고 혼자 만든 영화를 사람들에게 공개할 정도였다. 그는 열아홉 살에 부모의 교육에 반기를 들고 연출가가 되겠다는 결심으로 집을 나왔다. 1944년에는 헬싱보리 시립극장의 극단장에 임명되어 연극계의 이력을 높여갔다. 영화감독으로 활동하던 시기에도 연극에서 새로이 활력을 되찾았을 만큼 그와 연극의 관계는 뿌리가 깊다.

베리만을 각본가로 먼저 영화계에 데뷔했다. 알프 셰베리 감독의 〈번민〉(1944)이라는 작품의 시나리오를 쓰며 영화와 인연을 맺었고, 〈여름간주곡〉(1951)으로 인정을 받기 시작했다. 그가 국제적인 명성을 얻은 것은 〈여름밤의 미소〉(1955)를 통해서다. 사랑과 행복의 아이러니를 연극적 연출방식을 활용해 유머러스하게 연출한 이 작품으로 그는 주목받는 감독이 되었고, 〈제7의 봉인〉(1957), 〈산딸기〉(1957)등의 작품을 이어가면서 거장의 반열에 오르게 되었다. 이후의 작품들은 나열하는 것만으로도 한 편의 영화사가 된다. 신이 없는 세상에 사는 인간의 외로움과 고통을 다룬 〈어두운 유리를 통해〉(1961), 〈겨울빛〉(1963), 〈침묵〉(1963)의 3부작과 〈페르소나〉(1966)는 실험적인 영상과 개인적인 영상이 어우러진 걸작들이다.

베리만이 마지막으로 만든 영화는 〈사라방드〉(2003)였다. 텔레비전 드라마 용으로 제작된 이 작품은 디지털영화이기도 하다. 그의 영화에 오랫동안 출연한 리브 울만(마리앤)과 함께 베리만의 세계를 재확인시켜주는 작품이다. 곧 딸을 먼 곳으로 떠나보내야 하는 아버지는 첼리스트인 딸에게 바흐의 무반주 첼로 모음곡 중 '사라방드'를 연주해달라고 청한다. 두 사람 사이의 빈 공간을 첼로의 소리가 메우는 이 영화는 베리만의 오래된 주제를 뒤집어서 보여주고 있다. 과거의 영화들이 이제 막 세상으로 나아가려는 젊은 세대의 두려움과 부모로부터 받는 억압을 드러냈다면, 이 영화는 젊은 세대를 떠나보내야 하는 부모의 서글픈 마음을 바흐의 곡으로 채워 보인다.

재앙을 슬기롭게 극복하는 크라쿠프 영화제의 관계자들을 보면서 이들의 심장이 놀랍다는 생각을 하게 됐다. 대통령을 비롯한 최고 수뇌부가 일시에 사망하는 국가적인 비상사태에 동요하지 않고, 오히려 이를 국민통합의 전기로 삼은 폴란드 국민의 면모는 곳곳에서 화제가 되었다. 그리고 그들의 영화제도 마찬가지였다.

폴란드 크라쿠프 오프플러스카메라 국제독립영화제

OFF PLUS CAMERA International Festival of Independent Cinema

악재와 재해를 통합의 계기로 삼은 슬기로운 시민들의 축제

예기치 못한 엄청난 재앙이 신생 크라쿠프 영화제를 덮쳤다. 영화제 개막을 일주일 앞둔 4월 10일 러시아로 향하던 폴란드의 레흐 카친스키 대통령 부부와 최고위층을 태운 대통령 전용기가 러시아 스몰렌스크 공항 부근에 추락하여 96명의 탑승객 전원이 사망한 것이다. 이들은 2차 세계대전 초에 폴란드를 침공한 러시아가 폴란드의 재건을 막기 위해 지도층 인사 2만2천 명을 처형했던 '카틴 숲 대학살'의 70주년 추모행사에 참석하기 위해 가던 중이었다. 비극의 현장을 추모하려던 일정이 또 하나의 비극을 불러온 것이다.

4월 17일 바르샤바에서 합동 추모식과 미사를 마친 대통령의 시신은 다음날 크라쿠프로 옮겨졌고, 영화제 본부가 있는 마켓 광장 마리아 성당에서 추모미사가 열렸다. 시신은 바벨 성에 안장되었다. 16일 개최하려던 영화제 개막은 19일로 연기되었다. 열흘로 예정됐던 영화제 기간도 일주일로 단축됐다.

설상가상으로 15일 밤에는 아이슬란드의 에이야프얄라요쿨 화산이 폭발해 화산재가 유럽 하늘을 뒤덮었다. 유럽의 모든 공항이 폐쇄되는 전대미문의 대란이 발생했고, 영화제에 참석하려던 주요 게스트들은 일정을 취소했다. 필름 운송수단도 끊겼다. 20일에 출발하려던 나 역시 불참을 통보했다. 그러나 좌절하고 있을 젊고 순박한 집행위원장 시먼과 스태프들의 모습이 자꾸 아른거렸다.
16일 먼저 출발했던 부산국제영화제의 전양준 부위원장은 공항이 폐쇄되면서 며칠째 뮌헨에 머물러 있는 실정이었다. 뉴스를 주시하던 중 항공사의 대응방안이 나오기 시작했고, 루프트 한자 항공사로부터 뮌헨까지는 갈 수 있다는 말을 듣게 되었다. 20일 낮 12시 30분 발 항공편을 통해 무조건 인천공항을 떠나기로 작정했다. 공항에 착륙하기 직전 뮌헨 공항의 연결항공편 중 99퍼센트가 취소되었다는 기내방송이 흘러나왔다. 12시간의 비행 끝에 현지시각으로 20일 오후 5시 30분 뮌헨 공항에 내렸다.
물론 크라쿠프로 가는 항공편은 취소됐다. 항공사가 주선해준 폴란드 바르샤바행 버스에 무조건 승차했다. 오후 8시 30분 뮌헨 공항을 출발한 버스는 두 시간마다 휴게소에 들리면서 밤새 달려 18시간 만인 21일 오후 2시 30분 바르샤바 공항에 도착했다. 크라쿠프 영화제 측에서 제공한 승용차가 한 시간 후 공항에 도착했다. 우여곡절 끝에 크라쿠프에 최종 도착한 시간은 오후 8시였다. 인천공항을 출발한 지 38시간 반 만에 목적지에 도착한 셈이다. 이렇게 해서 지난해에 이어 두번째로 크라쿠프 영화제에 참석했다.

크라쿠프는 폴란드의 남쪽에 위치한 아름다운 도시다. 인구로는 폴란드에서 세번째로 많지만 수도 바르샤바에 버금가는 문화, 과학, 기술, 관광의 중심도시다. 과거에 크라쿠프는 체코의 프라하, 오스트리아의 빈과 함께 중앙 유럽의 3대 문화 중심도시였다. 카친스키 대통

국가적 재난과 자연재해 속에서도 영화제는 성황을 이루었다. 관람객들로 북적거리는 영화제 상영관(위). 2010년 크라쿠프 영화제는 '국제영화제 위원장들과의 만남'라는 행사도 마련했다(아래).

령이 묻힌 바벨 성은 역대 왕이 거처하며 통치했던 곳이다. '폴란드의 아테네'로 불릴 만큼 오래된 성당과 교회가 있고, 곳곳에 많은 문화유산이 보존되어 있다. 마리아 성당이 있는 중앙광장을 포함한 올드타운과 인근에 있는 비엘리치카 소금광산은 1978년 유네스코 최초의 세계문화유산으로 지정되었다. 유네스코 세계문화유산으로 지정된 오슈비엔침의 아우슈비츠 수용소도 크라쿠프에서 승용차로 한 시간 거리에 있다. 또한 크라쿠프는 교육의 도시이기도 하다. 1364년 유럽에서 두번째로 설립된 야기엘로대학은 646년의 역사를 이어오면서 수많은 지성인을 배출했다. 80만 명 인구에 18만 명의 대학생이 있게 만든 크라쿠프의 정신적 지주다.

이곳에 처음 발을 디딘 것은 지난해다. 독일 하노버에서 열린 기계박람회의 부대행사로 개최된 한국영화 행사를 주관한 후 '오프플러스카메라 독립영화제'의 한 세미나에 참석하기 위해 크라쿠프를 찾았다. 두바이 영화제 수석 프로그래머인 하나 피셔가 꾸린 '문화적 교량'에 관한 세미나는 동양과 서양, 종교와 민족 간의 문화적 장벽을 영화가 어떻게 허물 수 있을 것인가를 토론하는 자리였다. TV로 중계된 이 토론회에는 하나 피셔가 사회를 맡고 리츠 칸 미국 알자지라 방송 책임자를 비롯해, 케탄 메타 인도 감독, 시마 어랄 뉴질랜드 감독, 마르코 폰테코르보 이탈리아 감독, 안소니 파비안 미국 감독과 오로비치 폴란드영화위원회장 등이 참석했다.
크라쿠프 영화제는 '카메라오프 선언'에서 밝혔듯, 덴마크의 도그마 운동이나 루마니아의 새로운 영화운동처럼 주류 영화보다는 비주류 영화를, 통상적인 영화보다는 실험적인 영화에 주목함으로써 폴란드만의 독특한 영화를 부흥시키겠다는 데 목표를 두고 있다. 창설자인 시먼 미슈자크 집행위원장은 올해 28세의 젊은 청년이다. 2005년 크라쿠프의 야기엘로대학에서 영화학 석사를 획득한 후 상업방송국

영화제의 중앙본부가 있는 '키유센트럼'의 입구와 내부

인 TVN의 제작부서에서 아직도 일하고 있다. 작년부터는 같은 대학의 동기동창인 아나 체비아토프스카를 영입하여 함께 일하고 있다. 그녀는 영국의 킹스 칼리지와 BFI에서 영화 및 디지털 테크놀로지를 다시 전공한 후 BBC방송국에서 근무하고 있는 매우 활동적인 여성이다. 그들은 매우 의욕적으로 영화제를 이끌고 있었다.

지난해에는 12편의 경쟁영화를 비롯하여 미국 '선댄스 영화제 25주년 특별전', '장뤽 고다르와 안나 카리나 회고전' 등 모두 1백여 편에 달하는 영화가 상영되었다. 특히 수상 작품의 감독에게는 미화 10만 달러의 상금 외에도 수상 감독이 폴란드에서 차기 작품을 제작할 경우 폴란드영화위원회에서 30만 달러를 지원한다고 밝혀 눈길을 끌었다. 올해부터는 3년 전에 설립된 '노블은행'과 제휴하여 추가로 30만 달러를 지원함으로써 수상자가 폴란드에서 차기작을 제작할 경우 상금을 포함하여 모두 70만 달러를 받게 된다. 첫 회 영화제에서 수상한 미국감독은 폴란드에서의 차기 작품 제작을 포기했지만, 작년에 〈나나〉로 대상과 함께 10만 달러를 받은 세바스찬 실바 칠레 감독은 현재 칠레 정부의 지원을 받고 있는 영화를 끝낸 후에 차기작은 폴란드에서 제작할 계획이라고 한다.
지난해 크라쿠프를 떠나면서 시먼 집행위원장과 '부산영화제 특별전'을 열기로 합의한 후 시먼 집행위원장, 아나 체비아토프스카 공동위원장(프로그램 디렉터를 겸하고 있다), 루카스 홍보책임자가 부산국제영화제를 찾았다. 귀국한 후 그들은 많은 일을 추진했다. 야기엘로대학과 협력하여 마스터 클래스를 운영하고, 핸드프린팅 제도를 도입하고, 주재국 대사들과 협의하여 각국 대표단을 위한 리셉션도 유치했다. 초청영화의 편수를 늘리고 초청 게스트의 수준도 높였다.

올해 2010년 크라쿠프의 프로그램은 12편의 장편경쟁영화를 포함

크라쿠프 영화제가 마련한 '부산국제영화제 집행위원장 김동호와의 만남'이 TV로 중계되고 있다.
앳된 얼굴의 집행위원장 시먼 미슈자크, 프로그래머 하나 피셔 여사와 함께.

2010년 영화제의 중앙본부 키유센트럼(위)과 상영관(아래)의 모습. 필름 운송수단이 끊겨 위공위성으로 파일을 받아 디지털로 102편의 영화를 상영했다.

하여 선댄스 영화제의 프로그램 디렉터가 선정한 미국의 실험영화 특별전, 라틴, 아메리카, 인도, 노르딕 영화 특별전, 제인 캠피온 감독의 회고전, 부산국제영화제 15주년 특선 등 102편의 영화가 초청되었다. 부산영화제 15주년 특선에서는 〈똥파리〉(양익준)와 〈경계도시 2〉(홍형숙), 〈허수아비들의 땅〉(노경태), 〈나는 곤경에 처했다〉(소상민), 〈약탈자들〉(손영성) 등 한국영화 5편과 역대 뉴커런츠 수상작 가운데 〈내가 여자가 된 날〉(The Day I Became A Woman, 이란 · 마르지예메쉬키니), 〈푸지안 블루〉(Fujian Blue, 중국 · 웡셔우밍), 〈킥 오프〉(이라크 · 샤우캇 아민 코르키), 〈무방비〉(Naked Of Defenses, 일본 · 이치이 마사히데), 〈불견〉(The Missing, 대만 · 리캉생) 등 5편이 상영되었다. 이처럼 의욕적으로 준비해오던 제3회 영화제가 개막 직전에 폭격을 맞은 것이다.

대통령의 사망으로 많은 행사들이 축소되거나 취소되었고, 화산폭발에 따른 항공 대란으로 주요 게스트들의 방문이 줄줄이 취소되었다. 5명의 심사위원 중 존 쿠퍼 선댄스 집행위원장을 비롯한 미국 배우 릴리 테일러 등 세 명이 불참했고 인도의 국민배우 아미타브 밧찬의 방문도 마지막 순간에 좌절되었다. 열 두 명의 경쟁영화 감독 중에서도 여섯 명이 불참했다. 행사를 진행시킬 하나 피셔도 오지 못했다. 필름의 수급에도 막대한 차질이 있었다. 102편의 영화 중 30편이 제 날짜에 도착하지 못했다. 호주의 제인 캠피온 감독만 딸과 함께 로마에서 승용차로 20시간 만에 도착했다.

이런 극한 상황에도 영화제의 대처능력은 탁월했다. 두 명의 심사위원을 교체했고, 존 쿠퍼 선댄스 집행위원장은 인공위성을 통해 심사에 참여했다. 경쟁영화를 송부한 후 인터넷으로 심사결과를 받은 것이다. 주 상영

추모미사가 열린 마리아 성당

관인 키유센트럼을 비롯한 열 개 상영관은 디지털영화 상영이 가능하게 HD장비를 빌려 인공위성으로 파일을 받아 상영했다. 102편의 영화는 무사히 상영을 마쳤다. 한국의 삼성그룹과 파나소닉의 전폭적인 협조가 있어 가능한 일이었다.

재앙을 슬기롭게 극복하는 크라쿠프 영화제의 관계자들을 보면서 이들의 심장이 놀랍다는 생각을 하게 됐다. 대통령을 비롯한 최고 수뇌부가 일시에 사망하는 국가적인 비상사태에 동요하지 않고, 오히려 이를 국민통합의 전기로 삼은 폴란드 국민의 면모는 곳곳에서 화제가 됐고, 영화제도 마찬가지였다. 엄청난 위기를 극복해낸 귀중한 체험은 영화제가 성장해나가는 주요한 원동력이 될 것이다.

루마니아의 새로운 영화운동

루마니아의 새로운 영화운동은 1989년 차우세스쿠 독재정권의 몰락과 맥을 함께한다. 차우세스쿠 시대의 영화는 선전선동과 은유적인 서사의 차원을 벗어나지 못했던 탓에 모종의 유치함을 지니고 있었다. 그러나 독재정권의 몰락 이후 90년대에 청년기를 맞이한 젊은 감독들은 다양한 시도를 하기 시작했다. 이러한 성과는 2000년대 들어서면서 세계영화계가 루마니아 영화의 흐름을 주목하도록 만들었다. 이는 칸 영화제만 보더라도 단적으로 드러난다.

2005년 크리스티 푸이우의 〈라자레스쿠씨의 죽음〉이 주목할 만한 시선 부문에서 대상을 받았다. 이 작품은 일상의 생활을 마치 홈비디오처럼 담아내면서 연기하지 않는 것 같은 연기, 일상을 따라가는 느릿한 서사 구조, 정지된 카메라와 길게 찍기의 화면을 통해 하나의 스타일을 완성해냈다. 2006년에는 코르넬리우 포럼보이우의 블랙코미디 〈그때 거기 있었습니까?〉가 칸 영화제의 황금카메라상을 차지하였다. 같은 해에 카탈린 미투레스쿠의 〈세상의 종말을 맞이하는 방법〉이 주목할 만한 시선 부문의 최우수여배우상을 수상하였다. 정점은 2007년이었다. 크리스티앙 문쥬 감독의 〈4개월, 3주 그리고 2일〉이 황금종려상을 수상하고, 크리스티앙 네메스쿠 감독의 〈캘리포니아 드리밍〉이 주목할 만한 시선 부문의 대상을 수상하면서 루마니아 영화의 위상을 드높였다.

이 젊은 감독들은 프랑스의 누벨바그나 독일의 뉴저먼 시네마처럼 특정 경향을 쫓지는 않는다. 감독들 역시 특정 그룹으로 지정되는 것을 거부하면서 독자적인 영화세계를 구축하고자 한다. 하지만 이들은 자신들을 하나로 묶는 영화적 흐름을 거부하고, 현실적인 서사구조와 스타일을 추구한다는 점에서 공통점을 보인다. 또한 차우세스쿠 정권기나 몰락 이후의 변화된 상황을 집중적으로 다룬다는 점에서 공통된 관심사도 엿보인다. 라두 문티안 감독의 〈암호명〉(2006)은 비전문 배우들을 출연시켜 차우세스쿠 정권이 무너지기 전날 밤의 상황을 다루고 있다. 이날의 기억은 루마니아의 새로운 영화에 자양분이자 동력이라는 것이 명백하게 드러난다.

우디네 영화제 주최 측은 초청된 게스트들을 한 사람도 빠트리지 않고 매일 점심과 저녁에 초대한다. 심지어 심야에 도착하는 게스트를 위해 호텔방에 밤참을 차려 놓기까지 한다. 그래서 우디네 영화제에서는 배고플 일이 없다. 이보다 더 풍성한 영화제가 또 있을까.

udine FAR EAST film13

이탈리아 우디네 극동영화제
Udine Far East Film Festival

넉넉한 인심과 여유를 지닌 거대한 곤돌라

이탈리아 북부에 위치한 도시 우디네에서 열리는 우디네 극동영화제는 영화인이라면 누구나 좋아한다. 초청을 받는 영화인 치고 거절하는 일은 거의 없다. 왜 그럴까.

첫째, 우디네는 편해서 좋다. 격식이 없고 부담도 없다. 칸 영화제처럼 나비넥타이를 매지 않아도 되고, 굳이 정장을 챙겨가지 않아도 된다. 상영관은 영화제 기간 중에 본부로 쓰고 있는 '테아트로 누에보' 한 곳만을 사용한다. 더러는 새로 조성한 '비조나리오' 건물을 회고전이나 워크숍 또는 세미나 장소로 활용하지만 이처럼 특별한 경우를 제외하고는 테아트로 누에보에서 모든 영화를 만날 수 있기에 관람이 편하다. 둘째, 영화제의 분위기가 매우 가족적이다. 초청받는 영화인은 대체로 50명 안팎이어서 처음 만난 사람도 곧 친해질 수 있다. 영화제 직원은 물론 임시 채용한 통역을 겸한 안내원들도 매우 친절하다. 셋째, 주최 측은 영화제에 초청된 게스트들을 한 사람도 빠트리지 않고 매일 점심과 저녁에 초대한다. 심지어 심야에 도착하는 게스트를 위해 호텔방에 밤참을 차려놓기까지 한다. 때문에 우디네 영화제에서는 배고플 일은 없다. 게스트의 입장에서 이보다 더 풍성한 영화제가 또 있을까.

우디네는 이탈리아의 대표적인 '맛의 고장'이다. 가는 식당마다 음식이 맛있다. 이곳에서 생산되는 와인, 특히 화이트 와인은 일품이다. 영화제 측은 매일 식당을 바꿔가면서 대접하는 세심한 배려를 보인다. 우디네는 베니스에서 북동쪽으로 차를 타고 90분 거리에 위치한 인구 10만 명의 작은 도시다. 서기 10세기 오토 2세가 아퀼레이아 주교에게 성을 하사하면서 형성된 이 작은 도시는 14세기 중반과 16세기 초에 두 차례의 지진으로 폐허가 되었다가, 1차 세계대전 이후에 지금의 모습으로 재건되었다.
1973년 CEC(예술영화진흥센터)라는 기구가 창설되면서 우디네는 '영화의 도시'로 변모하기 시작했다. CEC는 도시 중앙에 철로극장을 짓고, 영화필름과 비디오를 사 모으면서 일 년 내내 교사와 학생들을 대상으로 영화교육과 영사활동을 전개하고 있다. 여름 두 달 동안에는 도시 중심에 있는 토르소 가든에 8백 개 좌석을 마련하여 주민과 관광객을 상대로 야외상영을 실시하고 있다. 또한 우디네 주변 30여 곳을 찾아다니며 연간 1백 회 이상 순회상영을 하기도 한다.
이러한 영화의 도시에 우디네 극동영화제가 태어나게 된 배경에는 1982년 창설된 포르데노네 무성영화제가 있다. 곧 30주년을 맞이하는 이 영화제 기간에는 유럽 각지의 영화광들이 무성영화를 보기 위해 몰려온다. 특히 1986년 이후 매년 '소비에틱 러시아'나 '독일 표현주의 영화' 또는 '유로 웨스턴'과 같은 특정 주제를 가지고 영화제를 개최하며 주목을 받아왔다. 그러던 중, 1998년 영화잡지 『버라이어티』 기자인 데렉 엘리가 홍콩영화를 주제로 기획한 영화제가 대성공

영화제 주 상영관인 테아트로 누에보. 한국영화를 주제로 한 세미나에서 나는 이재용 감독, 영화평론가 달시 파켓과 토론을 벌였다.

을 거두었다. 이를 계기로 다음해인 1999년 사브리나 바라체티와 토마스 베르타체가 '우디네 극동영화제'를 창설하게 된 것이다.
우디네 극동영화제는 이름 그대로 한국, 일본, 중국, 대만, 홍콩, 필리핀, 태국, 인도네시아, 베트남, 말레이시아 등 극동아시아 지역의 영화를 초청하여 상영하는 것을 목표로 한다. 초청되는 영화는 매년 증감이 있지만 대체로 60편 안팎이다. 영화제를 창설한 사브리나 바라체티와 토마스 베르타체는 항상 같이 다니면서 영화를 선정한다. 부산국제영화제에도 해마다 빠짐없이 참석하고 있다. 2002년 베니스 영화제에서 우디네 극동영화제와 부산국제영화제는 자매결연을 맺기로 합의했다. 이에 따라 2003년부터 메인 카탈로그에 영화제 광고 교환게재, 프로그래머의 교환초청이 진행되고 있다. 2003년에 열린 제5회 영화제부터 나도 거의 매년 우디네를 찾게 되었다.

우디네 극동영화제와 한국영화의 관계는 매우 두텁다. 2000년 제2회 영화제 때 남북한 영화를 동시에 초청함으로써 주목을 받은 바 있다. 그해 초청된 55편의 영화 중 〈씨받이〉(임권택), 〈그대 안의 블루〉(이현승), 〈정〉(배창호), 〈쉬리〉(강제규), 〈주유소 습격사건〉(김상진), 〈처녀들의 저녁식사〉(임상수), 〈가족시네마〉(박철수), 〈내 마음의 풍경〉(이용재), 〈텔미 썸씽〉(장윤현), 〈유령〉(민병천), 〈자귀모〉(이광훈) 등 11편의 한국영화와 〈홍길동〉(김길인), 〈도라지 꽃〉(조경선), 〈나의 행복〉(김영호), 〈추억 속에 영원하리〉(강용모), 〈해운동의 두 가정〉(장인학), 〈명령 027호〉(정기모), 〈헤어져 언제까지〉(박창성), 〈마지막 임무〉(박정주) 등 8편의 북한영화가 우디네에서 상영됐다. 그때부터 매년 10편 내외의 한국영화가 꾸준히 소개되었고 덕분에 사브리나 바라체티는 2007년 제12회 부산국제영화제에서 한국영화공로상을 받았다.
내가 처음 방문했던 2003년 제5회 영화제에서는 전체 52편의 영화 중 한국영화가 무려 18편을 차지했고, 4만여 명의 관객들로부터 열

올해 관객상을 수상한 이해준 감독의 〈김씨 표류기〉 스틸사진(위). 이주노동자의 삶과 사랑을 그린 독립영화 〈반두비〉 스틸사진(아래).

영화제 공동집행위원장인 사브리나 바라체티(왼쪽)와 토마스 베르타체

띤 호응을 얻었다. 현남섭 감독의 〈굳세어라 금순아〉가 개막작으로 상영됐고, 이정향 감독의 〈집으로〉가 관객상을 받았다. 특히 '1960년대의 한국영화 황금기'라는 주제 아래 김기덕 감독의 〈맨발의 청춘〉, 이만희 감독의 〈마의 계단〉, 유현목 감독의 〈막차로 온 손님들〉, 김기영 감독의 〈하녀〉, 김수용 감독의 〈안개〉, 권철휘 감독의 〈월하의 공동묘지〉, 정진우 감독의 〈하숙생〉 등 7편을 특별상영하면서 이에 관련한 기자회견과 토론회가 함께 열렸다.

우디네 극동영화제는 상영되는 영화마다 관객들의 의견을 모아 3편의 관객상을 수여하고 있다. 유일한 시상제도다. 첫 영화제 때에는 홍콩 두기봉 감독의 〈더 히어로〉(The Hero Never Dies), 중국 리홍 감독의 〈개인교사〉와 함께 김지운 감독의 〈조용한 가족〉이 관객상을 받았다. 제2회 영화제에서는 배창호 감독의 〈정〉이 중국 장양 감독의 〈샤워〉(Shower), 두기봉 감독의 〈암전〉(Running Out Of Time)과 함께 관객상을 받았다. 2001년에 열린 제3회 영화제에서는 김지운 감독의 〈반칙왕〉과 박찬욱 감독의 〈공동경비구역 JSA〉가, 다음해인 2002년에 장진 감독의 〈킬러들의 수다〉와 박철관 감독의 〈달마야 놀자〉가 각각 공동수상했다.

2004년 이후에도 매년 10편 안팎의 한국영화가 꾸준히 소개되었고, 관객상도 해마다 수상하고 있다. 나 또한 거의 매년 참석해서 한국영화에 관한 패널에 참석해왔다. 한국영화의 선정과 해설은 창설 때부터 영화평론가 달시 파켓을 중심으로 이한나, 정우정, 조은정 등이 차례로 참여해왔다. 2004년에는 56편 중 〈말죽거리 잔혹사〉(유하), 〈싱글스〉(권칠인), 〈와일드 카드〉(김유진) 등 10편이 초청되었고, 강제규 감독의 〈태극기 휘날리며〉가 관객상을 받았다. 2005년 제7회 영화제에는 일본영화가 집중 조명되어 닛가츠 영화사가 제작한 액션영화 16편을 포함하여 모두 27편을 선보였다. 상영영화 65편 중 한국영화는 촬영감독 특별전에 초청된 〈살인의 추억〉(봉준호), 〈박하사탕〉(이창동)을 포함하여 12편이 초청되었다. 이 해에는 장진 감독의 〈박수칠 때 떠나라〉가 관객상을 받았다. 2006년 제8회 영화제에는 〈너는 내 운명〉(박진표), 〈연애의 목적〉(한재림), 〈사과〉(강이관) 등 14편이 상영되었고 〈웰컴 투 동막골〉(박광현)이 관객상을 받았다.

특별전에서 상영된 패트릭 탐 대만 감독의 영화 30편을 포함해 모두 62편의 영화가 선을 보였던 2007년의 제9회 영화제에서도 〈다세포 소녀〉(이재용), 〈가족의 탄생〉(김태용), 〈괴물〉(봉준호) 등 14편의 한국영화가 초청되었고, 박철희 감독의 〈예의 없는 것들〉이 관객상을 받았다. 열 돌을 기념했던 2008년에도 14편의 한국영화가 초청되었지만 관객상은 모두 일본영화에 돌아갔다.

지난해에는 〈놈, 놈, 놈〉(김지운), 〈미쓰 홍당무〉(이경미), 〈영화는 영화다〉(장훈) 등 10편의 한국영화가 초청됐고, 강형철 감독의 〈과속 스캔들〉이 일본 다키타 요지로 감독의 〈굿바이〉, 인도네시아 리리 리자 감독의 〈무지개 분대〉와 함께 관객상을 받았다. 2010년 영화제에서는 〈여배우들〉(이재용), 〈해운대〉(윤제균), 〈의형제〉(장훈) 등 8편의 영화가 상영되었으며, 이재용, 이용주, 장훈 감독이 참여했다. 그리고 이해준 감독의 〈김씨 표류기〉가 관객상을 차지했다.

우디네 극동영화제는 3년 전부터 유럽연합 미디어프로그램의 지원을 받는 EAVE와 함께 공동제작과 투자 · 마케팅에 관한 '프로듀서 워크숍'을 운영하고 있다. '협력 맺기'란 이름의 이 사업은 아시아와 유럽 지역을 연계해 운영하는 것이 바람직할 것이라는 점에서 부산과 함께 새로운 프로그램을 준비하고 있다.
EAVE, 우디네 그리고 부산이 연합하여 2009년 부산영화제에서 첫번째 모임을 열었고, 올해 우디네 영화제에서 열 개의 유럽 및 아시아 프로젝트가 참여한 가운데 제1회 워크숍을 가졌다. 제2회 워크숍은 2010년 10월 부산에서 개최된다. 이 프로그램의 목표는 보다 현실적인 네트워크와 아이디어의 마당을 제공하는 것이다. 우디네는 아주 큰 마켓을 지니고 있지는 않지만 고유의 색깔을 지닌 독특한 프로그램을 통해 조금씩 영역을 확장해나가고 있다. 무엇보다 이곳은 아시아와 유럽을 이어주는 새로운 교량 중 하나다. 이곳과 가까운 물의 도시 베니스가 170여 개의 운하를 잇는 것으로 유명하듯이, 극동아시아의 영화들은 우디네를 통해 유럽으로 나간다. 영화제는 넉넉한 인심과 여유를 지닌 거대한 곤돌라인 셈이다.

독일 표현주의 영화

원래 표현주의라는 말은 19세기 말의 회화와 연극 양식에서 비롯되었다. 표현주의는 사실주의에 대한 반작용으로 생겨난 것으로, 세기말의 전환기 속에서 사실주의적 경향을 반대하면서 외양보다 감정적인 내적 현실을 극단적인 방식으로 표현하는 방식이 주를 이룬다.

독일은 유럽의 다른 어떤 국가보다 표현주의적인 방식을 빠르게 받아들였다. 1908년 오스카 코코슈카의 연극 〈살인자, 어떤 여인의 희망〉은 표현주의 연극의 전형이 되었다. 왜곡된 연기, 양식화된 세트, 안무된 패턴은 극단적으로 감정을 표현하는 방식이었다. 1910년대는 표현주의 연극의 시대였다. 1920년 2월 로베르트 비네 감독의 〈칼리가리 박사의 밀실〉이 상영되었을 때 많은 사람들은 자신들이 보던 시각문화의 연장이라고 생각했다. 이는 곧 영화의 흐름이 되었다. 파울 베게너의 〈골렘〉(1920), 프리츠 랑의 〈운명〉(1921), 무르나우의 〈노스페라투〉(1922) 등이 개봉되면서 표현주의 영화는 문화적 아이콘이 되었다.

〈칼리가리 박사의 밀실〉에서 세자르 역을 맡았던 당대의 대표적인 배우 콘라트 바이트는 "만약 무대장치가 등장인물의 심리를 좌우하는 동일한 정신적인 상황을 가진다고 생각한다면, 배우는 그러한 무대장치가 자신의 역할을 구성하고 활기차게 하는 데 유용한 도움을 준다는 것을 발견할 것이다"라며 표현주의 영화의 특성과 연기를 설명했다. 영화의 무대는 살아 있는 요소로 기능할 뿐만 아니라 배우의 몸 역시 시각적 요소가 되었던 것이다. 실제로 표현주의 영화는 고딕적이면서도 그래픽적인 장면 연출을 선호하였고, 이는 배우들의 몸짓과도 연결되었다.

그러나 표현주의 영화를 시각적인 요소와 리듬에만 국한시켜 이야기할 수는 없다. 당대 최고의 문화이론가인 지크프리트 크라카우어는 자신의 대표 저서인 『영화이론-칼리가리에서 히틀러까지』를 통해 독일 표현주의 영화가 '히틀러'와 같은 지배자의 이미지를 어떻게 구현해왔나를 영화사회학적으로 설명해주고 있다. 프리츠 랑의 〈M〉 같은 영화가 보여주듯 그림자와 사운드로 표현되는 살인자의 출몰은, 독일사회에 드리워진 파시즘의 어두운 전조를 내면화한 것이었다. 표현주의 영화가 신화, 꿈, 무의식, 최면, 흡혈귀, 괴물 등의 소재에 관심을 갖는 것도 사회학적인 관점에서 보자면, 독일사회의 무의식이었던 셈이다.

이바노보는 비가 많은 고장이다. 내가 이바노보에 머문 9일간 거의 매일 비가 내렸고, 하루에도 비가 오다 그치기를 거듭했다. 타르코프스키의 영화에 '비'와 '물'이 유난히 많이 등장하는 건 비가 많은 고장에서 넓은 볼가 강을 바라보며 지낸 그의 유년시절 탓일지도 모른다. 그에게 물은 구원의 상징이자 유년의 추억이었다. 그의 고향 이바노보에 타르코프스키 영화제가 생긴 것은 너무도 당연한 일이다.

러시아 제르칼로 국제영화제
International film festival "Zerkalo" named after Andrei Tarkovsky

타르코프스키의 거울, 이바노보를 비추다

모스크바에서 4백 킬로미터 떨어진 러시아 북쪽에 '이바노보'라는 도시가 있다. 인구 40만 명에 달하는 이 도시는 1871년부터 '이바노보-보즈네센스코'로 불렸지만 1932년에 이바노보 주로 독립하였다. 이 도시는 지난 2백년간 러시아 섬유공업의 중심지였고, 여공(女工)이 워낙 많아 지금까지도 '처녀의 도시'로 불린다. 젊은 여성들이 집단으로 거주하는 지역인 만큼 오늘날 이바노보는 여성의류와 패션의 도시로 각광받는다. 매년 이곳에서 열리는 '텍스타일 살롱'은 섬유, 직물, 의류, 패션을 다루는 러시아의 유일한 콘테스트다.

패션이 있는 곳에는 예술도 함께하기 마련이다. 러시아의 국민예술가 라스카토프(1927~1993)는 이곳에서 50년간 연극을 이끌었고, 1913년에 설립된 음악대학은 이바노보의 뮤지컬 코미디, 이바노보 오케스트라, 레트로 재즈 오케스트라, 발레 등을 활성화시키면서 이곳을 '예술의 도시'로 변신시키는 지주 역할을 하고 있다. 주변도시 또한 명품의 산지로 유명하다. 지근거리에 있는 빨랴크 마을은 아이콘과 칠기로 유명하다. 장인의 손으로 완성된 성화와 칠기들은 예술성과 품질 면에서 최고를 자랑한다.
인근 인구 6만 명이 살고 있는 슈야에서는 이바노보에서 생산된 직물과 의류를 직판한다. 고난의 역사와 더불어 수난을 겪은 종탑과 바스크리 신스키 성당이 마을을 지키고 있다. 슈야 박물관은 이 고장의 역사를, 발몬트 기념관은 이곳에서 배출한 러시아의 지성을 기린다.
볼가 강과 샛강인 잘라떼 리치카(골드 리버)가 마주치는 곳에는 작고 아름다운 미술인 마을이 있다. 이곳에는 레비딴(1860~1900)을 비롯한 화가들의 그림을 상설 전시하는 '풍경화 미술관'이 자리하고 있다.
무엇보다도 이바노보는 세계적인 러시아 영화감독 안드레이 타르코프스키의 고향이다. 그는 폭 20미터의 넓은 볼가 강을 끼고 들어앉은 이바노보의 유레베츠카에서 유년시절을 보냈다. 이바노보는 비가 많은 고장이다. 내가 이바노보에 머문 9일간 거의 매일 비가 내렸고 하루종일 비가 오다 그치기를 거듭했다. 타르코프스키의 영화에 '비'와 '물'이 유난히 많이 등장하는 건 비가 많은 고장에서 넓은 볼가 강을 바라보며 지낸 그의 유년시절 탓일지도 모른다. 그에게 물은 구원의 상징이자 유년의 추억이었다. 그의 고향 이바노보에 타르코프스키 영화제가 생긴 것은 너무도 당연한 일일 것이다.

안드레이 타르코프스키는 영화사조에 편승하지 않고 꿋꿋하게 자신만의 영화세계를 추구해온 대표적인 영화작가였다. 그는 1932년 4월 4일, 러시아 최대의 직물공업 도시인 이바노보 시 자브라이에 마을에서 시인이자 모스크바대학 교수인 아버지 알렉세이 타르코프스키와 어머니 마리아 이바노브나 비슈나코바 사이에서 태어났다.
집을 인근 유레베츠카로 옮긴 타르코프스키는 어머니와 누이동생인

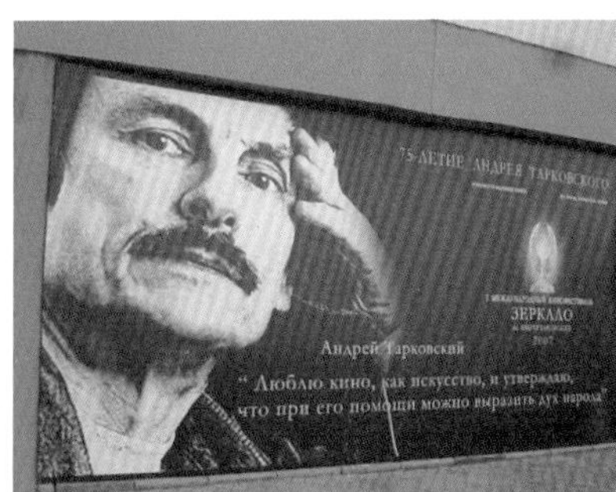

영화제 주 상영관 앞에 레드카펫이 깔렸다. 타르코프스키 회고전은 그의 영화를 기리고자 만든 제르칼로 영화제의 주요 프로그램이다.

마리아 아르세니에바 타르코프스카야와 함께 어린시절을 보냈다. 어린시절 그의 어머니는 틈나는 대로 톨스토이와 도스토예프스키의 소설을 읽어주었다. 이것이 그의 인생에 깊은 영향을 미쳤다. 타르코프스키는 미술과 지질학을 공부했지만 1956년 모스크바로 가서 국립영화학교(VGIK)를 졸업한다.

타르코프스키의 데뷔작 〈이반의 어린시절〉은 1967년 베니스 영화제에서 황금사자상을 수상한다. 두번째 장편영화 〈안드레이 루블레프〉(1969)는 칸 영화제에서 국제비평가상을 받는다. 그러나 이 영화는 당시 구 소련정부에 의해 5년간 개봉이 금지된다. 1972년 제작한 SF물 〈솔라리스〉도 칸 영화제 심사위원특별상을 받는다.

그리고 1975년 그는 대표작으로 꼽히는 〈거울〉을 제작하기에 이른다. 이 영화는 타르코프스키 영화 중 가장 난해하면서도 심오한 작품으로 평가되고 있다. 타르코프스키는 1979년에 〈스토커〉를, 1982년에는 〈향수〉를 만들었고 두 편 모두 칸 영화제에서 상영됐다. 소련정부로부터 끊임없이 억압받았던 그는 1984년 로마로 망명했고 이곳에서 1986년에 유작 〈희생〉을 발표한 후 그해 12월 28일 파리에서 폐암으로 타계했다. 〈희생〉은 칸 영화제에서 심사위원특별상을 받았다.

그의 대표작인 〈거울〉의 러시아 이름을 붙여 타르코프스키의 명성을 기리고자 한 '거울 국제영화제'는 2007년 현 이바노보 주지사인 미하일 알렉산드로비치 멘에 의해 창설되었다. 창설의 실무는 세르게이 라브렌티에프가 맡았다. 집행위원장 겸 프로그램 디렉터를 맡고 있는 세르게이는 1954년생이다. 국립영화학교를 졸업한 뒤 러시아의 영상자료원인 고스필름 펀드에 근무하다가 '페레스트로이카'(Perestroika, 스탈린주의의 병폐를 근절하고자 1985년 4월에 선언된 소련의 사회주의 개혁 이데올로기) 이후 영화평론가로 변신했다. 1990년대에는

영화제에 참석한 게스트들과 함께 타르코프스키가 유년시절을 보낸 마을 유레베츠카를 방문했다. 그날 그곳은 축제로 떠들썩했다. 타르코프스키가 살았던 집 정원에서는 핸드프린팅, 기념식수 등의 행사가 한창이었다. 한때 그가 살았던 공간을 둘러보며 그의 어린시절은 어땠을지 상상해봤다.

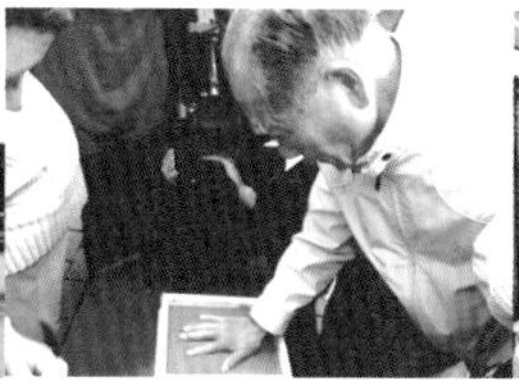

TV프로그램 '키노 마라톤'의 앵커로 활동했다. 1999년부터는 러시아의 소치 국제영화제 집행위원장을 맡아 소치 영화제의 튼튼한 기반을 구축해놓았지만 영화제가 국내 영화제로 바뀌면서 사임했다. 그는 부산국제영화제의 심사위원장을 맡기도 했다. 러시아의 원로 인민여배우 이나 츄리코바가 첫 회와 두번째 영화제의 조직위원장을 맡아 이 영화제를 이끌었고, 제3회 영화제는 조직위원장 없이 개최됐다. 올해 초에는 국민예술가인 영화감독 파벨 세메노비치 룽긴이 새로 조직위원장으로 부임했다. 그는 1949년에 출생했고, 모스크바대학에서 작가 및 감독 과정을 마친 후 1990년 〈택시 블루스〉로 데뷔하여 칸 영화제에서 감독상을 수상했다. 이후 〈루나파크〉(1992), 〈라이프 인 레드〉(1996), 〈결혼〉(2000), 〈타이쿤〉(2002), 〈뿌리〉(2005) 그리고 〈차르〉(2009) 등을 연출했다. 그의 아버지 역시 시나리오 작가 겸 감독이었고, 장남도 작가 겸 감독으로 3대가 모두 러시아의 영화감독이다.

그리스의 거장 영화감독 테오 앙겔로풀로스가 첫해의 심사위원장을 맡았던 타르코프스키 영화제는 작품상, 감독상, 남우주연상과 여우주연상 등 4개 부문과 별도의 관객상 등을 시상하고 있다. 국제경쟁부문에는 대체로 10~14편의 영화를 초청하여 심사한다. 특히 새로운 러시아 영화와 러시아 다큐멘터리 및 애니메이션, 그리고 국립영화학교를 비롯한 학생들 작품(주로 단편)과 타르코프스키 회고전을 주요 프로그램으로 구성하고 있다.

개회식과 폐회식은 1천2백 석 규모의 대극장 '예술의 궁전'에서 열리고, 주 상영관인 280석의 '이스크라'(불꽃을 의미하는 러시아어로 100년 전 레닌그라드에서 발간되다가 폐간된 동명의 신문 이름)를 포함한 다섯 개의 스크린을 이용해서 영화를 상영한다. 제3회 영화제에는 전도연, 하정우가 주연한 이윤기 감독의 〈멋진 하루〉가 처음으로 초청되어 좋은 평가를 받았다. 상영 편수는 대략 1백 편 정도다.

영화제 주 상영관(위). 2010년 영화제 심사위원단이었던 불가리아 영화평론가 알렉산더 야나키에프, 미국 촬영감독 톰 스턴, 러시아 영화감독 알렉세이 미스기레프와 함께 볼가 강 유람선에서(아래)

나는 올해 5월 24일부터 30일까지 개최된 제4회 영화제에 영광스럽게도 심사위원장으로 초청받았다. 칸 영화제에서 '주목할 만한 시선' 부문 심사를 마치고 시상식이 끝난 직후 니스에서 모스크바까지는 비행기로, 모스크바에서 이바노보까지는 자동차로 여섯 시간을 달려간 끝에 이바노보에 도착할 수 있었다. 미국의 촬영감독 톰 스턴, 불가리아의 영화평론가이자 영화진흥기구 회장인 알렉산더 야나키에프, 그리고 러시아 감독 알렉세이 미스기레프가 심사위원으로 참여했다. 특히 톰 스턴은 클린트 이스트우드의 전속 촬영감독으로 〈미스틱 리버〉(2003)와 〈밀리언 달러 베이비〉(2004) 등 여러 편의 영화를 함께 만들었고, 〈체인질링〉(2008)으로 아카데미 촬영감독상 후보에 올랐던 인물이다.

심사결과 핀란드와 스웨덴의 합작영화 〈금단의 열매〉가 작품상과 여우주연상을, 전수일 감독의 〈바람이 머무는 곳, 히말라야〉가 감독상을, 타지키스탄의 〈윗마을, 아랫마을 그리고 국경선〉이 남우주연상을 탔다. 전수일 감독은 스폰서가 주는 특별상을 받기도 했다.

폐막을 하루 앞둔 5월 29일, 영화제 게스트들은 유람선을 타고 볼가 강을 거슬러 올라가 타르코프스키가 유년시절을 보냈던 유레베츠카를 방문했다. 그날 유레베츠카에서는 축제가 열렸다. 선착장에서는 무용공연을 곁들인 환영행사가 벌어졌고, 부두에서 성당에 이르는 5백 미터의 거리는 전통 차와 먹거리, 가면무도와 춤으로 초만원을 이루었다. 타르코프스키가 유년시절을 보냈던 집 '타르코프스키 기념관'의 정원에서는 기념식수, 기념타종, 핸드프린팅 행사가 진행되었다. 섬유공업도시에서 문화도시로 변모시키겠다는 미하일 멘주지사의 확고한 의지와 영화제 개혁에 대한 파벨 룽긴 조직위원장의 의욕, 주민들의 열의에 비추어볼 때 타르코프스키의 후광을 업고 출범한 제르칼로 국제영화제는 해가 다르게 변모해갈 것으로 보인다. 20세기 예술 거장의 명성에 걸맞게 모스크바 영화제와 차별화된 모습을 어떻게 보여주고 성장해갈지 기대가 된다.

타르코프스키의 〈거울〉

〈거울〉은 타르코프스키 영화의 특징이 가장 잘 드러나는 작품 중 하나이다. 어린시절의 기억, 기록영화 스타일의 장면들 그리고 환상적인 장면들을 융합하여 만들어낸 이 작품은 현실과 상상의 장면들을 극단적으로 구현함으로써 예술가의 내적 세계를 반영하고자 하였다. 2차 세계대전 당시 공습에 관한 뉴스릴(newsreel)이 다수 삽입돼 들어가는 기록영화적 장면과 알로샤(알렉세이)의 어린시절(과거)와 현재가 혼란스럽게 교차한다. 과거에서 주로 드러나는 것은 알로샤와 어머니의 관계와 유년시절의 기억이고, 현재에서는 성인이 된 알로샤와 어머니를 꼭 닮은 전 부인 나탈리아, 그 사이에서 낳은 아들 이그넷과의 관계가 주축을 이룬다. 어머니를 연기한 마르가리타 체레코바가 전 부인 나탈리아를, 어린 알로샤를 연기한 이그넷 다닐체프가 어린 이그넷을 동시에 연기하고 있다. 이런 식으로 같은 배우가 과거와 현재를 드나들며 1인 2역을 맡아 과거와 현재의 교차가 더욱 혼란스러워진다.

혼란은 장면 연결을 통해서도 이루어진다. 감독 타르코프스키가 자신의 목소리로 시인이었던 아버지의 시를 암송하고 있을 때(화면 밖의 보이스 오버된 내레이션으로 들려온다), 카메라는 방을 가로질러서 우유를 핥고 있는 고양이로부터 창가에 있는 어머니로 이동한 후 비가 내리는 것을 보여준다. 빗속에서 헛간은 불타오르고, 한 남자가 바람 부는 풍경 속에서 희미해져가며, 여인은 공중에 떠 있다. 의식의 흐름이라고 할 수밖에 없는 일련의 장면은 타르코프스키의 시적 영상미와 함께 구현된다. 타르코프스키를 두고 영화를 예술의 차원으로 끌어올렸다는 평가에 걸맞은 그런 장면이다. 도스토예프스키의 단편을 바탕으로 만들어진 이 작품은 원작에 대한 기억보다는 원작과 감독의 기억이 뒤엉킨 산물인 것처럼 보인다.

〈거울〉은 시적인 장면들의 연속이다. 의사가 떠나면서 부는 바람, 방안에서 병이 떨어진 후 움직이는 카메라, 바람을 따라 움직이는 듯한 카메라의 부드러운 운동 그리고 소년이 어머니가 외출을 한 다음에 뒤를 돌아보며 회전할 때 갑자기 등장하는 할머니 등. 글로 풀어서 설명하는 것보다 보는 것 자체로 만족할 수밖에 없는 영화다. 〈거울〉이라는 영화의 제목은 기억의 파편들이 과거와 현재를 오가면서 마치 거울처럼 서로를 비추고 있음을 보여주는 것일지도 모른다. 주인공의 어머니와 아내를 통해 과거의 관계가 현재의 관계에서 어떻게 '반복'이 되고 있는지를 보여준다고 단순하게 말할 수도 있는 영화다. 전쟁과 상처받은 어머니, 부재한 아버지의 반복된 변주 속에서 일그러진 기억들이 현재를 지배한다.

카를로비바리는 영화의 탄생과 깊은 인연을 맺고 있는 동유럽의 도시다. 뤼미에르 형제가 〈기차의 도착〉을 포함한 최초의 영화 10편으로 파리의 그랑카페에서 첫 상영회를 가진 것이 1895년 12월 28일이다. 이듬해인 1896년 7월 15일에는 카를로비바리 문화회관(지금의 스파3동) 중앙홀에서 정장을 한 체코 상류사회의 신사 숙녀들과 리본을 단 지방 유지들 수백 명이 모여 뤼미에르의 영화를 봤다.

Karlovy Vary
International Film Festival

체코 카를로비바리 국제영화제
Karlovy Vary International Film Festival

불안정한 역사를 슬기롭게 넘겨온 동구권 최고의 영화제

체코의 카를로비바리는 동유럽의 대표적인 온천 휴양지다. 1349년 신성로마제국 황제인 카를 4세가 사슴사냥을 하러 왔다가 온천을 발견하고 자신의 이름을 따서 '카를로비바리'로 마을 이름을 지었다고 전해진다. 우리 말로 풀면 '카를의 온천'이란 뜻이다. 체코의 수도 프라하에서 두 시간 남짓 동쪽으로 달리면 인구 5만4천여 명의 카를로비바리에 도착한다. 도시 중심을 안아 흐르는 테플라 강, 오흐르제 강의 침식으로 형성된 외곽의 깊은 계곡, 가파른 언덕에 병풍처럼 들어선 호텔과 레스토랑, 휴양시설과 주택들은 이곳이 휴양지라는 것을 그대로 보여주고 있다. 테플라 강 옆 여러 개의 돌기둥으로 건조된 백색의 믈린스키 콜로나다(휴양시설을 뜻함)를 비롯해 브지델니, 트르지니, 사도바 등의 콜로나다는 연중무휴 요양과 치료를 목적으로 이곳을 찾는 사람들로 북적인다.

카를로비바리는 영화제의 탄생과 깊은 인연을 맺고 있는 동유럽의 도시다. 뤼미에르 형제가 〈기차의 도착〉 등 10편의 영화로 파리의 그랑카페에서 첫 상영회를 가진 것이 1895년 12월 28일이다. 이듬해인 1896년 7월 15일에는 카를로비바리 문화회관(지금의 스파3동) 중앙홀에서 정장을 한 체코 상류사회의 신사 숙녀들과 리본을 단 지방유지들 수백 명이 모여 뤼미에르의 영화를 봤다. 그들이 촬영한 〈공장을 나서는 노동자들〉, 〈가족의 아침식사〉, 〈기차의 도착〉, 〈카드놀이〉, 〈바닷가에서 수영하는 장면〉 등을 하루에도 몇 번씩 일주일간 상영함으로써 사람들의 관심을 끌었다. 체코에서 처음 열렸던 이 행사는 체코 영화사의 첫 페이지를 장식하는 역사적인 대사건이었다. 그로부터 30년 후에는 드라호미라(Drahomira)와 파사즈(Pasaz)에서 각각 극장 문을 열었다.
카를로비바리가 갖고 있는 빼어난 경관은 일찍부터 체코의 영화감독은 물론 전 세계 감독들로부터 가장 선호하는 영화 촬영장소로 간택되었다. 체코가 배출한 세계적인 영화감독 구스타프 마하티(Gustav Machaty, 1901~1963)의 〈에로티콘〉(1929), 마르틴 프릭의 〈유리잔 속에 달걀 세 개〉(1937)는 이곳에서 촬영을 하고 이곳에서 처음 개봉한 영화들이다. 이후에도 많은 영화와 TV시리즈 등이 카를로비바리에서 촬영되었다. 이처럼 오랜 영화적 전통과 역사를 배경으로 2차 세계대전이 끝난 직후인 1946년에 카를로비바리 국제영화제가 출범하게 된다. 이 영화제가 정상적으로 운영되어 왔다면 올해로 65회를 맞아야 하지만, 공식적인 나이는 45세이다. 그만큼 파란만장한 역경을 거쳐온 것이다.

첫 영화제는 1946년 8월 1일부터 15일까지 보름간 카를로비바리와 인근의 마리안스케 라즈네(Mariánské Lázně)에서 열렸다. 마리안스케 라즈네라는 곳도 카를로비바리 못지않게 아름다운 온천휴양지다. 프

영화제 중앙본부와 주 상영관이 있는 '테르미날'의 전경. 동유럽 최고의 영화제 카를로비바리는 온갖 역경을 이겨내고 올해로 45주년을 맞았다.

랑스의 거장 감독 알랭 레네가 만든 〈지난해 마리앵바드에서〉란 영화의 '마리앵바드'는 마리안스케 라즈네의 독일어 명칭 마리엔바트(Marienbad)를 프랑스식으로 읽은 이름이다. 제1회 영화제는 '필름쇼'의 형태로 열렸고, 거장 감독들의 영화를 중심으로 7개국 13편의 상편과 22편의 단편영화를 초청하여 관객들로부터 좋은 평가를 받았다. 그리고 1948년 제3회 영화제부터 장편과 단편 부문에 시상제도를 채택했지만, 불행하게도 1948년 공산당 정권이 들어서면서 영화 선정은 물론 시상과 게스트 초청까지도 정권의 영향을 받게 되었다. 카를로비바리 영화제는 차츰 서방세계에 대한 이념투쟁이나 선전도구로 악용되기 시작했고, 급기야 1953년과 1955년에는 영화제가 중단되기도 했다.

1956년 개최된 제9회 영화제부터는 다시 프랑스, 이탈리아 등 서구영화와 제3세계 영화들을 골고루 초청하게 되었다. 이때부터 세계영화제작자연맹(FIAPF)은 카를로비바리 영화제를 A등급으로 분류했다. 하지만 1959년 제1회 모스크바 국제영화제가 출범하면서 이 영화제는 또 한 번 수난을 겪게 된다. 세계영화제작자연맹이 사회주의 국가에서 개최되는 영화제 중 A급 영화제는 일 년에 하나만 허용한다는 원칙을 내세운 것이다. 구소련은 체코에 압력을 행사하여 영화제를 새로 출범한 모스크바 영화제와 교차하는 격년제 방식으로 운영하게 했다. 이에 따라 1958년 제11회 영화제 이후에는 1960년에 12회, 1962년에 13회 등 격년을 주기로 영화제가 열렸다.

1991년 8월 구소련이 붕괴되자 카를로비바리 영화제는 새로운 변화를 모색하기 시작했다. 1993년 11월 17일 체코 문화부와 국민배우 이리 바르토스카, 푸프 그랜드호텔이 주축이 되어 이 영화제 재단을 발족시키고 1994년까지 격년제로 개최하던 영화제를 1995년부터 매년 개최하는 영화제로 환원시켰다. 이렇게 해서 이 영화제는 35년 만에 옛 명성을 되찾고 명실상부한 A급 영화제로 복귀하였다.

영화제를 이끌어가는 세 명의 주역들. 2010년 영화제 로고 현판을 든 이리 바르토스카 이사장(위)과 미모의 프로그래머 율리에타 자하로바(아래 왼쪽)와 대화중인 에바 자오랄로바 집행위원장(아래 오른쪽).

이처럼 파란만장한 역사 속에는 세 명의 주역이 버티고 서 있다. 1993년부터 재단 이사장을 맡고 있는 이리 바르토스카는 체코 국민들로부터 존경받는 연극배우이자 영화배우다. 1947년에 출생한 그는 체코 브루노에 있는 야나첵 연극학교를 졸업했으며, 1970년대에는 프라하의 자브라들리 극장에서 〈맥베드〉, 〈햄릿〉, 〈카라마조프의 형제들〉 등의 작품을 통해 뛰어난 연기를 보여주며 유명세를 얻었다. 1993년에는 이 영화제 재단 설립을 주도했고, 재단이 설립되면서 이사장을 맡아 공산주의체제 아래서 오랫동안 침체되어 있던 영화제를 활성화시켜 옛날의 명성을 되찾게 했다. 하지만 이런 업적과 상반되게 이리 바르토스카 이사장이 재단을 마치 개인 소유의 회사처럼 운영한다는 비판을 받기도 한다.

에바 자오랄로바

집행위원장을 맡고 있는 또 한 사람은 에바 자오랄로바이다. 1932년생인 에바 여사는 체코의 찰스대학에서 프랑스어와 체코문학을 전공하고 박사학위를 취득했다. 1960년대 초에 영화잡지 『키노』와 『필마 도바』(Film a doba)의 편집장으로 주요 일간지에 영화평을 게재하면서 체코의 대표적인 영화평론가로 인정받기 시작했다. 에바 자오랄로바 여사는 이 영화제 재단 설립 당시 이리 바르토스카와 함께 프로그램 디렉터로 참여했고, 1995년부터 16년째 집행위원장을 맡아 지금까지 영화제를 이끌고 있다.

율리에타 자하로바도 빼놓을 수 없는 인물이다(최근 결혼과 함께 시클(Sickel)로 성을 바꾸었다). 빼어난 미모에 영어, 독일어, 러시아어를 자유자재로 구사하는 그녀는 오스트리아 잘츠부르크대학에서 독어와 영미문학을 전공한 후 체코 찰스대학에서도 영화이론으로 석사학위를 취득했다. 이후 영화평론가와 언론인으로 활동하다가 1995년 스승인 에바 여사와 함께 영화제에 들어와 프로그래머를 거쳐 프로그

2000년 심사위원 특별상을 받은 〈박하사탕〉의 이창동 감독, 배우 설경구와 함께

램 디렉터로 활동하고 있다. 그녀는 1999년 이후 매년 부산국제영화제를 방문하여 한국영화를 선정해왔다.

카를로비바리 영화제는 동유럽을 대표하는 영화제였지만 우리 영화는 체코와 한국의 국교가 수립된 이후에야 진출할 수 있었다. 1992년에 박광수 감독의 〈베를린 리포트〉가 처음으로 이 영화제의 경쟁부문에 초청되었지만 이후에는 단절되었다가 부산국제영화제가 창설되면서 〈세 친구〉(임순례 · 1997), 〈초록물고기〉(이창동 · 1998), 〈모텔선인장〉(박기용 · 1998), 〈파란 대문〉(김기덕 · 1999) 등이 초청되기 시작했다. 1999년 프로그래머인 율리에타 자하로바가 부산을 찾기 시작하면서 한국영화의 진출이 늘기 시작했다. 2000년에는 홍상수 감독의 〈돼지가 우물에 빠진 날〉, 〈강원도의 힘〉, 〈오! 수정〉 세 편이 독립영화포럼에, 이두용 감독의 〈애〉(愛)와 이명세 감독의 〈인정사정 볼 것 없다〉가 색다른 시선 부문에 상영되었고, 이창동 감독의 〈박하사탕〉이 경쟁부문에 초청받아 심사위원특별상을 수상했다.

특히 2001년에는 '뉴코리안 시네마'라는 제목으로 〈8월의 크리스마스〉(허진호), 〈춘향뎐〉(임권택), 〈거짓말〉(장선우) 등 30편과 함께 박철수 감독의 〈봉자〉가 경쟁부문에서 상영되었다. 이후 한국영화는 이 영화제에서 꾸준하게 상영되고 있다.

1996년 이후 나는 해외에서 에바 집행위원장과 율리에타 프로그래머를 자주 만나 친해졌는데, 올해 율리에타 프로그래머가 사임했다는 소식을 접하고 무척 안타까웠다. 그들 사이에 있는 갈등이 밖으로 불거진 결과일지도 모른다. 한국영화에 관심이 많았던 율리에타의 사임 탓인지, 올해 영화제에 소개된 한국영화는 〈시〉(이창동), 〈폭풍전야〉(조창호), 〈파주〉(박찬옥) 세 편에 그쳤다. 하지만 이창동 감독이 심사위원으로 참여해 아쉬움을 달랬다.

올해는 정치적으로 불안정한 상황 속에서 오랜 기간 위축되던 영화제가 좀더 활성화되지 못하고 물러서는 것은 아닌가 하는 아쉬움이 남는 해였다. 영화제에는 수많은 영화들이 상영되지만 영화를 만들고 즐기는 것은 사람이 하는 일이다. 한 편의 영화가 완성되기까지 무수히 많은 사람의 손길이 필요한 것과 마찬가지로 영화제 또한 사람들이 가꾸고 만들어가는 것이다. 과거의 역사를 슬기롭게 넘겼던 것처럼 카를로비바리 영화제가 동구권 최고의 영화제로 그 명성을 이어가기를 희망한다.

뤼미에르 영화의 체코 상영

'루이 뤼미에르'와 '오귀스트 뤼미에르' 형제는 영화의 국제적 운영을 상업적으로 촉발시킨 영사 시스템을 고안했다. 그들은 유럽에서 제일 큰 규모의 사진 제조업 가문 출신이었다. 1894년 지역의 키네토스코프 상영업자가 에디슨이 발명한 키네토스코프(Kinetoscope)보다 더 싸게 영화를 만들 수 있는 방법을 의뢰했다. 이 과정에서 시네마토그라프(Cinematographe)라는 카메라가 발명되어 인화기와 영사기로 쓸 수 있게 고안되었다. 뤼미에르 형제는 1895년 12월에 역사상 가장 유명한 상영회를 파리 그랑카페에서 열었다. 이것은 일종의 사업이 되었다.

1896년 3월 1일에는 뤼미에르 프로그램이 벨기에의 브뤼셀에서 초연된다. 5월 15일에는 스페인의 마드리드에서, 7월 7일에는 인도 봄베이(뭄바이)에서 호텔 방 하나를 임대하여 영화를 상영한다. 7월 8일에는 브라질의 리우데자네이루의 번화가에서 상영되고, 7월 15일에는 체코의 카를로비바리 카지노에서 상영된다. 이후 호주, 상하이, 멕시코시티, 알렉산드리아 등을 돌며 뤼미에르의 영화는 세계를 주유하게 된다. 실제로 뤼미에르 형제의 촬영팀이 제작한 영화의 상당수는 세계를 돌며 촬영한 작품들이었다.

세계의 진기한 풍경들을 보여주는 것만으로도 훌륭한 볼거리를 제공할 수 있었던 시대였다. 하지만 이들의 사업은 그리 오래 가지 못했다. 1897년 시네마토그라프를 판매하기 시작하면서 영화의 확산을 촉진시켰지만, 1897년 5월 4일 파리의 자선바자회에서 영화를 상영하던 중 영사기 램프의 연료 공급에 쓰이던 에테르 탓에 화재가 발생해 인명 피해가 생겼다. 125명이 사망하는 대참사였다. 이 사고로 영화상영회는 사회적으로 위축되었고, 다른 경쟁자들이 출현해 새로운 영사 시스템 개발에 박차를 가하면서 뤼미에르 형제의 영화를 낡은 것으로 보이게 했다. 뤼미에르 회사는 결국 1905년에 영화생산을 그만두었다. 그리고 곧이어 터진 1차 세계대전의 참화로 그들의 초기 필름 상당수가 유실되는 불운까지 겹쳐졌다. 영상자료 보존에 대한 분명한 개념이 없었기에 유실은 불가피했고, 그들의 영화는 기억 속에만 남게 될 가능성도 있었다.

하지만 오늘날 뤼미에르 형제의 필름들은 모두 복원이 되었다. 멕시코의 시골을 비롯한 다수의 지역에서 예기치 않게 필름이 발견되고는 했다. "뤼미에르 형제의 초기 필름들이 영화라는 새로운 매체의 탄생을 알리며 세계 곳곳에서 상영됐다"는 사실을 보여주는 단적인 증거라 할 수 있다.

나는 15년간 칸을 방문하면서, 처음에는 뤼미에르 극장의 레드카펫을 밟고 들어와 기립박수를 받는 감독들을 보며 한없이 부러워했었고, 60주년 때 황금종려상을 받았던 감독들이 함께 '3분' 길이의 〈그들 각자의 영화관〉을 만들었을 때 그 안에 우리 감독이 없음을 한탄했었다.

FESTIVAL DE CANNES

프랑스 칸 영화제

Festival de Cannes

전 세계 영화인들의 갈망, 뤼미에르 극장의 레드카펫

프랑스의 칸 영화제는 매년 5월 10일을 전후해서 열린다. 독일의 베를린 영화제, 이탈리아의 베니스 영화제와 함께 세계 3대 영화제로 꼽히지만 권위와 내용 면에서는 맨 앞자리에 선다. 그래서 5월이 되면 프랑스 남쪽, 지중해 연안에 위치한 인구 7만 명의 작은 도시 칸은 작열하는 햇살만큼이나 영화에 대한 열기로 뜨겁게 달아오른다. '팔레 뒤 페스티벌'에서 해변을 따라 마제스틱, 팔레 스테파니, 칼튼, 마르티네스 호텔에 이르는 크로와제 거리는 세계 각처에서 몰려든 영화인과 관광객들로 발 디딜 틈이 없다. 무엇보다 경쟁부문의 영화가 상영되는 뤼미에르 극장 주변은 레드카펫을 밟고 입장하는 관객과 이를 취재하는 기자들, 유명 영화인이 입장할 때마다 환호하는 사람들로 인산인해를 이룬다. 그런가 하면 바로 옆 바닷가 모래밭은 낮에는 일광욕을 즐기는 반라의 남녀들로 장관을 이루고, 밤에는 곳곳에서 열리는 파티로 밤을 지새운다.

칸은 영화인들의 우상이다. 전 세계 모든 감독과 배우 그리고 제작자들은 칸 영화제에 초청받기를 갈망한다. 뤼미에르 극장의 레드카펫을 밟고 들어가 객석에서 기립박수를 받는 것을 일생의 영광으로 여긴다. 그러나 칸에 입성하는 일은 하늘의 별따기다. 매년 전 세계에서 제작되는 영화는 5천 편 정도다. 이 중에서 칸 영화제에 공식 선정되는 영화는 많아야 130편 안팎이다. 경쟁부문 20여 편과 비경쟁 및 특별상영 10~15편, '주목할 만한 시선' 부문에 20여 편, 단편경쟁부문에 10여 편, 대학생 대상의 '시네파운데이션' 부문(1998년 신설되었다)에 10여 편이 선정된다. 이와는 별도로 감독단체와 비평가단체가 각각 선정하여 운영하는 '감독주간' 30여 편, '비평가주간' 20여 편을 합쳐도 130편 정도가 될 뿐이다. 최근 세계영화재단의 지원으로 고전영화 복원작업이 진행되면서 '칸 클래식' 부문이 공식부문에 신설되었고, 그 편수는 해마다 늘어나 올해에는 22편이 선정되었다.

2010년 63회를 맞은 칸 영화제는 67회를 맞는 베니스 영화제에 이어 두번째로 긴 역사를 갖고 있다. 프랑스 정부는 1932년에 창설되어 독보적인 국제영화제로 자리잡고 있는 베니스 영화제의 출범에 자극받아 1939년 9월 1일부터 9월 20일까지 제1회 칸 영화제를 개최하기로 결정하고 포스터까지 준비했으나 2차 세계대전(1939~1945)이 터지면서 무기한 연기되었다. 전쟁이 끝나자 프랑스 정부와 영화인들은 다시 영화제를 추진했고, 1946년 9월 20일 시인 겸 극작가인 장 콕토가 직접 제작한 〈미녀와 야수〉(Beauty And The Beast)를 상영하면서 제1회 영화제의 막을 올렸다. 그 후 칸 영화제는 1948년과 1950년에 두 번, 시네마테크 프랑세즈의 관장 임명을 둘러싼 정부와의 갈등과 예산문제로 중단되기도 했지만 우여곡절을 겪으면서 오늘날까지 세계 최고 영화제로서의 위상을 꾸준히 높여왔다.

칸 영화제를 오늘까지 이끌어온 주역은 질 자콥 조직위원장이라고

뤼미에르 극장

타이거클럽의 벗들과 지인들. 허우샤오시엔 감독(왼쪽에서 두번째), 장 미셸 프로동 『카이에 뒤 시네마』 전 편집장(세번째), 티에리 프레모 칸 집행위원장(오른쪽 끝)과 함께.

할 수 있다. 1978년 피엘 비오의 뒤를 이어 집행위원장을 맡은 그는 2000년까지 23년간 칸 영화제를 실질적으로 이끌어왔으며, 2001년 후임자에게 자리를 물려준 후 조직위원장으로 일선에서 물러났다. 그리고 후임 집행위원장에 '뤼미에르 영화박물관' 관장을 겸임하고 있는 티에리 프레모가 부임했다. 질 자콥은 비록 조직위원장으로 물러났다고는 하지만 경쟁영화 선정을 포함하여 배후에서 여전히 세력을 행사하고 있다.

10여 년 전만 해도 한국영화에 대한 칸의 장벽은 무척 높았다. 칸 영화제가 50주년을 맞았던 1997년까지 칸에서 상영된 한국영화는 여섯 편 뿐이었다. 1984년 이두용 감독의 〈물레야 물레야〉가 처음으로 주목할 만한 시선 부문에 상영된 이후 1989년 배용균 감독의 〈달마가 동쪽으로 간 까닭은〉이 같은 부문에서 상영되었고, 1994년에는 신상옥 감독의 〈증발〉이 깜짝 상영되었다. 1995년에는 영국영화원(BFI)이 각국의 영화감독들을 위촉하여 만든 '세계영화 100주년' 시리즈로 장선우 감독의 〈씻김〉이 소개된 바 있다. 1996년에는 양윤호 감독의 〈유리〉가 비평가주간에, 1997년에는 전수일 감독의 〈내 안에 우는 바람〉이 주목할 만한 시선 부문에 선정된 것이 그 전부다.

그러나 1996년 부산국제영화제가 창설되고 칸 영화제 관계자들이 부산을 찾으면서 1998년부터 매년 4~5편의 한국영화가 칸에 초청되기 시작했다. 1998년에는 〈아름다운 시절〉(이광모), 〈8월의 크리스마스〉(허진호), 〈강원도의 힘〉(홍상수), 〈스케이트〉(조은령 · 단편경쟁) 등 4편이 초청되었고, 1999년에는 송일곤 감독의 〈소풍〉을 포함해 단편 4편이 초청되었다. 〈소풍〉은 그해 심사위원상을 받았다.

2000년에는 칸 역사상 처음으로 임권택 감독의 〈춘향뎐〉이 장편경쟁부문에 오른 것을 비롯해 〈오, 수정〉(홍상수 · 주목할 만한 시선), 〈박하사탕〉(이창동 · 감독주간), 〈해피엔드〉(정지우 · 비평가주간), 〈우산〉(유철원 · 단편경쟁) 등 5편이 각 부문에서 고루 상영되었다. 특히 2002년에는 임권택 감독의 〈취화선〉이 감독상을, 2004년에는 박찬욱 감독의 〈올드보이〉와 홍상수 감독의 〈여자는 남자의 미래다〉가 나란히 경쟁부문에 올라 〈올드보이〉가 심사위원대상을 수상하는 쾌거를 이루었다. 2005년에도 홍상수 감독의 〈극장전〉이, 2006년에는 김기덕 감독의 〈숨〉이 경쟁부문에 초청되었다. 60주년을 맞았던 2007년에는 이창동 감독이 연출한 〈밀양〉의 배우 전도연이 여우주연상을 받았다.

지난 2009년에는 박찬욱 감독의 〈박쥐〉가 경쟁부문에, 봉준호 감독의 〈마더〉가 주목할 만한 시선 부문에, 홍상수 감독의 〈잘 알지도 못하면서〉가 감독주간에, 한국계 프랑스 감독인 우니 르콩트의 〈여행자〉가 특별상영부문에, 그리고 신상옥 감독의 〈연산군〉(1988)이 칸 클래식에 선정되는 등 모두 10편의 한국영화가 진출했다. 〈박쥐〉는 그해 심사위원상을 수상했다.

올해 2010년에는 이창동 감독의 〈시〉와 임상수 감독의 〈하녀〉가 경쟁부문에, 홍상수 감독의 〈하하하〉가 주목할 만한 시선에, 장철수 감독의 〈김복남 살인사건의 전말〉이 비평가주간에, 김태용 감독의 〈얼어붙은 땅〉이 시네파운데이션 부문에 소개되었다. 이처럼 칸 영화제는 1998년 이후 한국영화가 세계로 뻗어나가는 데 있어서 매우 중요하고도 결정적인 역할을 수행하고 있다.

내가 칸 영화제를 처음 찾은 것은 부산국제영화제의 창설을 앞둔 1996년 5월 8일이었다. 도착한 다음날 우리 일행은 피엘 리시앙의 안내를 받아 뤼미에르 극장에서 질 자콥 집행위원장을 비롯한 많은 사람들을 만날 수 있었다. 피엘 리시앙은 칸의 스태프는 아니었지만 질 자콥과 오랜 친구 사이이며, 영화계에 많은 인맥을 갖고 있는 인물이다. 지금까지 한국영화가 칸에 진출하는 데에는 그의 역할이 매우 컸던 게 사실이다.

칸에 머무는 동안 전통 프랑스 식당 '가브로슈'에서 칸에 온 주요 영화인들을 초청하여 부산국제영화제의 창설을 알리는 조촐한 오찬을 가졌다. 피엘 리시앙과 칸의 선정위원인 막스 테시에, 베를린 영화제 영 포럼 책임자 울리히 그레고르, 로테르담 영화제 집행위원장 사이먼 필드와 시네마트 책임자 바우터 바렌드레히트, 몬트리올 영화제 집행위원장 세르주 로지크, 낭트 영화제 집행위원장 알랭 잘라도, 뮌헨 영화제 집행위원장 크라우스 에더, 미국 뉴욕현대미술관(MoMA) 영화책임자 래리 카디쉬, 『버라이어티』와 『르몽드』 기자 등 15명이 참석했고 모두 성공을 기원하며 부산 방문을 약속했다. 바로 그날 5월 11일에 가졌던 이 오찬이 부산국제영화제의 성공을 예감케 한 중요한 모임이었다고 생각된다. 그 이후에 나는 올해까지 한 해도 거르지 않고 15년간 칸 영화제를 찾았다.

2001년 2월 칸 영화제 사무국에 들렀을 때, 마침 새로 부임한 티에리 프레모 집행위원장을 처음 만나 부산에 초청했다. 그리고 5월 칸 영화제와 그해 6월 파리의 한국문화원과 시네마테크 프랑세즈가 공동 주최했던 임권택 감독 회고전에 달려가 티에리 프레모와 조찬을 함

2010년 '주목할 만한 시선' 부문 심사위원단이 레드카펫에 섰다. 이창동 감독과 배우 윤정희가 함께 한 영화 〈시〉는 한국영화로는 처음으로 각본상을 받았다.

께하면서 '삼고초려' 끝에 그의 부산 방문을 확정지었다. 2001년 처음 부산을 찾았던 티에리 프레모 집행위원장은 작년만 제외하고 매년 부산을 방문하는 단골손님이 되었다. 게다가 이런 계기로 인연이 깊어져, 그와 대만의 허우샤오시엔 감독, 로테르담 집행위원장을 지낸 후 지금은 두바이 영화제 컨설턴트로 있는 사이먼 필드, 네덜란드 언론인이자 영화평론가인 피터 반 뷰렌, 태국의 논지 니미부트르 감독과 나는 '술'로 맺어진 '타이거클럽' 멤버들이 되었다.

그리고 올해 나는 칸 영화제의 공식선정부문인 주목할 만한 시선 부문에 심사위원으로 위촉되었다. 프랑스의 클레르 드니 감독, 시네마테크 프랑세즈의 책임자인 세르즈 투비아나, 스위스 라디오 텔레비전의 언론인 패트릭 페를라, 스웨덴의 언론인 엘레나 린드블라드와 함께였다. 세계의 저명한 영화감독이나 배우 또는 작가나 평론가로 엄격히 그 자격을 정하고 있는 칸 영화제로서는 극히 이례적인 일이다. 아마도 올 영화제가 나의 마지막이라는 점을 고려한 것 같다.

나는 15년간 칸을 방문하면서, 처음에는 뤼미에르 극장의 레드카펫을 밟고 들어와 기립박수를 받는 감독들을 보며 한없이 부러워했었고, 60주년 때 황금종려상을 받았던 감독들이 함께 '3분' 길이의 옴니버스 영화 〈그들 각자의 영화관〉을 만들 때 그 안에 우리 감독이 없음을 한탄했었다. 하지만 최근의 상황은 빠르게 바뀌고 있다. 주목할 만한 시선 부문에서 홍상수 감독의 영화 〈하하하〉가 대상을 받았고, 이창동 감독의 〈시〉는 한국영화로는 처음으로 각본상을 받았다. 올해 황금종려상을 받은 〈엉클 분미〉(Uncle Boonmee Who Can Recall His Past Lives)의 감독 아피찻퐁 위라세타군은 태국 사람이다. 이처럼 아시아의 주요 감독들이 주목받는 현실 속에서 한국영화에 대한 칸의 관심이 높아지는 것은 당연한 일이다. 머지않아 황금종려상을 수상할 것 같은 예감이 드는 것도 공연한 기대감만은 아닐 것이다.

장 콕토(Jean Maurice Eugène Clément Cocteau, 1889~1963)

시, 영화, 소설, 희곡, 수필, 회화, 무대디자인을 망라했던 종합예술가 장 콕토는 예술을 신화와 초자연으로 이끄는 통로로 여겼다. 콕토 자신은 그 무엇보다 시인이라 불리기를 좋아했다고 알려져 있다. 1차 세계대전 이후 유럽에 불어닥친 프랑스 아방가르드의 움직임과 함께 출현한 장 콕토는 10년간 무대작업을 한 후 각본을 쓰며 영화계와 인연을 맺는다. 1945년에 로베르 브레송이 영화화한 〈불로뉴 숲의 여인들〉의 각본은 콕도가 쓴 것이었다. 2차 세계대전 이후 콕토는 영화에 본격적으로 뛰어들었다. 작곡가 조르주 오릭, 배우 장 마레와 함께 일하면서 콕토는 〈미녀와 야수〉(1945), 〈쌍두 독수리〉(1947), 자신이 쓴 희곡을 영화화한 〈지독한 부모〉(1948), 대표작 〈오르페〉(1950) 그리고 〈오르페의 유언〉(1960) 등을 연출했다. 상징적인 분위기가 가득한 콕토의 세계는 그 자체로 한 편의 신화이자 시였다.

〈미녀와 야수〉가 동화를 영화로 옮긴 유명한 사례였다면, 〈오르페〉는 희랍 신화의 오르페우스를 현대적으로 해석한 작품이다. 장 콕토가 만들어낸 오르페우스는 현대 파리의 안락한 가정에서 사랑하는 부인과 함께 살고 있다. 그러던 중 리무진을 타고 차의 오디오를 통해 시구를 내보내는 프랭세스에게 홀리게 된다. 그는 일종의 죽음의 사자다. 삶과 죽음의 경계를 탐미적이면서도 상징적으로 표현한 이 작품으로 장 콕토는 관객들에게 영화의 마법을 건다. 오르페우스가 들어가게 되는 사후 세계인 '지역'(La Zone)은 탐조등이 구석구석을 비추는 공장 폐허의 미로로 표현된다. 그 모습은 포로수용소를 연상케 하는데, 이 작품이 2차 세계대전 이후 홀로코스트를 다룬 영화와 맥락을 같이하고 있음을 떠올려본다면 고개를 끄덕이게 될 것이다.

콕토의 영화세계는 시인은 꼭 글을 쓰는 사람만이 아니라 상상력을 동원할 수 있는 어떤 수단을 통해서라도 마법을 창조해내는 사람이라는 그의 신념이 구현된 예술적인 공간이었다. 그의 상징적 세계는 잉마르 베리만의 〈제7의 봉인〉을 앞서 간 것일 수도 있고, 한동안 유행처럼 번졌던 초현실주의 영화들의 계보를 잇는 작업이라고 볼 수도 있다. 여러 평가의 방식들이 있을 수 있겠지만, 무엇보다도 콕토가 원한 것은 그 자신의 영화가 항상 시적이기를 갈망했다는 사실이다.

다음 상영을 기다리면서 바닷가 카페나 거리의 식당에서, 그리스의 대표적인 음식인 '기로스'나 '수블라키', 또는 '무사카'에 우리의 소주와 같은 '우조'를 마시면서 영화를 논하는 모습은 마치 부산 자갈치 시장의 포장마차를 연상케 한다. 이래저래 우리와 많이 닮아 있는 영화제다.

THESSALONIKI
INTERNATIONAL
FILM FESTIVAL

그리스 테살로니키 국제영화제
Thessaloniki International Film Festival

부두의 창고에서 열리는 발칸 최고의 영화축제

2009년 11월 22일, 영광과 논쟁으로 점철된 제50회 테살로니키 국제영화제가 막을 내렸다. 테살로니키는 인구 150만 명의 수도 아테네 다음으로 큰 그리스 제2의 도시이자 항구도시다. 테르마익 만 안쪽에 자리잡고 있어 그리스의 동서남북을 관통하는 북 그리스의 중심 도시이기도 하다. 테살로니키의 이름 또한 역사가 깊다. 기원전 315년 마케도니아의 왕이었던 카산더 장군에 의해 세워진 테살로니키는 그의 아내 이름이다. 그리고 그 테살로니키라는 인물은 알렉산더 대왕의 누이이기도 했다.

열흘간 열렸던 영화축제는 독일영화의 젊은 세대를 대표하는 파티 아킨 감독의 베니스 영화제 예술공헌상 수상작 〈소울 키친〉(Soul Kitchen)을 개막작으로 상영하며 막을 올렸고, 프랑스 감독 알랭 레네의 〈잡초〉(Wild Grass) 상영을 끝으로 폐막되었다. 개막작을 만든 파티 아킨 감독은 개막영화 상영이 끝난 후 파티에서 직접 DJ를 맡아 흥을 돋우었다. 50주년을 맞이한 2010년 영화제에서는 1970년대에 태동한 '뉴저먼 시네마 운동'을 대표하는 베르너 헤어초크의 회고전과 1960년대 일본에서 제작된 에로틱 영화를 모은 '핑크영화 특별전'이 선을 보였다.

'인생과 영화'를 주제로 한 헤어초크의 멀티미디어전과 사진진, 후안 미로의 대규모 미술전과 별도의 판화전, '초현실'을 주제로 한 미국 사진작가 필립 시아라스의 사진전 등 전시회와 음악회가 부대행사로 마련되었다. 헤어초크의 전시회는 극지대나 페루의 정글 등 일상적이지 않은 환경에서 영화를 만든 그의 경험에 걸맞게 부두의 얼음창고에서 영사, 스틸, 비디오 등을 활용한 전시회여서 관심을 모았다. 테살로니키 영화제에서만 볼 수 있는 풍경이다. 이 영화제는 주 상영관인 '올림피온' 극장의 두 개 관을 제외하고는 부두의 기존 창고들을 활용하고 있다. 수영만에 위치한 부산영화제의 컨테이너 사무실의 숨은 매력을 떠올리게 한다.

제50회 영화제에 참여한 사람들은 전 세계에서 초청된 250여 편의 장 · 단편 영화들과 다양한 이벤트 및 전시회를 통해 반세기 동안 이어온 영화예술에 대한 애정을 만끽할 수 있었다. 화제작들은 일찌감치 매진되었고, 상영장의 계단에 앉아 영화를 보는 관객도 자주 볼 수 있었다. 다음 상영을 기다리면서 바닷가 카페나 거리의 식당에서, 그리스의 대표적인 음식인 '기로스'(쇠꼬챙이에 양고기나 돼지고기를 꿰어 바비큐처럼 구어 밀전병으로 싼 음식)나 '수블라키'(직접 불에 구운 고기 꼬치), 또는 '무사카'(다진 고기를 치즈로 덮어 그릴에 구어 파이 형태로 만든 음식)에 '우조'(우리의 소주와 같은 대중적인 술)를 마시면서 영화를 논하는 모습은 마치 부산 자갈치 시장의 포장마차를 연상케 한다. 이래저래 우리와 많이 닮아 있는 영화제다.

그러나 한편에서는 영화제의 운영 방식에 불만을 터트리는 움직임도 표면화되었다. 2백 명이 넘는 그리스의 영화감독, 제작자, 시나리오

2009년 테살로니키 영화제 개막식이 열린 주 상영관

작가들이 시대에 뒤떨어진 영화제작비 조달법과 불공정한 그리스 국립영화상 제도에 대한 항의 표시로, 정부의 지원을 받고 있는 테살로니키 영화제를 보이콧한 것이다. 스스로를 '그리스의 영화작가들'이라 명명한 이들은 영화제에 초대된 무려 52편의 작품 출품을 철회함으로써 그리스 영화부문에서 수상자들을 선정하는 국립영화상의 취소를 주장했다. '그리스 영화작가들'의 전면 거부에 대처하기 위해서 신임 문화관광부 장관은 영화제가 개막되자마자 이곳을 찾아와 그리스 영화제작을 지원하겠다고 약속했다. 데스피나 무자키 집행위원장은 국립영화상을 둘러싼 모든 잡음과 논쟁이 내년까지는 원만하게 끝나기를 희망하면서 사태 해결을 위해 최선의 노력을 다하겠다고 말했다. 그렇지만 정부를 비롯한 공공기관과 영화인 사이에 깊이 패인 골이 그리 쉽게 해결될 것처럼 보이지는 않는다.

테살로니키 영화제는 1960년 9월 20일에 창설되었다. 창설 당시에는 국내 영화제로 존속돼 오다가 1992년에 국제경쟁부문을 신설해 국제영화제로 전환했고, 그 후 성장과 발전을 거듭하면서 발칸 지역에서 가장 중요한 영화제로 부상했다. 2005년 문화관광부에 의해 교체되기까지 영화제의 발전을 크게 이끈 인물은 미셸 데모풀로스다. 그는 1996년 첫 부산국제영화제에 참석해 수많은 젊은 관객에 충격을 받고 귀국한 다음 테살로니키 영화제에 대학생들을 참여시키기 위해 순회강연을 하는 등 적극적인 활동을 전개했다.
1997년과 1998년에는 이창동 감독의 〈초록물고기〉와 이광모 감독의 〈아름다운 시절〉이 잇따라 초청됨으로써 한국영화가 테살로니키에 소개되기 시작했다. 순항을 거듭하던 테살로니키 영화제는 2004년에 태풍을 만났다. 총선에서 사회민주주의당이 패배하고 신민주주의당이 승리하면서 발전을 거듭해온 테살로니키 영화제에 분열이 생긴 것이다.

2009년 영화제 예술공헌상 수상작 〈사람을 찾습니다〉의 이서 감독, 주연배우 김기연, 테살로니키 영화제 집행위원장 데스피나 무자키와 함께한 기념촬영(위). 〈사람을 찾습니다〉 포스터(아래).

그리스 문화관광부는 조직위원장이었던 세계적인 거장 테오 앙겔로풀로스 감독과 미셸 데모풀로스 집행위원장을 몰아내고 데스피나 무자키를 신임위원장으로 선임했다. 테오 앙겔로풀로스 감독과 미셸 데모풀로스 전 위원장은 국제사회에 억울함을 호소했고 칸 영화제를 포함한 많은 영화제들이 그리스 정부에 탄원서를 보냈다.
현재 집행위원장을 맡고 있는 데스피나 무자키는 프로듀서 출신이다. 그리스 파트라스대학에서 과학과 화학을 전공했지만 미국 보스턴대학에서 필름 프로덕션 석사, 스페인 미디어 비즈니스 학교에서 영화제작, 투자, 마케팅 전략 과정을 이수한 후 보스턴대학과 테살로니키 아리스토텔레스대학에서 교수로 재직하면서 프로듀서와 감독으로 활동하다가 집행위원장을 맡았다. 프로듀서 출신답게 '아고라'라는 영화마켓과 공동제작 포럼을 창설하면서 영화제의 산업적 영향력을 증대시켰다. 함께 취임한 조지 코라페이스 조직위원장은 그리스에서 태어났지만 프랑스 파리에서 자란 영화배우다. 그리스의 유명한 심포니 오케스트라 지휘자인 부친의 영향을 받아 파리 국립연극원에서 연극을 전공한 후 연극무대에서 활동하다가 영화배우로 미주와 유럽을 넘나들고 있다.
데스피나 무자키 위원장은 정통성 시비로 인해 어려움을 겪었지만 한국영화가 테살로니키 영화제에 꾸준히 소개되는 데는 변화가 없었다. 김기덕, 봉준호, 홍상수 감독의 영화가 다양한 부문을 통해 소개되었고, 2006년에는 김태용 감독의 〈가족의 탄생〉이 대상인 '골든 알렉산더상'을 수상했다. 그리고 제50회 영화제에서는 경쟁부문에 오른 이서 감독의 〈사람을 찾습니다〉를 비롯해 박찬욱 감독의 〈박쥐〉, 봉준호 감독의 〈마더〉, 김소영 감독의 〈나무 없는 산〉, 우니 르꽁트 감독의 〈여행자〉, 이해준 감독의 〈김씨 표류기〉가 상영되었다.

부산에서 회고전을 연 테오 앙겔로풀로스 감독과 미셸 데모풀로스

제50회 영화제의 폐막식 현장(위). 데스피나 무자키 집행위원장이 반가운 악수를 청해왔다(아래 왼쪽부터). 코스타 가브라스 감독은 그녀에게 무언가 열심히 설명하고 있다. 2009년 회고전의 주인공 베르너 헤어초크(맨 오른쪽사진 두번째)가 영화 관계자들과 술잔을 기울이고 있다.

전 집행위원장과도 잘 아는 사이지만 데스피나 무자키 집행위원장과도 여러 차례 해외에서 만나면서 친해졌고, 조지 코라페이스 조직위원장 부부와도 친분을 맺으며 수차례에 걸쳐 초청을 받은 바 있다. 하지만 그리스에 발을 디딘 건 50주년 행사 때에야 비로소 가능했다. 2009년 말에 있었던 총선에서 사회민주주의당이 재집권했으니 모처럼 안정적인 기반을 구축하고 있던 테살로니키 영화제가 또다시 정치적인 외풍을 맞을지도 모를 일이다. 변화는 있었다. 2010년에는 새로운 인물들로 영화제가 꾸려졌으며, 3월 10일에 디미트리스 에이피디스가 집행위원장을 맡게 되었다. 그러나 50년의 나이를 먹었다는 것은 수많은 격변 속에서 영화제의 성격과 위상을 유지해왔음을 의미한다. 불혹을 훌쩍 뛰어넘은 영화제의 세월은 어지간한 바람에는 굴복하지 않을 것이다. 그러고 보니 올해 부산국제영화제는 아직 사춘기 나이인 열다섯 살이다. 앞으로 건실한 청년으로, 아름다운 장년으로 자라야 할 텐데 하는 근심이 앞선다. 하지만 유럽의 오랜 영화제들을 보고 있노라면 한국에서도 연륜이 있는 영화제가 굳건하게 서 있을 수 있으리라는 희망을 품게 된다.

뉴저먼 시네마 운동

독일 뉴저먼 시네마 운동은 1962년 2월 28일 오버하우젠 선언과 1982년 6월 10일 베르너 파스빈더의 갑작스러운 죽음으로 종결되는 드라마처럼 이야기되곤 한다. 이 속에는 독일의 국가영화라는 하나의 궤적이 존재한다. 2차 세계대전의 책임을 짊어진 독일의 젊은이들은 과거의 유산과 단절하면서, 새로운 이야기를 만들어내야 했다. 그것은 영화뿐만이 아니라 전 문화영역에 걸친 작업이었다. 오버하우젠 단편영화제에서 채택된 오버하우젠 선언문은 이를 잘 나타내고 있다. "전통 독일 영화의 붕괴로, 우리가 거부하는 태도와 방법으로 영화를 만들던 기존의 영화 제작방식의 경제적 기반은 완전히 무너졌다. 더불어, 새로운 영화를 만들 수 있는 기회도 생겨났다. 여기서 우리는 새로운 독일 영화를 창조하고자 하는 우리의 의지를 밝히는 바이다."

그런데 1960년대 독일영화의 새로움을 창조했던 그들은 사실 어떤 학파나 운동으로 결성된 적이 없는 자칭 아웃사이더들이었다. 뉴저먼 시네마에 속한 감독들의 대부분은 영화제작 경험이 부족했기에, 자연스럽게 전통의 드라마적 형식보다는 다큐멘터리적 접근이나 에세이에 가까운 영화를 만들어냈다. 독자적으로 영화를 공부한 이들은 스스로를 이방인으로 칭했다. 그러나 독일사회의 자본주의, 체제 순응주의, 자족적인 태도를 비판한다는 공통점이 있었다. 빔 벤더스 감독의 초기 로드무비 영화나 동성애자를 등장시킨 파스빈더 감독의 영화는 주류가 아닌 소외된 사람들의 이야기다. 한국에는 덜 알려져 있지만 알렉산더 클루게 감독 역시 뉴저먼 시네마에서 빼놓을 수 없는 인물이다. 그의 데뷔작 〈어제여 안녕〉(1966)은 1950년대 중반을 배경으로 동독 출신의 한 젊은 유대인 여성이 서독으로 탈출한 뒤 실패한 삶을 살아가는 과정을 담고 있다. 과거의 사실이 그녀의 정체성을 끊임없이 뒤흔들기 때문이다.

뉴저먼 시네마는 저항의 영화였다. 나치 시대의 영화와 1950년대 오락산업의 분위기에 대항하는 이야기를 만들어냈다. 〈양철북〉의 감독으로 잘 알려진 폴커 슐뢴도르프의 〈벼락부자가 된 가난한 콤바흐 사람들〉이 대표적이다. 에트가르 라이츠가 만든 16시간짜리 텔레비전 시리즈인 〈고향〉(1984)은 독일의 본질을 캐묻고 들어가 파시즘이 등장할 수밖에 없었던 자신들의 정체성을 파고든다. 이 영화와 비슷한 태도를 보여주는 작품은 최근 미하엘 하네케가 만든 〈하얀 리본〉이다. 이 밖에도 원시적인 것을 탐구하면서 열정의 시대를 풍자하는 베르너 헤어초크 감독의 작품들이나 지버베르크가 바그너의 악극을 각색한 〈파르지발〉과 같은 작품은 몰락과 패망의 분위기를 고스란히 담고 있는 영화들이다. 뉴저먼 시네마의 감독들은 시대에 저항했고 그럼으로써 한 시대를 풍미했다.

유럽인들이 오랜 휴가를 즐기는 텅 빈 도심에서, 어둠의 극장으로 들어가게 되는 기이한 풍경이 이채롭다. 어쩌면 파리시네마가 열리는 휴가의 기간은 영화를 보기에 가장 좋은 시간일지도 모르겠다. 한때 파리를 가득 메우던 열혈 시네필들이 이 영화제를 통해 새롭게 부활하기를 간절히 소망해본다.

FESTIVAL PARIS CINEMA

프랑스 파리시네마 국제영화제

Paris Cinema International Film Festival

파리시의 유일한 영화 축제, 파리시네마

2006년 6월 30일 파리시에서 수여하는 훈장을 받기 위해 에어프랑스에 탑승했다. 영화사 '좋은 영화'의 김미희 대표와 부산국제영화제 홍효숙 프로그래머가 동승했다. 파리의 드골 공항에 내린 직후 한국식당 '우정'으로 직행했다. 그곳에서 모철민 프랑스 주재 한국문화원장과 백건우, 윤정희 부부가 나를 기다리고 있었다. 때마침 파리에 출장을 온 전형선 에르메스 한국 사장도 동석했다. 나는 1997년 이후 매년 한두 번은 파리를 꼬박꼬박 방문했다. 그때마다 한국문화원장을 비롯한 문화관광체육부 파견 직원과 백건우·윤정희 부부를 점심이나 저녁 자리에 초대했다. 이번에도 그들이 파리에 있었기 때문에 저녁을 함께할 수 있었다.

7월 3일 저녁 7시, 파리 시청에서 크리스토프 지라 부시장으로부터 훈장을 받았다. 샬로테 램플링 파리시네마 회장, 티에리 프레모 칸 영화제 집행위원장, 칸 영화제의 일을 돕는 피에르 리시엥, 『카이에 뒤 시네마』 편집장 출신의 평론가 샤를 테송, 영화평론가 장 미셸 프로동 등 프랑스 인사와 백건우, 윤정희 부부, 백영수 화백 부부, 모철민 문화원장을 비롯한 한국문화원 가족과 파리에 온 임상수 감독 부부, 민규동 감독, 김미희 대표, 주 프랑스 한국 특파원과 프랑스 언론인 등 1백여 명이 참석했다.

파리시 훈장은 파리시를 위해 공헌한 사람들을 위해 1911년에 제정된 훈장이다. 2001년 이후 훈장을 받은 영화인은 미야자키 하야오(일본), 장 피에르 주네(프랑스), 올리버 스톤(미국), 제임스 그레이(미국) 등 거장 감독과 알랭 드롱(프랑스), 장 폴 벨몽도(프랑스), 장만옥(홍콩), 성룡(홍콩), 마리사 파데레스(스페인), 제인 폰다(미국) 등의 톱스타들이 주를 이루었다. 이 대열에 합류한 것만 해도 더없는 영광이었다.

돌이켜보면, 개인적으로는 프랑스와 특별한 인연이 있다. 2000년에는 프랑스 정부로부터 예술문학훈장 기사장을, 2006년 10월에는 또다시 프랑스 정부로부터 문화훈장 오피시에를 받았다. 파리시 훈장을 받기 직전인 2006년 3월에는 프랑스 도빌 시에서도 훈장을 받았다. 그리고 2009년 5월에 고 이성자 화백과 함께 주 프랑스 한국대사관에서 제정한 '한불문화상'을 받았다.

내가 파리시 훈장을 받게 된 데는 파리시네마 영화제 측의 추천이 큰 역할을 했을거라 추측된다. 파리시네마 영화제는 2003년에 창설되었다. 2002년 파리 시장에 당선된 베르트랑 들라노에는 2003년 파리시의 영화담당 특별 부서를 창설했다. 그리고 일 년간의 조사과정을 통해 20년의 역사를 지닌 파리 영화축제가 영화계와 관객들의 환영을 받지 못하고 있다고 결론을 내리고, 이에 대한 시의 지원을 중단했다. 그리고 새로운 이벤트를 창설하기로 결정했다. 2003년에 베르트랑 들라노에 시장은 다니엘 토스캉 뒤 프랑티에의 추천을 받아 영화감독과 제작, 배급 등 각 분야를 대표하는 13명의 이사진을 구성했고, 코스타 가브라스 감독을 파리시네마의 조직위원장으로, 칸 영화

2006년 6월 파리시 부시장(오른쪽)으로부터 파리시 훈장을 받고 파리시네마 회장 샤를로트 램플링(왼쪽)과 함께. 파리시네마 집행위원장인 오드 에스베르(왼쪽)와 전 회장인 코스타 가브라스 감독(왼쪽에서 두번째)과 함께.

제 감독주간 책임자인 마리 피엘 마샤를 집행위원장으로 위촉했다. 이렇게 출범한 파리시네마는 프랑스 영화배급업자와 상영관을 지원하는 데 목표를 두고, 비수기인 여름에 파리 시내에 있는 거의 모든 멀티플렉스 극장과 예술영화 전용관에서 다양한 프로그램으로, 다양한 세대의 관객을 대상으로 영화를 보여 주기 시작했다.

파리시네마는 극장에서 개봉하기 전에 영화제에서 먼저 상영하는 '아방프러미에르'(Avant-premières) 부문을 신설함으로써 관객들의 호응을 얻었다. 이 부문에 초청된 28편의 영화를 대상으로 관객상을 제정하여 수상한 영화에 대해서는 이미지 포럼에서 배급사에게 만 오천 유로를, 간 재단(Foundation GAN)에서는 해당 감독에게 3천 유로를 수여하기 시작했다. 이와 함께 공동제작을 지원하기 위한 '파리 프로젝트'를 운영함으로써 영화제작을 뒷받침했다. 이 두 개의 핵심 프로그램은 지금까지 꾸준하게 발전해오고 있다.

2004년 영화제에서는 4백 편의 영화를 30개의 스크린에 상영하면서 장 폴 벨몽도(배우 겸 감독), 올리버 스톤, 페르난도 솔라나스 등 거장 감독을 초청했으며, 한국 정창화 감독의 영화인 〈노다지〉, 〈죽음의 다섯손가락〉, 〈황혼의 검객〉, 〈사르빈 강에 노을이 진다〉, 〈천년마녀〉 등 다섯 편을 특별초청하였다. 정창화 감독의 이 영화들은 현 집행위원장인 오드 에스베르가 당시 프로그래머 자격으로 부산을 방문하면서 초청하게 된 것이다.

그러나 2년이 지나면서 시내 모든 극장에서 영화를 상영하는 것이 오히려 집중력을 떨어트리고, 해외 게스트나 전문가들의 관심을 끌지 못하게 되자 대폭적인 수정이 가해졌다. 국제경쟁제도의 도입, 거장 감독과 배우의 회고전, 국가별 특집 프로그램 등이 주요 수정 골자였다. 이를 통해 파리시네마는 국제사회에서 두각을 나타내기 시작했다. 2005년 제3회 영화제는 잔느 모로, 성룡, 마이클 치미노, 팀 버튼 등의 감독과 배우를 초청하였고, 신설된 경쟁부문에 김지운 감독

샤를로트 램플링(왼쪽)과 오드 에스베르(가운데)와 환담을 나누는 모습.

의 〈달콤한 인생〉을 초청하였다. 또다른 한국영화로는 임상수 감독의 〈그때 그 사람들〉이 있었다.
내가 파리시 훈장을 받았던 해인 2006년에는 코스타 가브라스 감독에서 배우출신인 샬로테 램플링으로 조직위원장이 바뀌고 오드 에스베르가 프로그램 디렉터가 되면서, 해마다 특정 국가의 영화를 집중 조명하기 시작했다. 그 첫 대상국가로 한국이 선정되면서 무려 40편의 한국영화가 초청되었다. 장편경쟁부문에 김소영 감독의 〈방황의 날들〉이, 단편경쟁부문에 김효정 감독의 〈토끼와 곰〉이 올랐다. 또한 박찬욱 감독의 〈올드보이〉 등 5편, 임상수 감독의 〈바람난 가족들〉 등 4편, 봉준호 감독의 〈살인의 추억〉 등 2편과 〈송환〉(김동원), 〈용서받지 못한 자〉(윤종빈), 〈망종〉(장률) 등 다양한 영화와 함께 임상수, 류승완, 민규동, 박광현 감독과 김미희 대표가 초청을 받았다.
파리시네마는 한국영화에 이어 레바논(2007), 필리핀(2008), 일본(2010)의 영화들을 조명했다. 한국영화의 초청은 계속 이어져 장률 감독의 〈경계〉(2007 · 경쟁부문), 홍상수 감독의 〈밤과 낮〉(2008), 임권택 감독의 〈천년학〉(2008), 양익준 감독의 〈똥파리〉(2009 · 경쟁부문), 임상수 감독의 〈하녀〉(2010), 이창동 감독의 〈시〉(2010) 등이 초청되었다.

산업적인 맥락에서 새로운 도입된 프로그램은 앞서 언급했듯이 공동제작 마켓인 '파리 프로젝트'다. 이 프로젝트는 로테르담 영화제의 시네마트, 홍콩 필름마켓(HAF), 칸 영화제의 프로듀서 네트워크(Producers Network) 등과 제휴하고 있으며 많은 성과를 거두고 있다. 한편 영화진흥위원회에서는 한국과 유럽 간의 공동제작을 활성화하기 위해 파리 프로젝트와 '파트너십'을 맺고, 2009년부터 '코프로덕션 인 파리'(Ko-production in Paris)라는 지원 프로그램을 추진하기 시작했다. 그 결과 2009년의 한국 프로젝트였던 〈하녀〉가 2010년 칸 경쟁부문에 진출했고, 프랑스 프로젝트였던 〈Approved in Adoption〉은 현재 제작중에 있다. 2010년에는 〈카페 리볼리〉(Cafe Revoli) 등 4편의 한국 프로젝트와 〈Dobari〉를 비롯한 4편의 프랑스 프로젝트가 발표되었고 채희승, 김형준 대표가 한국 측의 멘토로, 우니 르꽁트 감독의 〈여행자〉를 공동제작한 로랑 라볼레, 장률 감독의 〈두만강〉을 공동제작한 기용 드 세일이 프랑스 측의 멘토로 참여했다.

현재 파리시네마의 조직위원장인 샤로테 램플링은 1946년에 출생했으며, 루키노 비스콘티 감독의 〈망령들〉(The Damned), 우디 앨런 감독의 〈스타더스트 메모리〉(Stardust Memories), 프랑수아 오종 감독의 〈스위밍 풀〉(Swimming Pool)의 주연을 맡아 우리에게 익숙한 프랑스의 원로 여배우다. 현 집행위원장인 오드 에스베르는 대학에서 정치, 영화, 경영학을 전공한 후 파리 비디오테크, 이미지 포럼, 칸 영화제 감독주간 프로그램 부서에서 근무했다. 그 후 파리시네마의 프로그래머와 프로그램 디렉터로 활동하다가 2008년부터 집행위원장을 맡고 있다. 아직 성장 중인 영화제라고 할 수 있지만 파리시네마는 문화도시 파리의 인프라를 바탕으로 가파르게 상승하고 있다.

흥미로운 점은 유럽인들이 오랜 휴가를 즐기는 텅 빈 도심에서, 어둠의 극장으로 들어가게 되는 기이한 풍경이 펼쳐진다는 것이다. 어쩌면 파리시네마가 열리는 휴가의 기간은 영화를 보기에 가장 좋은 시간일지도 모르겠다. 한때 파리를 가득 메우던 열혈 시네필들이 미모의 집행위원장인 오드 에스베르가 이끄는 영화제 기간을 통해 새롭게 부활하기를 간절히 소망해본다.

첫해인 1980년에는 좀처럼 보기 어려운 아프리카 영화 7편을 선정하여 순회 상영함으로써 영화팬들로부터 큰 호응을 얻었다. 당시의 경비는 2만 스위스프랑(미화 1만 달러)이었다. 입장료를 받지 않는 대신 입구에 바구니를 놓고 헌금을 받았다고 한다. 초기 영화제의 살가운 풍경이다.

FESTIVAL
FRIBOURG

스위스 프리부르 국제영화제
Fribourg International Film Festival

소박한 순회상영회에서 자라난 국제영화제

프리부르는 서부 스위스의 베른과 로잔 중간에 위치한 작은 도시다. 1157년 체링엔 가문의 베르톨트 4세가 세운 유서 깊은 중세도시다. 빙하시대에 형성되었다는 사린 강은 가파른 암벽과 깊은 계곡을 만들며 도시를 안아 흐르고, 3백 년 걸려 1490년에 완공된 성 니콜라스 성당은 강가에 자리잡은 '올드타운'과 높은 지대의 '뉴타운'을 가르는 표석처럼 높이 솟아 있다. 도시 곳곳에 있는 오래된 교회와 분수, 중세 후기에 지은 고딕과 바로크 양식의 건물들은 최근에 지은 현대식 건물과 서로 조화를 이루면서 아름다운 도시를 형성하고 있다. 인구 3만5천 명의 이 작은 도시는 프리부르 주의 주도로 프랑스 문화와 독일 문화의 경계지점에 위치한다. 그래서 주민의 70퍼센트는 프랑스어를, 30퍼센트는 독일어를 구사한다.

프리부르는 스위스의 대학도시이며, 현대미술의 대가 장 팅겔리를 비롯해 유럽을 대표하는 예술가들을 배출한 교육과 예술의 도시이기도 하다. 이곳 프리부르의 주민들은 매년 9월이 되면 마을마다 한 해의 풍성한 수확을 자축하는 민속축제 '베니숑'으로 들뜨고, 3월에는 영화 축제에 열광한다.
프리부르 국제영화제는 1980년 마그다 보시 여사가 창설했다. 로잔에 위치한 개발도상국가 지원기관인 헬베타스의 창설 25주년을 기념해 로잔, 프리부르, 제네바 등 5개 도시에서 활동하고 있던 '시네 클럽'을 중심으로 순회 상영회를 기획한 것이 그 시초였다. 첫해인 1980년에는 좀처럼 보기 어려운 아프리카 영화 7편을 선정하여 순회 상영함으로써 팬들로부터 큰 호응을 얻었다. 당시 경비는 2만 스위스프랑(미화 1만 달러)이었다. 입장료를 받지 않는 대신 입구에 바구니를 놓고 헌금을 받았다고 한다. 초기 영화제의 살가운 풍경이다.
창설 당시 이반 스테른이 행사의 공동 창설자로 주도적인 역할을 했고 마샬 크나벨이 그를 도왔다. 이렇게 시작된 프리부르 영화제는 그로부터 3년 후인 1983년 두번째 행사를 열어 큰 성공을 거두었고, 1986년 제3회부터 마샬 크나벨이 맡아 운영하기 시작했다. 그는 영화제를 3년제에서 격년제로 바꾸고 장소도 프리부르로 고정한 후, 영화제가 끝난 다음에 지방을 순회하는 방식으로 행사를 조정했다. 처음에는 성당에 딸린 회관에서 영화를 상영했지만 일반인이 공개적으로 영화를 관람할 수 있도록 장소를 '극장'으로 옮겼다. 마샬 크나벨은 1989년 창설된 영화사 '트리곤 필름'의 창설 과정에 관여하면서 이 회사를 공동 개최기관으로 끌어들인 후 영화선정은 본인이, 선정한 영화배급은 '트리곤 필름'이 맡도록 분담했다.
이 영화사는 창설된 첫해 사업으로 칸 영화제에서 상영된 배용균 감독의 영화 〈달마가 동쪽으로 간 까닭은〉의 유럽 판권을 구입했다. 그리고 로카르노 영화제에서 대상을 받을 수 있도록 물밑작업을 벌였다. 임권택 감독의 〈서편제〉와 전수일 감독의 영화도 판권을 구입하여 유럽에 배급했다. 프리부르 영화제는 1990년에 명칭을 '제3세계

영화제 상영관 렉스(위). 영화제 본부는 기차역을 개조해서 사용하고 있다(아래).

영화제'로 바꾸면서 매년 개최하기 시작했다.

마샬 크나벨을 처음으로 알게 된 것은 1989년이었다. 그는 매년 영화 선정을 위해 영화진흥공사(현 영화진흥위원회)를 찾았고 꾸준히 한국영화를 초청했다. 부산국제영화제가 창설된 이후에는 매년 부산을 찾는 단골손님이 되었다. 마샬 크나벨은 매번 프리부르에 들러달라고 간청했다. 그러나 숙박은 제공받는다 하더라도 그 외의 비용을 부담해야 할 상황이라 쉽게 응할 수는 없었다. 그러던 중 1999년 도빌 아시아영화제가 창설되고, 부산국제영화제와 자매결연을 맺게 되면서 나는 매년 파리를 거쳐 도빌을 방문하게 되었다. 도빌 영화제에서 제공하는 서울-파리 간의 항공편을 이용하여 유럽행 시간표를 정하고, 기차로 프리부르에 갈 수 있게 되었다.

2001년 3월 도빌 아시아영화제의 폐막일과 프리부르 영화제의 개막일 사이에 나흘간의 시차가 있었다. 나는 국제 영화평론가 임안자 여사가 살고 있는 스위스 바젤에서 나흘을 보내기로 하고 파리에서 바젤행 기차에 올랐다. 스위스에서 영화사를 공부한 임 여사는 부산국제영화제 창설에 참여한 자문위원이었다. 그녀는 2003년부터 전주국제영화제 부위원장으로 활동하다 최근에 퇴직했다. 그 당시 바젤은 흥미로운 축제 기간이었다. 낮에는 박물관과 미술관을 찾아다니고, 밤에는 때마침 열리고 있는 '밤의 축제'에 흠뻑 취하면서 나흘을 보낸 후 기차를 타고 프리부르에 갔다. 그것이 첫 방문이었다.

도빌 영화제가 끝난 직후 7년 만에 세번째로 방문한 프리부르 영화제에는 많은 것이 변해 있었다. 영화제의 창설자인 마그다 보시 여사는 작년에 별세를 했고, 집행위원장이었던 마샬 크나벨도 2007년 8월 '트리곤 필름'으로 자리를 옮겼다. 2003년 두번째로 이곳을 찾았을 때 보시 여사나 크나벨 집행위원장과 개별 인터뷰를 통해 영화제 창설 과정에 얽힌 이야기를 기록해둔 것은 두 사람이 모두 떠난 지금의 시점에서 보면 행운이었다고 할 수 있다. 변한 것은 사람만이 아니었

에드워드 와인트롭 집행위원장과 함께(위). 영화제 사무국에 견학 온 학생들(아래).

다. 영화제는 새로운 청사도 마련했다. 종전까지 사용하던 렉스 극장 뒤편의 가건물은 없어졌고, 기차역을 개조하여 3년 전부터 평상시에는 건물의 상부 두 개 층을, 영화제 기간에는 건물 전체를 영화제 전용공간으로 사용하고 있었다. 대형 쇼핑몰 안에 조성한 멀티플렉스 극장과 종전에 사용하던 렉스 극장을 영화상영관으로 쓰고 있었다. 하지만 이런 많은 변화에도 불구하고 프리부르 영화제가 한국영화에 품고 있는 관심은 여전했다.

프리부르 영화제는 제1회 부산국제영화제가 끝난 다음해인 1997년 〈축제〉, 〈꽃잎〉, 〈아름다운 청년 전태일〉, 〈개 같은 날의 오후〉, 〈돼지가 우물에 빠진 날〉, 〈시간은 멈추지 않는다〉, 〈세 친구〉 등 7편과 단편 14편 등 모두 21편의 영화를 초청함으로써 한국영화의 위상을 스위스와 유럽에 알린 바 있다. 한국영화의 수상도 다른 어떤 유럽의 영화제보다 많다. 1994년에는 박종원 감독의 〈우리들의 일그러진 영웅〉이, 1999년에는 이광모 감독의 〈아름다운 시절〉이 돈키호테상을 수상한 것을 비롯하여 그 이듬해 2000년에는 전수일 감독의 〈새는 폐곡선을 그린다〉가 대상과 시나리오상을 받았다. 이어 2002년에는 박기용 감독의 〈낙타들〉이 대상과 시나리오상을 받았고, 송일곤 감독의 〈꽃섬〉은 특별언급과 국제비평가상을 받았다. 2004년에는 김미례 감독이 〈노동자다 아니다〉로, 2005년에는 김동원 감독이 〈송환〉으로 각각 다큐멘터리대상을 수상했다. 2005년에는 이윤기 감독의 〈여자, 정혜〉가 특별언급상을 받았다.

2008년부터 영화제를 운영하고 있는 에두아르 바인트롭 집행위원장의 의욕은 대단했다. 1952년 파리 근교에서 태어난 그는 어려서부터 시네마테크 프랑세즈에 드나들던 영화광이었다. 1982년부터는 프랑스 일간지 『리베라시옹』에 영화평을 장기 기고했던 문필가이기도 했다. 그는 부임하면서부터 초청영화의 범위를 제3세계권으로부터 전세계로 넓혔다. 또한 영화배급사와의 유착을 끊고 영화선정의 독립성을 지키기 위해 오랜 기간 공동 주최기관이었던 '트리곤 필름'과 결별했다. 그는 "배급사와의 유착을 끊기 위해 내가 왔고, 올해 경쟁부문에 오른 13편의 영화 중 트리곤 필름 영화는 1편 밖에 없다"고 강조했다. 그는 2008년 첫 영화제를 치른 후 부산국제영화제를 다녀갔고, 양익준 감독의 〈똥파리〉를 경쟁부문에 올렸다. 이 작품은 프리부르 영화제에서 엑스체인지상을 받았다.

2010년 제24회 영화제에는 장편경쟁 13편, 단편경쟁 15편, 파노라마 19편, 브라질의 카를로스 라이헨바흐와 호르헤 푸르타도 감독의 회고전 10편 등 모두 84편이 상영되었다. 재미있는 것은 '왕들의 저주'라는 주제로 〈쌍화점〉(유하), 〈연산군〉(신상옥), 〈궁녀〉(김미정), 〈왕의 남자〉(이준익), 〈내시〉(신상옥), 〈그때 그 사람들〉(임상수) 등 6편이 파노라마 부문에서 상영된 것이다. 이들이 묶어놓은, 다양한 시대와 관점을 넘나드는 영화들을 보니 한국의 역사를 벗어난 '왕'의 의미가 새롭게 느껴진다. 이밖에 단편경쟁부문 오른 〈밥〉(정세진), 〈붉은 여왕들〉(현정재) 2편과 특별 프로그램에 소개된 〈불가사리〉(신상옥), 〈집으로〉(이정향)를 합쳐 한국영화는 모두 10편이 초청되었다.

바인트롭 집행위원장은 올해 처음으로 영화대학과 제휴해서 '중동의 TV시리즈'라는 주제로 포럼행사를 열었고 매년 주제를 달리해서 개최하겠다고 다짐했다. 그의 3년 임기는 올해 가을에 끝난다고 한다. 앞으로 그의 역할이 어떻게 변화할지는 지켜보아야 하겠지만 한국영화에 많은 애정을 갖고 있는 바인트롭 집행위원장이 프리부르 영화제의 발전을 이끌면서 한국영화의 '전도사' 역할을 오래도록 할 수 있기를 기대한다.

과거의 그림자가 짙게 드리운 극장의 모습은 〈오페라의 유령〉에나 나올 법한 분위기를 띠고 있고, 거리 곳곳은 모두 르네상스의 건축물과 조각품으로 쌓여 있다. 이곳에서 한국영화제가 열린다는 것 자체가 확실히 이국적으로 느껴진다.

FKOFF
FLORENCE KOREA FILM FEST
Festival of Korean Cinema in Italy

이탈리아 피렌체 한국영화제
Festival of Korean Cinema In Italy

월드컵으로 상처 입은 이탈리아의 민심, 한국영화로 달래다

처음으로 이탈리아 피렌체를 찾은 것은 문화공보부 공보국장으로 재직했던 1976년 7월 29일이었다. 그해 6월 29일부터 7월 20일까지 3주 동안 영국 공보성(COI) 초청으로 브라질, 이란, 말레이시아, 요르단, 나이지리아 등 개발도상국가의 정부 공보책임자 일곱 명과 함께 영국 중앙 및 지방정부와 공공기관의 공보활동 상황을 시찰했다. 그리고 독일, 프랑스, 스위스를 거쳐 7월 28일 이탈리아 로마에 도착했다. 대학 동기인 강종원 일등서기관의 안내로 조상호 대사를 만났지만 그의 공무에 지장을 주고 싶지는 않았다.

문화의 중심지였던 피렌체를 방문하고 싶었던 나는 생각 끝에 다음날 새벽, 강종원 서기관에게 연락도 하지 못한 채 피렌체로 떠나는 관광버스를 탔다. 피렌체에 도착해서 안내원을 따라 두오모 대성당, 산지오바니 세례당, 우피치 미술관 등 문화유적들을 돌아봤다. 당시 영어를 잘 못했던 나에게는 '주마간산' 격의 문화탐방일 수밖에 없었지만 유럽을 지배했던 르네상스 문화에 대한 충격은 엄청났다.

그로부터 32년이 흐른 2008년 3월 8일 두번째로 피렌체를 방문했다. 프랑스 도빌 아시아영화제에 참석하러 가던 도중 피렌체 한국영화제를 방문한 것이다. 피렌체 한국영화제는 좀 특이하다. 통상적으로 해외에서 개최되는 '한국영화제'는 런던의 한국영화제처럼 주재국의 한국문화원이나 코리아 소사이어티 같은 기관이 개최하는 것이 상례다. 그런데 이곳만은 예외다. 이탈리아 사람인 리카르도 젤리가 창설해서 운영하고 있다. 그는 피렌체에서 태어나 대학에서 그래픽을 전공했다. 평소 한국에 대한 애정이 많았던 그는 이탈리아가 월드컵 본선에서 한국에게 패한 후, 이탈리아 국민들이 품고 있던 반한감정을 해소시켜야겠다고 생각하고 한국인 친구인 장은영과 함께 한국문화를 소개하는 행사를 개최했다(2002년 월드컵에서 이탈리아와 한국의 경기는 지금까지도 이탈리아 사람들 사이에서 회자되는 사건이다). 그녀는 이화여대 조소학과를 졸업하고 패션디자이너로 피렌체에서 살고 있었다.

최초의 한국문화 소개행사는 2003년에 열렸다. 당시 한국대사관과 삼성, 대한항공, 토스카나 주정부, 피렌체시 등 관련기관의 협찬으로 26점의 조각 전시, 김종건의 '태극-사진전', 자수박물관 소장 자수 전시, 이순화 한복 패션쇼, 부산시립무용단 공연과 함께 한국영화 15편을 상영하였다. 이때 한국교민은 물론이고 피렌체를 비롯한 토스카나 주민들의 열띤 호응을 얻었다. 이에 힘을 얻은 리카르도 젤리와 장은영은 2004년 6월 본격적으로 영화제를 꾸리기 시작했다. 〈쉬리〉(강제규), 〈나쁜 남자〉(김기덕), 〈색즉시공〉(윤제균), 〈친구〉(곽경택), 〈집으로〉(이정향), 〈엽기적인 그녀〉(곽재용), 〈바람난 가족〉(임상수), 〈동승〉(주경중), 〈춘향뎐〉(임권택), 〈폰〉(안병기) 등 9편을 초청하여 상영함으로써 한국영화제를 정례화하기 시작했다. 4월로 옮겨 개

리카르도 젤리 집행위원장(위 왼쪽에서 두번째)이 이명세 감독(왼쪽 세번째)을 비롯한 영화제 한국대표단과 기념촬영을 했다.

최한 제3회 한국영화제에서는 김기덕 감독의 회고전을 개최하여 전작 11편을 모두 상영하는 것 이외에도 〈스캔들〉(이재용)과 〈원더풀 데이즈〉(김문생) 등 단편영화와 애니메이션을 포함한 총 22편의 한국영화를 상영했다. 제4회부터는 개최 시기를 3월로 앞당기고 영화제의 명칭을 '삼성한국영화제'로 바꾸었다. 그해에는 회고전의 주인공으로 선정된 박찬욱(7편), 김지운(6편), 송일곤(8편)의 영화를 망라한 것을 포함하여 모두 28편을 상영했다. 제5회 영화제에서는 임권택 감독의 영화 12편과 임상수 감독의 영화 5편을 각각 회고전으로 상영하면서 모두 25편의 한국영화를 초청했다.
내가 처음 찾았던 제6회 영화제에서는 이명세 감독의 〈M〉 등 4편, 이윤기 감독의 〈아주 특별한 손님〉을 비롯한 4편, 임순례, 정재은, 이미연, 변영주 등 한국 여성감독 작품 4편 등 모두 34편의 한국영화가 상영됐다. 나를 포함해서 이명세 감독, 오수미 프로듀서, 정수완 전주 국제영화제 프로그래머, 로마에 거주하는 화가 이현 등이 참석했다. 10만 유로의 소요예산 중 삼성에서 3만 유로를 지원받고, 나머지는 토스카나 주정부, 피렌체 시정부의 지원금과 일부 스폰서의 지원으로 영화제를 운영하고 있다. 6천 명의 관객 중 80퍼센트가 이탈리아 사람이라는 점은 매우 고무적인 현상이다.

나는 나흘간 머물면서 학예연구사를 겸한 프란체스카와 하정선의 안내로 피렌체의 문화유적들에 대해, 그리고 메디치 가문에 대해 전문적이면서도 상세한 설명을 들을 수 있었다. 특히 지금까지 무관심했던 유럽의 근대 미술에 대해 새로운 관심을 갖게 된 것은 큰 수확이었다. 레오나르도 다빈치와 미켈란젤로의 진품을 만날 수 있는 피렌체는 그 자체로 유럽의 정수를 담고 있다. 메디치 가문에서 소장한 르네상스의 작품을 모아놓은 우피치 미술관은 보티첼리의 작품을 비롯하여 르네상스의 유수한 작품을 맛볼 수 있는 곳이고, 미켈란젤로

리카르도 젤리는 그의 한국인 친구 장은영과 함께 영화제를 꾸려오고 있다. 2010년 피렌체 한국영화제의 공식 포스터와 록밴드 '러브홀릭' 공연 포스터.

의 '다비드 상'을 실물로 볼 수 있는 아카데미아 미술관은 이 예술품을 관람하는 사람들로 항시 붐비는 곳이다. 입구에서는 미켈란젤로의 후기작을 볼 수 있었다. '노예' 시리즈로 알려진, 돌 위로 튀어나올 것 같은 인물들의 형상은 그의 다양한 면모를 짐작하게 했다. 4미터가 넘는 다비드 상이 고전적인 우아함을 보여주는 형식미의 절정을 구현하고 있다면 후기작은 포스트모던하다고 해도 과언이 아닐 정도다. 그가 일생에 걸쳐 구현한 리얼리즘에서 포스트모더니즘의 작품을 한 자리에서 보는 것은 경이로운 경험이 아닐 수 없다.

주 상영관 오데옹 극장

이처럼 고색창연한 도시에서 영화제가, 그것도 한국영화제가 열린다는 것이 다소 어울리지 않는 것처럼 보일 수도 있다. 실제로 이곳에서 현대미술이 전시되는 경우는 드물다. 올해 영화제가 진행되는 동안 다른 한쪽에서는 르네 마그리트를 비롯한 초현실주의 화가들의 작품이 전시되고 있었는데 이처럼 현대미술 전시회를 개최한다는 것이 피렌체에서는 보기 드문 일이라고 한다. 하긴, 오페라 하우스를 개조한 주 상영관 '치네마 테아트로 오데옹'의 모습만 보아도 그곳에서 현대영화가 상영된다는 사실 자체가 어딘지 낯선 느낌을 준다. 과거의 그림자가 짙게 드리운 극장의 모습은 〈오페라의 유령〉에나 나올 법한 분위기를 띠고 있고, 거리 곳곳은 모두 르네상스의 건축물과 조각품으로 쌓여 있다. 이곳에서 한국영화제가 열린다는 것 자체가 확실히 이국적으로 느껴진다.

이런 도시를 배경으로 피렌체의 한국영화제는 조금씩 성장해 왔다. 지난해 제7회 영화제에서는 이창동 감독의 회고전을 열었고, 곽재용 감독이 참석했다. 영화제 후반에 양익준 감독이 〈똥파리〉를 들고 스위스를 거쳐 유럽순례의 마지막 장소로 피렌체를 방문했다. 그는 상영이 끝난 후 현지 관객들과 함께 맥주를 마실 정도로 친밀한 시간을 보냈다. 이처럼 피렌체 한국영화제는 전문적인 경쟁부문을 도입하기보다는 한국영화를 소개하며 친목을 도모하는 영화제에 가깝다. 그러나 최근에는 관객상과 보다 전문적인 영화 관객을 모아 시상하는 섹션을 도입하면서 점차적으로 영화제의 규모를 키우고 있다.

2010년 제8회 영화제는 허진호 감독의 회고전을 열었고, 특별 프로그램으로 한국의 공포영화를 한데 모았다. 박기형 감독의 〈여고괴담〉을 비롯하여 1990년대 후반에서부터 2000년대의 주요한 공포영화들이 한자리에 소개됐다. 현지인들의 관심은 매우 뜨거웠다. 특히 '한'이 서린 원귀가 등장하는 다양한 공포영화들은 한국영화에 대한 또다른 호기심을 자극하기에 충분했다. 올해는 기자회견이나 특별 프로그램을 통해 홍보도 유난히 적극적으로 펼쳤는데, 사람들의 관심을 끈 프로그램은 박기형 감독과 이탈리아 공포영화의 거장 다리오 아르젠토 감독이 함께 무대에 선 장면이었다. 두 사람은 서로의 영화에 대해 이야기를 나누며 한국과 이탈리아 영화가 어떻게 직간접적으로 교감해 왔는지를 토론하였다. 아르젠토 감독은 2009년에 부산국제영화제의 특별전 주인공으로 방문했는데, 그것이 한국과 한국문화에 좀더 가까워질 수 있는 기회로 작용했을 것이다.
피렌체 한국영화제는 한국의 주류 영화나 작가주의 감독의 영화뿐만 아니라 독립영화들을 지속적으로 상영하는 곳으로도 자리잡고 있다. 한 달 뒤인 4월에 열리는 우디네 극동영화제에서도 몇몇 한국영화가 소개되고 있기는 하지만 그보다 발 빠르게 한국영화의 이모저모를 소개하는 이탈리아의 창구가 바로 르네상스의 향기를 지닌 피렌체 한국영화제인 것이다.
물론 영화제를 본격적으로 꾸려가기에는 상영 편수도 다소 적은 편이고, 관객 동원에 있어서도 마니아에 한정된 것 같은 인상은 있다. 하지만 이탈리아의 문화 중심도시인 피렌체에서 매년 한국영화들이 대거 소개된다는 것은 충분한 의미가 있다.
무엇보다 이 영화제에서는 열정적인 도움을 제공하는 현지 한국 유학생들을 만날 수 있다. 특별한 혜택도 보수도 없지만 외국에 나간 한국인들이 그러하듯 애국심과 향수로 얼룩져 한국의 영화인들을 반갑게 맞이해준다. 리카르도 젤리 집행위원장은 영화제 열 돌을 맞이하기 위한 더욱 큰 그림을 그리고 있다. 2년 뒤 피렌체에서 열리는 제10회 영화제를 통해 한국영화의 다양한 흐름들이 소개될 것으로 기대된다. 16세기 문화와 예술의 중심지였던 이곳에서 5세기가 흐른 지금 또다른 르네상스가 열리고 있는 것이다.

다리오 아르젠토(Dario Argento)

그는 1940년 9월 7일 로마에서 태어났다. 감독이자 제작자, 작가로 지금까지 약 20편의 영화에 참여했다. 유명 사진작가인 어머니 엘다 룩자르도와 제작자이자 1950년대 이탈리아 영화계의 핵심인물인 아버지 살바토레 아르젠토 덕분에 어려서부터 영화인들에게 둘러싸여 살면서 예술적 감각을 키워갔다. 가톨릭 학교를 졸업 후 대학에 가는 대신 로마 일간지 『파에제 세라』의 영화평론가로 활동하다가 1969년 스파게티 웨스턴의 거장 세르지오 레오네의 〈옛날 옛적 서부에서〉의 시나리오를 베르나르도 베르톨루치 감독과 공동으로 쓰는 과정에서 레오네의 영향을 많이 받게 된다.

같은 해인 1969년 〈수정 깃털의 새〉로 감독으로 데뷔한다. 무엇보다 지알로(giallo) 장르의 대중화에 기여하고 마리오 바바의 적자로 이름을 알리기 시작한다. 이탈리아어로 '노란색'을 의미하는 지알로는 1920년대 중반 몬다도리 출판사에서 펴내기 시작한 싸구려 소설의 표지 색이자 1960년대 초 마리오 바바 감독에 의해 생겨난 영화장르를 뜻한다. 오늘날에는 살인미스터리로 통칭된다.

아르젠토 감독은 1970년대 고전 지알로의 성공을 통해 명성을 날리는데, 특히 〈서스피리아〉(1977)의 전 세계적인 흥행으로 '이탈리아의 히치콕'이라는 별명을 얻으며 세계적인 호러의 제왕으로 등극한다. 1990년대 이후 할리우드와 이탈리아를 오가며 왕성하게 활동하고 있으며, 데이빗 린치, 존 카펜터, 조지 로메로 등의 호러 감독들과 함께 존경을 받고 있는 거장이다. 대표작으로는 〈수정 깃털의 새〉, 〈딥 레드〉, 〈서스피리아〉, 〈인페르노〉, 〈스탕달 신드롬〉, 〈슬립리스〉 등을 꼽을 수 있다. 그의 영화들은 단순한 폭력을 넘어 스타일의 폭력을 구현함으로써 선과 악, 정상과 비정상, 보이는 것과 보이지 않는 것 사이의 경계를 파괴해왔다. 장르적인 영화를 만드는 감독의 차원을 넘어 품격 있는 장르스타일을 구현한 셈이다. 그의 딸인 아시아 아르젠토 역시 이탈리아의 유명한 배우이자 감독으로 활동하고 있다. 아르젠토 가(家)는 이탈리아의 영화인 집안으로도 행보를 이어가고 있다.

영화, 영화인
그리고
영화제

Mr. KIM Goes To Film Festivals

2

아시아의 영화제

Asia

허우샤오시엔 감독이 처음 심사위원으로 부산을 찾았을 때 칸 영화제 티에리 프레모 집행위원장, 사이먼 필드 로테르담 집행위원장, 피터 반 뷰렌 네덜란드 영화평론가, 그리고 나, 이렇게 다섯이 밤새도록 술을 마시며 친교를 다졌다. 한국의 감자탕을 즐겨먹는 허우샤오시엔 감독은 자국 영화를 이끄는 상징적인 인물인 동시에 부산과 함께 아시아 영화를 대표하는 20세기 영화인이다.

TAIPEI GOLDEN HORSE FILM FESTIVAL

台北電影節 Taipei Film Festival

대만 타이페이 금마장영화제
Taipei Golden Horse Film Festival
타이페이 영화제
Taipei Film Festival

등을 돌린 중국 본토와 대만을 이어주는 중화권 최고의 영화제

대만에는 두 개의 유명한 영화제가 있다. 하나는 금마장영화제고, 다른 하나는 타이페이 영화제다. 금마장영화제(台北金馬影展)는 중국어권 중심의 영화제다. 1962년 대만정부는 아카데미영화상을 본 딴 '금마상' 제도를 창설했다. '금마'라는 이름은 대만의 섬 금문도(金門島)와 마조도(馬祖島)의 첫자를 따서 만든 이름이다. 초창기 금마상은 대만과 홍콩의 영화만을 대상으로 하였다. 당시 중국과의 교류가 막혀 있었기 때문이다. 그러나 1996년부터 중국영화를 받아들이기 시작하여 지금은 중화권 최대 규모의 영화상을 수여하는 영화제가 되었다. 그리고 1980년 영화상 수여와 함께 금마국제영화 쇼케이스를 창설하며 본격적인 영화제의 성격을 띠기 시작한다. 1990년 이름을 금마장영화제로 바꾸어 오늘날에 이른다.

현재 금마장영화제의 조직위원장을 맡고 있는 이는 대만의 거장 허우샤오시엔 감독이다. 허우샤오시엔 감독은 1947년 중국에서 태어나 이듬해 대만으로 이주했으며, 국립대만예술대학에서 연극영화학을 전공했다. 그는 1980년 〈귀여운 소녀들〉(Lovable You, Cute Girl)로 영화계에 데뷔했고, 1985년 〈동년왕사〉(Time To Live Time To Die)로 베를린 국제영화제 국제비평가상을, 1989년 〈비정성시〉(A City Of Sadness)로 베니스 국제영화제 대상인 황금사자상을, 1993년 〈희몽인생〉(The Puppetmaster)으로 칸 영화제 심사위원특별상을 수상함으로써 세계적인 거장의 반열에 올랐다. 그 후에도 그는 〈해상화〉(Flowers Of Shanghai, 1998), 〈밀레니엄 맘보〉(Millennium Mambo, 2001), 〈카페 뤼미에르〉(Café Lumière, 2004) 등을 연출했다. 2005년 칸의 경쟁부문에 올랐던 〈쓰리 타임즈〉(Best Of Our Times)는 제10회 부산국제영화제에서 개막영화로 상영되었다. 그가 금마장영화제 집행위원장으로 부임하자마자 시작한 일은 '금마 영화아카데미'를 꾸리는 것이었다. 부산의 '아시아 영화아카데미'를 통해 영화를 꿈꾸는 젊은이들을 교육시킬 아카데미의 필요성을 절실히 느꼈기 때문이리라.

허우샤오시엔 감독은 부산국제영화제와 인연이 깊다. 2001년 제6회 부산국제영화제의 심사위원으로 처음 방문한 이후 거의 매년 부산을 찾고 있다. 2002년에는 부산국제영화제가 기획한 대만영화 특별전에 40여 명의 대표단을 이끌고 부산에 왔으며 신작 프로젝트 〈쓰리 타임즈〉로 부산프로모션플랜(PPP)에 참여했다. 2005년과 2008년에는 아시아 영화아카데미의 초대 및 제4대 교장을 역임했다. 2008년에는 '아시아영화인상'을 수상했다.

그가 처음 심사위원으로 부산을 찾았을 때 칸 영화제 티에리 프레모 집행위원장, 사이먼 필드 로테르담 집행위원장, 피터 반 뷰렌 네덜란드 영화평론가, 그리고 나, 이렇게 다섯이 밤새도록 술을 마시며 친교를 다졌다. 2002년 1월말에 그가 로테르담 영화제의 심사위원을 맡으면서 우리들은 다시 로테르담에 모여 이른바 '타이거클럽'을 만들었을 정도로 친해졌다. 한국의 감자탕을 즐겨먹는 허우샤오시엔

붙임성 있는 차이밍량 감독과 2010년 타이페이 영화제 국제청년감독 경쟁부문 감독들이 대만 미술관에 모였고(아래), 이란 샤우캇 코르키 감독의 〈킥 오프〉가 수상의 영예를 차지했다(위).

감독은 자국 영화를 이끄는 상징적인 인물인 동시에 부산과 함께 아시아 영화를 대표하는 20세기 영화인이다.

대만 정부에서는 대만의 문화산업 역량을 육성하기 위해 금마장영화제를 지원한다. 최근에는 영화제에 중국과의 문화교류를 위한 지렛대 역할을 부여하고 있다. 매년 금마장영화제에 참가하는 중국 본토 영화인들의 숫자가 늘고 있으며, 더불어 중국 본토와의 교류도 활발해지고 있다. 또한 대만 정부는 2002년 일본이나 홍콩처럼 대규모 종합 콘텐츠마켓인 '국제영화 및 TV 엑스포'(TIFTE)를 만들어 금마장영화제와 함께 개최하고 있다. 이 기간에는 엑스포 행사 중 하나인 '금종TV상'과 '타이페이 국제 TV · 영화 · 디지털콘텐츠 전시회', '금마상'과 '금마장영화제', '타이페이 영화 · TV 프로젝트 프로모션' 등의 행사가 개최된다. 2005년 창설한 프로젝트 마켓인 '타이페이 영화 · TV 프로젝트 프로모션'(TFTPP)과 2009년에 만든 금마 영화아카데미는 부산국제영화제의 프로젝트 마켓인 PPP와 아시아 영화아카데미를 벤치마킹한 것이다.

2010 타이페이 영화제 심사위원단과 수상자들이 영화제 공식 포스터를 배경으로 나란히 섰다.

타이페이 영화제

2010년 13회를 맞이한 타이페이 영화제는 1998년에 창설되었다. 오랜 역사를 지닌 금마장영화제가 대만영화 진흥에 실질적인 도움을 주지 못하고 있다는 비판 여론이 일자, 일부 영화인과 타이페이 시가 뜻을 모아 타이페이 영화제를 출범시켰다. 금마장영화제의 대안적 성격을 기치로 출발한 영화제인 셈이다. 창설을 주도한 타이페이 마잉주 시장은 2006년까지 시장으로 재임했고 현재는 대만의 총통이 되었다. 타이페이 시가 영화제를 주도하면서 1998년부터 2002년까지 시의 문화국장이 조직위원장을 맡았다. 대만다큐멘터리협회와 왕퉁 감독, 허우샤오시엔 감독, 웬티엔샹 평론가 등 대만 영화인들이 자문위원으로 참여했다.

2003년 제6회 영화제를 맞아 다양한 변화가 시도되었다. 먼저 '시티즌·시티 비전'이라는 개념을 채택하여 시민들이 참여하는 경쟁제도를 도입하고, 세계의 문화 및 영화 도시와 함께 그 나라의 영화를 집중적으로 조명하기 시작했다. 이에 따라 '시민 비디오·영화 경쟁부문이 신설되었고, 대만전영문화협회 회장인 허우샤오시엔 감독이 영화제를 맡아 실질적으로 운영하게 되었다.

2007년 타이페이 시장이 마잉주에서 렁빈하우로 바뀌면서 허우샤오시엔 감독이 정식으로 타이페이 영화제의 조직위원장으로 부임했고, 2008년부터 제인 유가 영화제의 집행위원장을 맡아 운영하고 있다.

타이페이 영화제는 '국제청년감독 경쟁부문'과 '타이페이영화상', 이렇게 두 개의 본선 경쟁부문을 갖고 있다. 국제청년감독 경쟁부문은 전 세계의 젊고 유망한 감독을 발굴하기 위한 것으로 신인감독의 첫 번째 또는 두번째 영화를 선정하여 시상하고 있다. 타이페이영화상은 대만영화를 격려하고 지원하기 위한 상으로 장편극영화, 다큐멘터리, 단편영화 등 세 부문으로 구분하여 시상한다.

타이페이 영화제는 매년 160여 편의 영화를 상영하고 있다. 2002년부터 실시하고 있는 '시티 비전' 프로그램은 매년 두 개의 도시를 선정하고, 그 나라의 영화들(회고전과 새로운 영화를 포함)을 중점적으로 초청하여 선보인다. 첫해인 2002년에는 파리와 프라하를 조명했고, 이어 교토와 멜버른(2003), 마드리드와 바르셀로나(2004), 러시아의 렌 필름스튜디오(2005), 토론토와 몬트리올(2006), 코펜하겐(2007), 예루살렘과 더블린(2008)이 선정되었다. 2009에는 베를린과 라틴아메리카(멕시코, 칠레, 브라질, 페루)가 선정되어, '빈티지 베를린' 및 '현대 독일'이란 주제로 30편의 독일영화와 9편의 라틴아메리카 영화를 포함하여 모두 138편의 영화가 상영되었다. 그리고 2010년에는 리우데자네이루와 상하이를 선정하여, 23편의 브라질 영화와 배우 완령옥의 회고전을 포함한 중국영화 15편을 상영하였다. 이밖에 파노라마 부문의 65편을 포함하여 모두 168편의 영화가 선을 보였다.

2002년 부산국제영화제에서 대만영화 특별전을 상영한 후 같은 해 12월 8일 대만 다큐멘터리영화제의 초청으로 타이페이를 방문하게 되었다. 허우샤오시엔 감독을 비롯한 여러 감독들과 만났고 특히 대만 정부의 디지털영화 및 애니메이션영화에 대한 의욕적인 지원정책을 청취할 수 있었다.
올 6월에는 타이페이 영화제 허우샤오시엔 조직위원장과 제인 유 집행위원장의 초청으로 국제청년감독 경쟁부문의 심사위원장으로 타이페이를 다시 방문했다. 대만 여배우 첸상치, 브라질의 배우이자 감독이며 작가와 프로듀서를 겸하고 있는 호세 윌커, 일본 감독 이사오 유키사다와 함께 경쟁부문에 선정된 12편의 영화를 심사한 결과 이라크 쿠르드 감독 샤우캇 아민 코르키의 〈킥 오프〉(Kick Off)가 대상을, 이란 출신의 독일 여성감독 쉬린 네샷의 〈남자 없는 여자〉(Woman Without Men)가 심사위원특별상을 수상했다. 〈킥 오프〉는 이라크의 파손된 스타디움에서 살고 있는 쿠르드, 아랍, 터키의 난민들이 축구로 화합을 다진다는 주제를 매우 아름답고도 감동적으로 표현한 영화로, 2009년 부산국제영화제에서 아시아신인감독상인 '뉴커런츠 어워드'를 수상했던 작품이다. 〈킥 오프〉의 가치를 다시금 확인한 셈이다.

대만은 아시아 영화역사에서 중요한 자리를 차지한다. 리싱, 리한샹, 왕퉁, 에드워드 양, 허우샤오시엔, 이안 등 많은 감독이 그 이름을 세계영화사에 올려놓았다. 현재는 차이밍량, 장초치, 리캉생 등 젊은 감독들이 그 뒤를 잇고 있다. 그러나 영화산업에 있어서는 실패했다. 황금기였던 1980년대 1백 편에 달하던 제작 편수는 1990년대에 들어와 20편 대로 하락했고, 자국 영화의 시장 점유율도 2~3퍼센트로 급락했다. 다행히 정부와 영화계의 노력으로 2008년 21편이었던 장편영화는 지난해 24편으로 증가했다. 나는 대만영화의 얼굴인 허우샤오시엔 감독이 이끄는 금마장영화제와 타이페이 영화제가 대만영화의 질적 향상은 물론 영화산업의 진흥에 큰 역할을 하게 되리라고 확신한다.

완령옥(阮玲玉, 1910~1935)

완령옥은 중국 무성영화 시대의 최고 스타였다. 1910년 상하이에서 태어난 그녀는 16세에 영화계에 데뷔했다. 그녀의 기품 있는 미모는 많은 감독들을 사로잡았다. 그녀는 비극의 여주인공을 주로 연기하면서 스타덤에 올랐지만 인기가 절정에 달했던 25세에 자살하면서 신화로 남게 되었다. 그녀의 자살 동기는 유부남인 당계산과의 불륜 관계에서 헤어나지 못했기 때문인 것으로 알려져 있다. 부유한 청년 장달민과도 애정관계를 유지했지만 신분차이를 문제 삼는 장달민 쪽 집안의 반대로 결혼하지는 못한다.

관금붕의 영화 〈완령옥〉은 장만옥이 완령옥 역할을 맡으면서 주목을 받았던 영화다. 베를린 영화제에서 수상을 하기도 했다. 이 작품은 다큐멘터리와 허구가 뒤섞이는 독특한 구성을 통해 전개된다. 전기적 영화이기는 하지만 각색된 대목들도 있다. 영화 속 완령옥은 자신이 하고 싶은 배역이라면 어떻게 해서든지 따내는 끈질긴 성격의 소유자다. 하지만 상처받기 쉬운 영화인이기도 하다. 그녀는 당계산을 사랑하고 의지했지만, 그가 그녀를 사랑하면서도 부인과 이혼할 의사가 없다는 것을 알고 절망했다. 그녀는 당계산과 동거생활을 시작한 지 일 년 만에 자살했고, 당계산은 훗날 대만에서 사업에 실패한 뒤 초라하게 생을 마감한다. 장달민도 39세라는 이른 나이에 폐렴으로 사망했다. 애초에 장달민은 완령옥과의 관계를 정리하는 데 합의했고, 완령옥과 그녀의 가족들을 극진하게 대했다. 그러던 와중에 완령옥은 〈신여성〉이라는 영화에 출연하게 되는데, 이는 평단의 엄청난 비난을 받았고, 완령옥과 당계산이 고소되는 일까지 벌어진다. 이는 장달민이 두 사람을 시기해서 몰래 꾸민 일이었다.

당시 중국사회는 완령옥의 자살에 커다란 애도를 표했다. 중국의 현대문학을 대표하는 작가 노신은 "그녀는 유명했지만, 힘이 없었다"는 탄식과도 같은 말을 남기기도 했다. 그녀가 남긴 죽음에 관한 무성한 뒷이야기는 영화뿐 아니라 다양한 서적과 32부작 드라마 〈완령옥〉을 통해 재생산되기도 했다.

그는 취임 후 환경영화제의 성격을 도입하여 레드카펫을 '그린카펫'으로 바꾸고 '그린카펫 클럽'을 창설하였다. 영화제의 주제를 '액션 온 어스'(Action on Earth)로 정하는 한편 토요다회사와 제휴하여 '지구대상' 제도를 창설하는 등 차별화 전략에 박차를 가하고 있다. 도쿄 영화제의 힘 있는 도약에는 이처럼 새로운 인물들의 도전이 있었다.

TIFF

일본 도쿄 국제영화제
Tokyo International Film Festival

지구환경을 생각하며 레드카펫에서 그린카펫으로

도쿄 국제영화제는 1985년에 출범하였다. 또다른 아시아의 대표적 영화제인 홍콩 영화제보다는 10년이 뒤지고, 부산국제영화제보다는 11년이 앞선다. 1983년 일본 국제무역공업성은 1985년에 열리는 츠쿠바 과학엑스포와 함께 도쿄 국제영화제를 개최하기로 결정하고 마사카츠 코타니, 유타카 나리타(덴츠 회장), 미치아키 오카(도큐), 케이이치 코나가(무역공업성) 등 네 명의 전문가로 창설준비위원회를 구성했다. 1984년 2월에는 류조 세지마를 위원장으로 하는 도쿄 국제영화제 조직위원회와 시게루 오카타를 위원장으로 하는 집행위원회가 출범했고, 1985년 2월에는 시게루 오카타를 회장으로 하는 도쿄국제영상문화진흥회가 정식으로 발족했다.

1985년 5월 31일부터 10일간 제1회 도쿄 국제영화제가 열렸다. 초창기 도쿄 국제영화제의 슬로건은 '아시아의 칸'이었다. 칸이나 베니스처럼 세계 정상급 영화제가 되는 것을 목표 삼아 많은 예산을 투입하여 영화제를 이끌었다. 하지만 기대만큼 성취되지는 않았다. 초창기 영화제를 격년제로 운영한 것이 문제였다. 세계영화계와 국내 영화인 및 영화팬들의 관심을 모으는 데 지장이 있었기 때문이다. 도쿄국제영화제는 1991년에 열린 제4회 영화제까지는 격년제로 운영하다가, 1992년에 개최된 제5회부터는 격년제를 폐지하였다.

이 영화제는 시작부터 '영 시네마 경쟁부문'을 도입하였다. 시상 내역은 대상(도쿄도지사상), 최우수감독상, 오즈 야스지로 특별기념상 그리고 심사위원특별상 등이었다.

첫 영화제에서는 일본 감독의 소마이 신지의 〈태풍클럽〉(Taifu Club)이 대상을, 페테르 고테르 감독의 〈멈춘 시간〉(Time Stands Still)이 최우수감독상을, 알리 오젠투르크 감독의 〈말〉(The Horse)이 오즈 야스지로상을 수상했다. 1987년에 개최된 제2회 영화제에서는 시상제도가 크게 확대되었다. '영 시네마 경쟁부문'은 금 · 은 · 동상으로 바뀌고, 국제경쟁부문이 신설되어 대상과 심사위원특별상, 최우수감독상, 최우수여우상, 최우수남우상, 최우수예술공헌상, 최우수각본상, 특별공로상이 수여되었다. 그리고 국제영화비평가연맹상이 추가되었다. 국제경쟁부문의 시상제도는 칸 영화제의 시상 내용을 그대로 원용한 것이다. 추가로 신설된 첫 국제영화비평가상은 이장호 감독의 〈나그네는 길에서도 쉬지 않는다〉가 차지했고, 정진우 감독의 〈자녀목〉은 '세계영화 30선'에 포함되어 상영되었다.

처음부터 칸, 베니스, 베를린 영화제처럼 '경쟁부문'을 도입한 것이 도쿄 영화제의 도약에 오히려 장애가 되었다. 시상제도가 중심인 경쟁영화제는 화려하다는 장점은 있지만, 신설 영화제로서는 경쟁부문의 영화를 선정하는 일이 쉽지 않기 때문이다. 영화제작자나 감독들은 누구든지 칸, 베를린, 베니스와 같은 주요 영화제 경쟁부문에 초대되기를 원한다.

도쿄 영화제의 시상제도는 제2회 때의 골격을 그대로 유지하면서 매

룻폰기에 위치한 도쿄 영화제 주 상영관

년 확충되고 있다. 영 시네마 경쟁부문은 1998년 제11회부터 '아시아 영화상'으로 바뀌었고, 2003년 제16회 영화제부터는 '아시아의 바람' 이라는 주제 아래 시상되고 있다. 제1회 때 수여했던 오즈 야스지로 기념상은 첫 회로 끝을 냈고, 일본의 거장 감독 구로자와 아키라 감독이 타계함에 따라 2004년 제17회 영화제부터 '구로자와 아키라상' 이 제정되었다. 관객상 제도도 도입했다. 일본을 대표하는 두 거장인 오즈 야스지로와 구로사와 아키라의 이름은 이렇게 도쿄 영화제에 활용되고 있다.

애초에 설립된 평생공로상은 인도의 사티야지트 레이(1991), 포르투칼의 마누엘 데 올리베이라(1997) 감독으로 그쳤지만, 구로자와 아키라상은 스티븐 스필버그와 야마타 요지(2004)를 시작으로 허우샤오시엔(2005), 밀로스 포먼과 이치가와 곤(2006), 유명한 제작자인 데이비드 퍼트남(2007), 니키타 미하일코프와 첸카이거(2008) 등 주로 해외 거장 감독이나 제작자가 수상함으로써 상의 위상이 높아지고 있다.

도쿄 국제영화제에서 한국영화는 초기부터 주목을 받아왔다. 1992년(제5회)에 정지영 감독의 〈하얀 전쟁〉이 국제경쟁부문의 대상과 감독상을, 1998년(제11회)에 이광모 감독의 〈아름다운 시절〉이 최우수아시아영화상을 받았다. 1999년(제12회)에는 박종원 감독의 〈송어〉가, 2000년(제13회)에는 홍상수 감독의 〈오! 수정〉이 각각 심사위원특별상을 받았고, 2001년(제14회)에는 허진호 감독의 〈봄날은 간다〉가 최우수예술공헌상을 수상했다. 2003년(제16회)에는 봉준호 감독의 〈살인의 추억〉이 아시아영화상 금상을, 2004년(제17회)에는 임찬상 감독의 〈효자동 이발사〉가 국제경쟁부문 최우수감독상과 처음 신설된 관객상을 받았다. 민병국 감독의 〈가능한 변화들〉은 최우수아시아영화상을 수상했다. 지난해 열린 제22회 영화제에서는 프랑스계 한국감독 우니 르콩트 감독의 〈여행자〉(A Brand New Life)가 최우수아시아영

지구 환경을 영화제의 중심 테마로 삼은 이래 도쿄 영화제는 그린카펫을 깔기 시작했다. 영화제에 참석한 주요 게스트들이 그린카펫 위를 걷고 있다. 그린카펫에 맞춰 녹색 정장을 갖춰 입은 요다 집행위원장은 게스트와 일일이 악수를 나누었다.

화상을 수상했다.

오랜 기간 동안 도쿄 국제영화제는 일본영화제작자연맹이 주관해왔다. 이에 따라 일본의 메이저 영화사들인 도호, 쇼치쿠, 도에이, 닛카츠 등의 스태프들이 영화제의 운영을 맡았고, 집행위원장도 메이저 회사의 사장들이 돌아가면서 맡았다. 메이저 영화사들은 주로 자신이 제작한 영화나 수입한 할리우드 대작들로 프로그램을 짰고, 할리우드 스타 초청에만 관심을 쏟았다. 그 결과 새로운 작가 발굴이라는 영화제 본연의 역할이 미미해지면서 영화제의 위상은 위축될 수밖에 없었다. 해외에서 각광받는 일본영화는 주로 독립영화들인데 정작 도쿄 국제영화제에서 외면당하면서 일본 영화인들과도 멀어지는 영화제가 된 것이다.
그러나 도쿄 국제영화제는 변화하기 시작했다. 정부가 지원에 나서기 시작한 것이다. 부산국제영화제가 세계적인 영화제로 부상하면서 자극제 역할을 했다. 우선 2003년 영화제의 주 무대를 시부야에서 롯폰기로 옮겼다. 일본 문화청은 2003년부터 도쿄 영화제 기간에 문화청이 주관하는 '문화청 영화주간 Here and There'을 개최하기 시작했고, 2004년에는 유럽과 미주에서 네 명의 집행위원장을 초청하여 세계영화인 회의를 열었다. 경제산업성도 나섰다. 도쿄 국제영화제의 새로운 활로가 영화시장, 즉 마켓 제도의 도입과 콘텐츠의 융합에 있다고 판단하고 이에 대한 직접적인 지원에 나선 것이다.

도쿄국제영화제 측은 2004년부터 도쿄 아시아 뮤직마켓, 도쿄 인터내셔널 필름 앤 콘텐츠 마켓, 도쿄 인터내셔널 엔터테인먼트 마켓 등 네 개 분야의 시장을 창설했다. '일 · 중 · 한 문화콘텐츠산업포럼 2004'를 열었고, 일본영화제작자연맹에서는 '영화산업 진흥정책 세미나'를 주최했다. 다음해인 2005년에는 일명 '코페스타'로 불리는 일본 국제콘텐츠페스티벌을 출범시켰다. 9월부터 한 달간 진행되는 코페스타는 게임 · 애니메이션 · 만화 · 캐릭터 · 방송 · 음악 · 영화 · 패션 등 각종 콘텐츠 산업을 망라한 종합 축제이자 공식 이벤트, 파트너 이벤트, 오리지널 이벤트 등 총 36개의 이벤트가 동시에 열리는 대규모의 콘텐츠 마켓이다. 코페스타 내에 '티프콤'이라는 '영화와 TV 마켓'을 개최하고 '도쿄프로젝트게더링'(Tokyo Project Gathering)이라는 프로젝트 마켓도 함께 열기 시작했다.
영화에 국한되지 않은 마켓이라는 장점은 있지만 한편에서는 너무 복잡하다는 비판을 받기도 한다. 도쿄 국제영화제에서 창설한 새로운 시장이 산업적으로 어떤 성공 모델을 이루어갈지 지켜볼 일이다.

도쿄 국제영화제의 변화를 주도한 두 명의 주역이 있다. 일본 문화청의 문화부장이었던 테라와키 켄은 도쿄대 법학부를 졸업하고 1975년 문화청에 들어왔다. 그는 문화부장이 되면서 일본영화의 진흥을 위한 제도 개선에 착수했다. 2003년 문화부 간부들을 이끌고 부산국제영화제를 찾았고, 부산의 성공 요인과 도쿄 영화제의 문제점 등에 대해 나와 장시간에 걸쳐 의견을 나눴다. 귀국한 다음 그는 도쿄 영화제의 개혁을 주도했고, 정부의 지원과 예산을 대폭 늘렸다.
또 한 사람의 주역은 2008년 3월부터 이 영화제를 맡고 있는 톰 요다 회장이다. 1940년생인 톰 요다는 메이지대학에서 경영학을 전공했으며 1988년에 톰 요다 회사를 창립하여 회장으로 있다. 그는 전

집행위원장들에 비해 영어와 프랑스어를 유창하게 구사할 뿐 아니라 국제적인 마인드와 전향적인 자세를 갖고 있다.

톰 요다는 2007년 집행위원장으로 내정되자마자 가도카와 전임 회장과 함께 부산국제영화제를 방문했고, 다음해 1월에는 서울에서 두 영화제의 간부들과 함께 친교를 다졌다. 그 이후 베를린, 칸 등 주요 영화제와 도쿄 및 부산영화제를 교환 방문하면서 상호친선과 협력관계를 이어오고 있다. 그는 취임 후 환경영화제의 성격을 도입하여 레드카펫을 '그린카펫'으로 바꾸고 '그린카펫 클럽'을 창설하였다. 영화제의 주제를 '액션 온 어스'(Action on Earth)로 정하는 한편 토요다 회사와 제휴하여 '지구대상' 제도를 창설하는 등 차별화 전략에 박차를 가하고 있다.

도쿄 영화제의 힘 있는 도약에는 이처럼 새로운 인물들의 도전이 있었다. 앞으로 도쿄 국제영화제가 부산과 함께 아시아를 대표하는 얼굴로 거듭나기를 기대해본다.

오즈 야스지로(小津安二郎), 구로자와 아키라(黒澤明)

일본영화사의 두 거장을 꼽으라면 단연코 오즈 야스지로와 구로자와 아키라다. 두 사람 모두 할리우드 영화에 강한 영향을 받았지만 결과는 사뭇 다르게 나왔다. 오즈 야스지로는 채플린, 해롤드 로이드, 에른스트 루비치와 같은 코미디와 사회성을 통합한 감독들에게 존경을 표해왔다. 그의 초기작들은 이러한 영향을 반영하는 것들이다. 〈대학을 나왔지만〉(1929), 〈태어나기는 했지만〉(1932)과 같은 작품들은 사회를 예리하게 관찰하고 일상의 유머를 포착하는 그의 재능을 확인시켜준다. 오즈의 재능이 꽃을 피운 것은 전쟁 중에 군에 복무하고 난 후 가족이야기에 집중하면서부터였다. 〈만춘〉(1949), 〈도쿄이야기〉(1953), 〈춘분꽃〉(1958), 〈꽁치의 맛〉(1962)과 같은 작품은 몇 가지 요소를 반복하고 있다. 결혼을 앞둔 아들 혹은 딸, 이를 두고 고민을 하는 과부 혹은 홀아비의 변주를 통해 세대간의 갈등, 가족관계의 붕괴를 관조적으로 그려낸다. 정적인 스타일과 다다미 쇼트로 알려진 카메라의 눈높이는 인물의 시각을 대변하면서 무한한 깊이와 인간적인 정감을 표현했다.

이에 반해 구로자와 아키라는 다양한 액션극과 셰익스피어의 고전을 일본의 중세극으로 변주한 일련의 작품을 통해 다채로운 색깔을 보여주었다. 초기작 〈라쇼몽〉(1950)은 이듬해에 베니스 국제영화제 황금사자상을 수상하면서 일찌감치 아시아영화의 위상을 세계에 드높였다. 〈호랑이 꼬리를 밟은 남자들〉(1945)과 〈거미집의 성〉(1957)은 노(能)와 가부키(歌舞技) 같은 일본의 전통극을 차용했다. 〈7인의 사무라이〉(1954), 〈요짐보〉(1961)와 같은 작품에서는 그가 할리우드 서부극의 영향을 강하게 받았음을 보여준다. 존 포드 감독의 그림자가 짙게 두드러진 이 영화들은 거꾸로 서부극 형식으로 리메이크를 할 정도로 탄탄한 캐릭터와 액션을 보여주어, 〈황야의 7인〉(1960)과 〈황야의 무법자〉(1964)로 다시 각색되기도 했다. 한편, 그의 후기작은 예술에 대한 탐닉과 비전을 보여준다. 〈카게무샤〉(1980)와 〈란〉(1985)은 웅대함을 보여주는 서사시들이고, 〈꿈〉(1990)과 〈마다다요〉(1993)은 개인적인 비전을 보여주는 예술가의 초상이라 할 수 있다.

한국영화를 상영하는 곳이면 오사카든 교토든 어디든 찾아간다는 사람들, 심지어 〈태극기 휘날리며〉의 촬영현장을 좇아 한국까지 갔다는 극성스러운 주부, 한국역사를 전공하고 있다는 교수 등 여러 일본인을 만날 수 있었다. 조그만 도시 구석구석에 붙여진 포스터, 학생부터 장년층까지 다양한 관객과 열성적인 자원봉사자들, 정성을 다하는 많은 민박시설 등 다큐멘터리 자체를 즐기는 지역주민들을 보면서 모두가 자발적으로 동참하는 축제의 원형을 보는 듯했다.

INTERNATIONAL FILM FESTIVAL
TOKYO
FILMeX

일본 도쿄 필름엑스영화제
Tokyo FILMeX Festival

야마가타 국제다큐멘터리영화제
Yamagata International Documentary Film Festival

도쿄 필름엑스
— 더, 더 새로운 예술영화를 추구하는 고집스러움

매년 12월에 열리는 '도쿄 필름엑스영화제'는 규모는 작지만 프로그램에 있어서는 도쿄 국제영화제를 능가한다는 평가를 받는다. 도쿄 필름엑스는 일본 예술영화 진흥을 목표로 2000년 12월에 창설됐다. 1990년대 전반까지 일본에서는 예술영화가 흥행에 성공을 거두면서 관객들과 만날 수 있었다. 그러나 1990년대 후반에 접어들면서부터는 메이저 영화사나 배급사들이 예술영화의 제작과 배급을 기피하기 시작했다. 일본을 대표하는 도쿄 국제영화제 또한 할리우드 영화나 상업영화를 선호함에 따라 '새로운 영화제'의 필요성이 대두되었다. 이러한 흐름에 부응하여 하야시 가나코와 이치야마 소조가 주축이 되어 소규모의 참신한 영화제를 출범시킨 것이 바로 도쿄 필름엑스영화제다. 새로운 예술적 영화와 작가주의 영화를 보고 싶다는 열망이 불러일으킨 결과였다.

1962년에 태어난 하야시 가나코는 조치대학에서 철학을 전공했으며, 1993년부터 '가와카타 기념 영화문화재단'의 운영 책임자로 일하면서 1998년까지 주로 해외 영화제에 일본영화를 소개하거나 주요 영화제의 심사위원을 맡는 등 폭넓은 활동을 해왔다. 이치야마 소조는 영화사 '오피스 기타노'의 프로듀서와 도쿄 영화제의 아시아 프로그래머로 활동해왔던 영화평론가다.
아사히 신문사(2001년 아사히 TV도 합류)와 FM라디오 방송사 J-Wave, 영화사 오피스 기타노, 이벤트 회사인 디스크 개라지(Disk Garage)를 후원기관으로 조직위원회를 구성한 그들은 2000년 12월 16일 첫 영화제를 열었다. 하야시 가나코가 1998년 홍콩으로 이주했기 때문에 첫 영화제는 이치야마 소조가 집행위원장을 맡았으나, 2001년에 그녀가 일본으로 돌아오면서 제2회 영화제부터는 하야시 가나코가 집행위원장을, 이치야마 소조가 프로그램 디렉터를 맡아 지금까지 운영하고 있다.

도쿄 필름엑스는 국제경쟁, 특별상영, 특집상영 등 세 부문으로 나누어 매년 30~40편의 영화만을 엄선하여 초청한다. 경쟁부문의 대상 수상자에게는 1백만 엔의 상금이 수여되고, 심사위원특별상에는 50만 엔 또는 미화 8천 달러 상당의 코닥필름이 제공된다. 하야시 가나코는 부산국제영화제와 한국영화에 대해 각별한 애정을 갖고 있다. '가와카타 기념 영화문화재단'에는 엄청난 양의 일본영화가 소장되어 있다. 그녀가 이곳에 근무하고 있을 때 일본영화를 초청해야 하는 김지석 부산국제영화제 프로그래머는 해마다 가와카타를 방문했고 그녀의 도움을 받지 않을 수 없었다. 하야시 가나코 또한 도쿄 필름엑스를 창설한 이후 아시아 영화와 한국영화를 선정하기 위해 매년 부산국제영화제를 찾는다.
김지석 프로그래머가 심사위원으로 참여한 제1회 영화제에는 류승

나는 2006년 제7회 도쿄 필름엑스영화제의 심사위원장을 맡았다. 수상작을 발표하는 순간이다. 같은 해에 〈짝패〉가 특별상영부문에 초청되어 기자회견을 하고 있다.

완 감독의 〈죽거나 혹은 나쁘거나〉가 경쟁부문에, 〈반칙왕〉(김지운)과 〈벌이 날다〉(민병훈)가 특별상영부문에 초대되었다. 2001년 제2회 영화제에서는 당시 『키노』 편집장이던 이연호 씨가 심사위원을 맡았다. 〈무사〉(김성수)가 개막영화로 선정되었고, 〈수취인불명〉(김기덕)이 경쟁부문에, 〈와이키키 브라더스〉(임순례)와 〈꽃섬〉(송일곤)이 특별상영부문에 초대되었다. 제3회 영화제에는 안성기가 심사위원상을 맡았고, 박진표 감독의 〈죽어도 좋아〉가 심사위원특별상을 수상했다. 제4회 영화제에서는 〈봄, 여름, 가을, 겨울 그리고 봄〉(김기덕)이 개막영화로 선정되었고 김기덕 감독은 심사위원으로도 참여했다. 제5회 영화제에는 배우 문소리가 심사위원이었다.
나는 2006년 11월17일부터 26일까지 개최된 제7회 영화제에서 미국 평론가 크리스 후지와라, 일본 여성영화 편집전문가 오시마 토모요, 일본 영화감독 스와 노부히로, 봄영화사 오정완 대표와 함께 심사위원장을 맡아 경쟁에 오른 9편의 영화를 심사했다. 다음해인 제8회 영화제에는 이창동 감독이 심사위원장을 맡았고, 제9회 영화제 때는 송일곤 감독이 삼사위원으로 참여했다. 그해 김소영 감독의 〈나무 없는 산〉이 대상을 받았다. 2009년에 열린 제10회 영화제에서는 양익준 감독의 〈똥파리〉가 대상과 관객상을 수상했다.

야마가타 국제다큐멘터리영화제
— 주민들의 넉넉한 인심이 돋보이는 영화 축제

일본에는 유서 깊고 뜨거운 열정을 보여주는 영화제가 또 있다. 바로 야마가타 국제다큐멘터리영화제다. 2003년 10월 부산국제영화제가 끝난 직후에 나는 야마가타 영화제에 참석하기 위해 일본 도쿄로

야마가타 영화제의 야노 카자유키 집행위원장, 후지오카 아사코 프로그래머와 함께. 영화제에서 놓칠 수 없는 즐거움 중 하나가 바로 술과 대화가 어우러지는 뒤풀이 자리다.

갔다. 도쿄에서 신칸센으로 약 3시간 정도 달리면 야마가타에 도착한다.
야마가타는 도쿄에서 북쪽으로 350킬로미터 거리에 위치한 인구 25만 명의 작고 조용한 도시다. 기차역에서 내려 자원봉사자의 안내로 호텔에 도착한 시간은 밤 9시 30분이었다. 늦은 시간이었지만 영화제 사무국에 들러 등록을 마친 후 '고미안 클럽'을 찾아갔다. 이곳은 영화제 기간에 일반 식당을 빌려 자원봉사자들이 운영하는 일종의 페스티벌 카페다. 근처의 모든 식당들이 일찍 문을 닫기 때문에 영화제에 참가한 게스트들이 서로 만나 밤늦도록 술을 마시며 환담을 나눌 수 있는 유일한 장소다. 입장료는 5백 엔이다. 입구에서 맥주, 정종, 콜라 중 하나를 선택하고 과자 한 봉지를 받아 들어간 후 모자라는 술과 음료는 사서 마시면 된다. 오뎅은 무료로 제공되는 안주거리다. 자정이 넘으면 1층과 2층은 손님으로 가득 찬다.
이곳에서 만난 사람들 중에는 인상에 남는 이들이 많다. 한국영화를 상영하는 곳이면 오사카든 교토든 어디든 찾아간다는 사람들, 심지어 〈태극기 휘날리며〉의 촬영현장을 좇아 한국까지 갔다는 극성스러운 주부, 한국역사를 전공하고 있다는 교수 등 여러 일본인을 만날 수 있었다. 조그만 도시 구석구석에 붙여진 포스터, 학생부터 장년층까지 다양한 관객과 열성적인 자원봉사자들, 정성을 다하는 많은 민박시설 등 다큐멘터리 자체를 즐기는 지역주민들을 보면서 모두가 자발적으로 동참하는 축제의 원형을 보는 듯했다.

야마가타 국제다큐멘터리영화제는 1989년 야마가타 시 수립 100주년을 기념하여 격년제 영화제로 창설되었다. 창설된 지 얼마 지나지 않아 이 영화제는 암스테르담, 오버하우젠과 함께 세계 3대 다큐멘터리영화제로 부상했다. 시상금도 큰 편이어서 대상에는 3백만 엔, 최우수상에는 1백만 엔, 우수상, 장려상, 특별상에는 각 30만 엔을 수여한다.

이 영화제가 짧은 역사에도 세계적인 영화제로 부상할 수 있었던 것은 이 고장 출신이며 일본 다큐멘터리 영화계의 거장인 오가와 신스케 감독의 적극적인 지원과, 1회 영화제부터 10회까지 공식 직함은 도쿄 사무국장으로 있으면서 실질적으로 집행위원장의 역할을 수행해온 야노 카자유키, 그리고 3회 영화제부터 프로그래머로 활동하고 있는 후지오카 아사코의 뛰어난 역량 때문이라고 할 수 있다. 외유내강형의 과묵한 성격인 야노는 영화제의 운영을 전담하고 있고, 영어를 자유롭게 구사하는 아사코는 대외활동을 전담하면서 영화선정을 위해 많은 나라를 누비고 다닌다.

야마가타 영화제에서 상영되는 영화는 120여 편이다. 중앙공민관의 두 개 홀과 뮤즈극장의 두 개 관을 주로 이용하여 상영한다. 1989년에 첫 영화제에서는 경쟁부문 15편과 요리스 이벤스 추모전 1편, 기타 5편으로 21편의 영화만 상영되었지만, 부대행사로 '아시아 심포지엄'을 개최했다. 제2회 영화제부터 '아시아 프로그램'을 신설하여 아시아 영화와 일본영화를 중점적으로 소개하면서 편수는 1백여 편으로 증가했다. 일본 다큐멘터리영화 흥륭전, 진주만 50주년 미 · 일 영화 특별전이 열렸고, 국제회의와 심포지엄이 개최되었다. 제3회 영화제에서는 야마가타 영화제의 정신적인 지주역할을 해오던 오가와 신스케 감독이 1992년 2월 7일 타계함에 따라 그의 전작 11편을 모아 추모 특별전을 열었다. 특히 1995년 제4회 영화제부터 '오가와 신스케상'을 제정하여 수상자에게는 50만 엔을, 장려상 2명에게는 각각 30만 엔을 상금으로 수여하면서 아시아 프로그램을 '뉴아시안 커런츠'로 확대 개편했다.

이 영화제는 한국영화와 인연이 깊다. 한국영화는 1991년(2회) 〈상계동 올림픽〉(김동원)이 처음 소개된 데 이어 1993년에는 〈아시아에서 여성으로 산다는 것〉(변영주) 1편, 1995년에는 〈두밀리, 새로운 학교가 열린다〉(홍형숙) 등 4편이 상영되었다. 함께 상영된 변영주 감독의 〈낮은 목소리〉는 처음으로 신설된 오가와 신스케상을 수상했다. 그리고 1997년에는 특별 상영된 〈낮은 목소리2〉(변영주)를 포함해 〈색안경〉(정지우) 등 4편이 상영되었고, 1999년에는 갈라 프로그램으로 상영된 〈낮은 목소리3- 숨결〉(변영주) 등 5편, 2001년에는 〈하늘색 고향〉(김소영) 등 5편이 상영되었다.

내가 참석했던 2003년 제8회 영화제에서는 〈송환〉(김동원)과 〈그리고 그 후〉(이호섭) 등 5편이 상영되었으며, 김동원 감독이 '아시아 뉴커런츠' 심사위원으로 참여했다. 2007년 제10회 영화제에는 변영주 감독이 심사위원으로 초청받았고, 2009년 제11회 영화제에는 〈바보는 감기에 걸리지 않는다〉(김정남), 〈외박〉(김미례)등 3편이 초청된 가운데 〈아메리칸 앨리〉(김동령)가 오가와 신스케상을 수상했다.

IMF의 경제 위기가 아시아를 강타했을 때 야마가타 영화제는 존폐의 위기를 맞기도 했다. 하지만 그 어려운 위기를 잘 극복하고 영화제가 오늘까지 계속 개최되고 있다는 것은 천만다행이다. 비록 규모는 작지만 수준 높고 알차게 운영되는 도쿄 필름엑스와 야마가타 다큐멘터리영화제와 같은 영화축제가 있는 한, 세계의 영화팬들은 마냥 행복하고 즐거울 수밖에 없다.

오가와 신스케(小川紳介)와 요리스 이벤스(Joris Ivens)

오가와 신스케와 요리스 이벤스는 삶과 영화, 더 정확하게 말하자면 인생과 다큐멘터리의 경계를 직접 허물어트린 20세기의 거장들이다.

1935년 출생한 오가와 신스케는 대학에서 민속학을 전공했다. 학생운동에 연루돼 퇴학당한 그는 세상을 바꿀 수 있는 영화판을 전전하며 자신의 삶을 카메라에 담기 시작했다. 1966년에 〈청년의 바다-네 명의 통신교육생〉을 만들고 이듬해 〈압살의 숲〉이란 두번째 영화를 발표했다. 이 영화는 다카자키 시립경제대학 부정입학 문제에 다큐멘터리 형식을 접목해, 그 비리와 진실에 대한 학생들의 투쟁을 심도 있게 담아내어 대학가와 사회에 큰 반향을 일으켰다. 그리고 1968년부터 산리쓰까 지역으로 들어가 그들과 함께 살면서 투쟁의 과정을 담기 시작했다. 일본 정부가 나리타 신국제공항 건설을 밀어붙임으로써 야기된 농민과 정부 간의 갈등을, 시종일관 농민의 시각에서 억압적인 국가권력의 실체를 폭로하는 데 초점을 두었다. 특히 〈일본해방전선-산리쓰카의 여름〉으로 시작된 7부작에서 그는 영화와 삶을 구별하지 않는 방식으로 촬영을 진행해나갔다. 이 작품들로 그는 국제적인 명성을 얻었으며, 다큐멘터리의 새로운 영역, 영화로 하는 투쟁의 영역을 개척한 인물로 평가받게 되었다.

'날아다니는 네덜란드인'이라는 별명을 지녔던 요리스 이벤스는 여러 대륙에 걸친 영화 인생을 살았다. 주로 유럽과 아시아에서 활동한 그는 아프리카에서는 〈낭길라에서의 내일〉(1960)이라는 작품을, 오스트레일리아에서는 〈인도네시아의 외침〉(1946)을 찍었다. 이벤스의 초기 영화들은 〈다리〉(1928), 〈비〉(1929)에서 드러나듯 자연과 도시나 자연과 인간 사이의 관계를 탐구하는 작품들이다. 몽타주 편집을 통해 두 세계는 대립적인 짝을 이룬다. 2차 세계대전 이후에는 인도네시아의 자치를 지지했다는 이유로 네덜란드 여권을 박탈당해 10년간 동부 유럽에 머물렀다. 그는 정치적인 지원을 받아 여러 편의 영화를 제작하기도 했다. 소설가 어니스트 헤밍웨이가 각본을 쓰고 내레이션을 한 〈스페인의 대지〉(1937)는 프랑코 군대에 대항한 공화파의 방어에 초점을 맞추었다. 또한 1938년에는 〈4억의 사람들〉이라는 작품을 통해 일본의 중국 침략에 대한 경각심을 고취시켰고, 1976년에는 〈우공은 어떻게 산을 옮겼는가〉라는 작품을 통해 중국 인민의 삶과 투쟁을 다루기도 했다. 1928년부터 1988년까지 60년간 지속된 요리스 이벤스의 영화 인생은 '거대한 정열'과 '자금 조달 능력'과 '삶과 영화'가 한데 뒤엉킨, 역사상 가장 많은 논란과 충격을 던져준 20세기 다큐멘터리영화의 역사 그 자체라고 할 수 있다.

한 달 간격으로 열리는 두바이-아부다비-도하, 세 영화제의 치열한 경쟁은 불을 보듯 자명하다. 이들 중 누가 아랍의 맹주로 살아남을지는 지켜보아야 할 일이지만, 분명한 것은 바야흐로 영화제를 통한 아랍의 영화시대가 열리고 있다는 것이다.

Dubai
International
Film Festival

아랍에미리트연합 두바이 국제영화제
Dubai International Film Festival

다가오는 아랍의 영화시대를 미리 열다, 첫번째 문을 두드리는 두바이

'사막의 기적'을 이루었다는 두바이이다. 그런데 두바이 최대의 국영 개발회사 '두바이 월드'가 2009년 11월 25일 채무상환 유예를 선언함으로써 전 세계를 충격에 빠뜨렸다. 고속 질주하던 두바이 경제가 좌초 위기에 몰린 것이다. 이처럼 긴박한 상황 속에서 12월 9일부터 16일까지 열렸던 제6회 두바이 국제영화제에 세계영화계의 이목이 집중된 것은 당연한 일이었다. 그러나 예상과 달리 영화제는 위기감을 느낄 수 없을 정도로 차분하게, 그리고 알차게 진행되었다. 영화제의 프로그램도 그 어느 해보다 화려했다.

개막영화인 롭 마셜 감독의 〈나인〉(Nine)과 폐막작인 제임스 카메론 감독의 3D영화 〈아바타〉(Avatar)를 포함하여 총 230여 편의 영화가 상영되었다. 이번 영화제에서는 세계 최초로 상영되는 월드 프리미어를 29편이나 포진함으로써 아랍영화의 맹주다운 모습을 보여주었다. 개막영화 〈나인〉은 다니엘 데이 루이스, 소피아 로렌, 니콜 키드만 등이 출연한 뮤지컬 영화다. 페데리코 펠리니 감독의 대표작인 〈8과 1/2〉의 제작 과정을 뮤지컬로 만들어 브로드웨이 무대에 올렸던 것을 스크린에 옮긴 작품으로, 출연진을 보는 것만으로도 화려하다. 개막작의 감독과 배우들이 미국 개봉 일정으로 참석하지 못해 아쉬웠지만, 다른 할리우드 스타들이 영화제에 참석해 아쉬움을 달랬다.

두바이 정부는 영화제의 개막식에 맞춰 할리우드 스타들이 대거 참여하는 '에이즈 퇴치사업 기금 마련을 위한 에이즈 연구재단'(amfAR)을 창설하고, 이들로 하여금 개막식에 참여하여 레드카펫을 밟도록 유도함으로써 일석이조의 효과를 거두고 있다. 2008년에는 셀마 헤이엑, 골디 혼, 대니 글로버 등 유명 배우를 비롯하여 테리 길리엄, 올리버 스톤 같은 영화감독들이 대거 참석해서 480만 달러의 기금을 조성했다. 지난해 세번째로 열린 이 행사에는 누르 요르단 여왕, 맷 딜런, 크리스티나 리치, 맨디 무어, 인도의 스타 배우 란비르 까푸르 등이 참석했다.
2009년 영화제의 최고 화제작은 12월 11일 상영된 영화 〈시티 오브 라이프〉(City Of Life)였다. 아랍에미리트의 특권층 젊은이들과 인도 출생의 택시기사, 루마니아의 항공승무원 등 다국적 인물과 다양한 언어가 등장하는 이 영화는 아랍에미리트연합의 알리 모스타파 감독이 연출을 한다는 점, 아랍에미리트연합의 지원을 받아 두바이에서 촬영한 최초의 대작 극영화라는 점에서 집중 조명을 받았다. 〈시티 오브 라이프〉는 '다문화 개방사회'인 두바이를 상징하는 영화로 관심을 끌 수밖에 없는 작품이었다.
12월 11일자 영화제 데일리에는 "2009 영화제에서 에미리트 영화가 한 단계 전진했다"는 제목의 기사가 실렸다. 그 기사는 2006년부터

영화제 본부가 있는 버즈 알 아랍 호텔과 주메이라 해변은 그림 같은 풍경을 연출한다. 2003년 제3회 두바이영화제 심사위원단인 리드하 베이 감독, 배우 레일라 엘로우이, 이스라엘 페로우키 감독, 영화평론가 실러 존스톤과 함께 포즈를 취했다(아래 왼쪽부터).

지금까지 집행위원장을 맡고 있는 마수드 암랄라 알 아리가 1997년 아랍에미리트 영화산업의 전망을 묻는 한 기자 질문에 "터널 끝이 안 보인다"라고 응답한 것을 상기시키면서, 그로부터 12년이 지난 현 상황을 조명하고 있었다. 지금은 연간 60~70편의 단편영화가 제작되고 있으며, 2009년 두바이 영화제에서 단편 5편, 쿠웨이트와의 합작 1편과 〈시티 오브 라이프〉를 포함하여 총 7편의 장편영화가 상영된다는 것이다. "꿈이 현실로 나타났다"는 보도에 자못 고개를 끄덕이게 된다.

두바이 영화제는 이러한 꿈을 실현시킨 중심축 역할을 담당했다. 2004년 12월 세이크 사이드 빈 술탄알 나얀 아랍에미리트연합 초대 대통령의 서거를 추모하고 '다양한 문화 간의 가교' 역할을 목표로 창설된 이 영화제는 새로운 모습을 보이면서 발전해왔다.
2006년 제3회 영화제를 앞두고 아랍영화의 경쟁부문인 무르상을 제정하여 장편영화 5만 달러, 다큐멘터리 4만 달러, 단편영화 3만 달러의 상금을 수여하기 시작했다. 이 시상제도는 아시아와 아프리카로 확대되었다. 또한 같은 해에 부산국제영화제의 PPP에 해당하는 '두바이 필름커넥션'을 창설하여 아랍영화에 대한 투자 및 공동제작을 지원하기 시작했다. 2009년에는 30편의 프로젝트가 선을 보였고 통틀어 2만5천 달러의 상금이 수여되었다.
2008년에 창설된 두바이 필름마켓은 필름을 사고파는 '부스' 대신에, 디지털필름 라이브러리인 '시네테크'를 개설했다. 하지만 판권 확보의 어려움으로 일부 영화들을 판촉 또는 홍보용 영상으로 대신하고 있어 아쉬움을 남긴다. 그러나 이러한 라이브러리의 구축은 선구적인 사례로 남을 것이 분명하다.

현재 두바이 국제영화제는 회장과 집행위원장의 쌍두마차 체제로 운

영화제를 카메라에 담기 위한 기자들의 열띤 취재경쟁 또한 빼놓을 수 없는 영화제의 풍경 중 하나다. 잔잔한 주홍빛 조명을 켜고 관객들을 맞이할 준비를 하고 있는 상영관 내부.

압둘 하미드 주마 조직위원장(왼쪽)과 마수드 암랄라 알 아리 집행위원장(오른쪽)

영되고 있다. 집행위원장인 마수드 암랄라 알 아리는 올해 43세로 두바이 인근에서 태어나 뉴욕아카데미를 졸업했다. 그는 몇 편의 단편과 다큐멘터리를 제작한 감독이자 영화평론가이기도 하다. 그는 2001년 아부다비에서 에미리트 영화제를 창설하고 운영하다가 아랍영화 선정을 위한 프로그래머로 두바이 영화제 창설에 참여했다. 2006년과 2007년에는 공동으로, 2008년부터는 단독으로 집행위원장을 맡고 있다.

영화제의 실권은 회장인 압둘 하미드 주마가 쥐고 있다. 초대 회장 세이크 아메드 빈 사이드 알막티움(현 명예회장)에 이어 제3회 영화제 개최 직전에 부임한 46세의 주마 회장은 미국 콜로라도대학에서 경제학을 전공했고, 두바이 미디어시티의 기획 및 마케팅 분야의 책임자를 거쳐 사장을 역임한 전문경영인이자 두바이 영화제 창설 멤버 가운데 하나다.

주마 회장은 부임하면서 경쟁부문과 시상제도를 도입했고, 두바이 필름커넥션, 두바이 필름마켓 등을 창설했다. 2008년 그는 데일리 기자와의 인터뷰에서 "지난 13년간 부산국제영화제를 이끌고 있는 김동호 위원장이 개인적으로 나에게 큰 영향을 미쳤다. 그는 영화제를 국내 행사에서 진정한 국제 수준의 행사로 만들었다. 최근 그와 나는 친구가 되었다. 나는 부산에 갔었고, 미스터 킴은 두바이에 올

것이다. 그는 내가 이러한 역할을 하는 데 돕고 있고 나는 그의 족적을 따르려고 한다"고 답변함으로써 여러모로 부산국제영화제와 닮아가려 애쓰는 속내를 비친 바 있다.

광범하게 인재를 등용하는 것은 두바이 영화제의 장점이자 성공 비결이다. 2005년 제2회 영화제를 앞두고 두바이 영화제는 10년간 로테르담 영화제를 성공적으로 이끌다 퇴임한 사이먼 필드를 영입해 비(非)아랍권의 영화를 선정하는 프로그래머로 위촉했다. 개인적으로 오랜 친구이기도 한 사이먼은 2년간 공동위원장을 맡았다가 지금은 컨설턴트로 일하고 있다. 한국영화의 두바이 진출은 사이먼 필드가 프로그래머를 맡았던 제2회 영화제 때 이명세 감독의 〈형사〉가 초청되면서 이루어졌다. 2007년에는 임권택 감독이 평생공로상을 받았고, 2008년에는 새로 신설된 아시아아프리카 장편경쟁부문에 〈나무 없는 산〉(김소영)이, 다큐멘터리 경쟁부문에 〈할미꽃〉(문정현)이 올랐다. 장편경쟁부문에서 〈나무 없는 산〉이 수상을 하면서 한국영화에 대한 관심은 더욱 커졌다.

2009년에는 장편경쟁부문에 〈도쿄택시〉(김태식)가, 다큐멘터리경쟁부문에 〈땅의 여자〉(권우정)가 올랐고, 〈마더〉(봉준호), 〈박쥐〉(박찬욱) 등이 초청되었다. 이처럼 한국영화와 두바이 영화제와의 긴밀한 관계는 앞으로도 지속될 것으로 보인다.

재정 위기와 관련한 기자들의 질문에 주마 회장은 "글로벌 위기는 우리 자신을 비판적으로 되돌아보게 하고, 무엇을 할 것인지, 어떻게 차별화할 것인지를 깨닫게 해준다"는 답변을 했다. 그리고 "위기는 어디에나 있다. 차이점은 생존을 위해 어떻게 반응하고 대처하느냐에 있다"는 답변을 들려주었다. 주마 회장은 스폰서가 2008년보다 늘었다고 호언장담했지만 해외 게스트의 수는 눈에 띄게 줄었다.

두바이 영화제가 당면한 주변으로부터의 도전도 만만치 않다. 2008년 두바이에서 불과 자동차로 두 시간 거리에, 그것도 비슷한 개최 시기인 10월에, 막강한 경제력을 배경으로 창설된 아부다비의 '중동 국제영화제'가 창설되었으니 이는 큰 부담이 아닐 수 없다. 중동 국제영화제가 영화제 운영의 오랜 경험을 축적하고 있는 미국 트리베카 영화제의 집행위원장 피터 스카렛을 퇴임하자마자 새로운 위원장으로 영입한 것도 심상치 않은 행보다. 더구나 걸프 만에 위치한 이웃나라 카타르도 트리베카 영화제와 제휴하여 '도하 트리베카 영화제'를 11월에 창설한 상태다. 한 달을 주기로 열리는 두바이-아부다비-도하, 세 영화제의 치열한 경쟁은 불을 보듯 자명하다. 이들 중 누가 아랍의 맹주로 살아남을지는 지켜보아야 할 일이지만, 분명한 것은 바야흐로 영화제를 통한 아랍의 영화시대가 열리고 있다는 것이다.

페데리코 펠리니(Federico Fellini, 1920~1993)

그는 1920년에 이탈리아의 리미니에서 태어났다. 정규교육을 마치지 못한 펠리니는 그림을 그리고 유랑극단을 떠돌며 방황하는 젊은 날을 보낸다. 그러던 중 로베르토 로셀리니를 만나 정식으로 영화작업을 하기 시작한다. 그는 로셀리니의 대표작 〈무방비 도시〉(1945), 〈전화의 저편〉(1946) 등의 영화에서 조감독이자 공동 각본가로 참여하면서 영화의 기본을 익혀나간다. 그가 각본을 쓰고 감독한 〈다양한 불빛〉, 〈백인 추장〉은 네오리얼리즘 전통 아래에 놓여 있으면서도 인생과 예술에 관한 자전적인 성찰을 담고 있다. 네오리얼리즘이 사회고발적이고 사실주의적인 전통 아래 놓여 있었다면, 펠리니의 주관주의는 개인의 영혼과 종교 등에 관한 문제를 포함하고 있다.

이 시기의 대표적인 작품은 〈길〉(1954)이다. 야수 같은 남자 잠파노와 백치 소녀 젤소미나의 이야기 속에 그는 인간의 운명에 관한 깊은 주관성을 투영시켰다. 네오리얼리즘의 틀 안에 있던 자신의 영화를 전환시키기 시작한 것은 1960년대에 이르러서다. 그는 영화사에 길이 남을 걸작 두 편을 발표하게 되는데, 〈달콤한 인생〉(1960)과 〈8과 1/2〉(1963)이 그것이다. 〈달콤한 인생〉은 상류층의 삶을 통해 세속화된 세상을 비판하고, 〈8과 1/2〉은 영화예술의 본질에 대한 진지한 질문을 던진다.

그는 점점 더 자전적이면서도 환상적인 세계로 빨려 들어갔다. 〈사티리콘〉(1969)과 〈카사노바〉(1976)는 고대 로마와 18세기 유럽의 방탕함, 섹스의 환상들, 광기의 상태들을 보여준다. 또한 〈광대들〉(1970)이나 〈로마〉(1972) 같은 작품에서는 어린시절부터 동경해왔던 서커스와 광대에 대한 매혹을, 로마라는 도시에 대한 매혹과 병치시켜 환상적으로 보여주기도 했다.

말년에는 유년의 향수와 기억을 품은 이탈리아 작은 마을 사람들의 이야기를 따뜻한 시선으로 그린 〈아마코드〉(1976)로 네번째 아카데미상을 받는다. 1990년 로베르토 베니니와 함께한 영화 〈달의 목소리〉를 마지막으로 펠리니는 세상을 떠났다. 그는 40년간 총 24편의 극영화와 3편의 단편영화를 만들었고, 축제와 같은 영상 속에서 경계를 허무는 주관적 기억의 문제를 평생 동안 탐구해갔던 감독이었다.

엑스포가 열리는 올해의 상하이는 또 새로운 모습을 보여주고 있었다. 광활한 대지에 조성된 엑스포 전시장은 하루 50만 명의 관객이 찾고 있었다. 엑스포의 거대한 규모 앞에서 문득, 감회에 젖는다. 19세기 중반 서구 열강에 개항된 이후 상하이는 자의반 타의반 세계적인 국제도시로 성장해왔다. 유럽풍과 동양풍의 건물이 공존하고 자본주의와 공산주의가 타협하는 이 도시는 늘 세계의 축소판이었다.

중국 상하이 국제영화제
ShangHai International Film Festival

상하이 국제영화제는 1998년 상하이 시정부가 주도하여 창설하였다. 1998년 10월 9일 중국영화의 중흥을 목표 삼아 경쟁영화제로 출범한 상하이 국제영화제는 시작부터 화려했다. 초대된 9명의 심사위원에는 위원장인 중국의 셰진 감독을 비롯해 일본의 오시마 나기사, 미국의 올리버 스톤, 호주의 폴 콕스, 영국의 로랑 조페, 중국의 쉬커(서극) 등 세계적인 감독들이 고루 포진되었다. 경쟁부문 20편, 파노라마 부문 103편 이외에도 심사위원들의 영화를 비롯한 회고전부문에 31편의 영화를 상영하면서 총 154편의 규모를 과시했다. 그중 경쟁부문에 소개된 한국영화는 〈서편제〉(임권택)였고, 파노라마 부문에서는 〈나의 사랑, 나의 신부〉(이명세), 〈우리들의 일그러진 영웅〉(박종원) 등 4편이 상영되었다. 그리고 임권택 감독의 〈서편제〉는 감독상과 여우주연상(오정애)을 수상했다.

매년 10월에 개최되던 상하이 영화제는 2004년 제7회 영화제부터 개최 시기를 지금의 6월 초순으로 옮겼다. 그 사이 2000년(제3회)부터

'필름마켓'을 창설하면서 세미나를 열기 시작했고, 회를 거듭하면서 마켓의 기능을 키워갔다. 영화제를 위한 새로운 변화를 다시 한번 시도한 것은 2005년 제8회 영화제에서였다. 아시아 영화의 신인을 발굴하기 위한 '아시아 뉴탤런트 어워드'를 신설하고, '진주에(金爵) 국제영화포럼'을 창설하여 국제영화제 관계자들과 영화산업 전문가들을 영화제에 초청하기 시작했다. 하지만 영화제의 기본적인 분위기는 관이 주도하고 있다는 느낌에서 벗어나지 못하고 있다. 다소 변화가 있긴 했지만 중국 정부의 방송·영화·미디어를 총괄하고 있는 '광파전영전시총국'의 국장과 상하이 시장이 조직위원장격인 공동 명예위원장으로, 총국의 부국장과 상하이의 부시장이 집행위원장으로 전권을 행사하고 있다.

상하이와 한국영화의 관계는 매우 좋은 편이다. 임권택 감독이 제3회 영화제의 심사위원을 맡은 이래 박광수(4회), 이창동(5회), 박철수(6회), 강제규(7회), 곽경택(8회) 등의 감독과 오정완 대표(12회)가 경쟁부문 심사위원으로 위촉되었고, 새로 신설된 아시아신인상부문에서는 이명세(8회), 봉준호(9회), 임권택(9회·위원장), 허진호(13회·위원장)가 심사를 맡았다.
한국영화도 꾸준하게 초청받아 상영되고 있다. 초창기에는 2~3편 정도의 한국영화가 초청되었지만 2002년(5회)에는 〈박하사탕〉(이창동), 〈쉬리〉(강제규), 〈춘향뎐〉(임권택)을 비롯한 총 8편이, 2004년(7회)에는 〈살인의 추억〉(봉준호), 〈스캔들〉(이재용) 등 총 10편이 초청을 받았다. 2008년(11회)에는 〈우리 생애 최고의 순간〉(임순례)과 〈행복〉(허진호) 등 8편이 초청되었다. 올해 2010년 상하이 국제영화제에는 〈마더〉(봉준호)가 공식 상영부문에, 〈애자〉(정기훈)와 〈집행자〉(최진호)가 아시아신인상부문에 올랐고 〈킹콩을 들다〉(박건용), 〈식객2〉(백동훈), 〈하모니〉(강대규), 〈요술〉(구혜선) 등이 초청되었다.

이용관 부산국제영화제 공동집행위원장, 배우 양자경과 정우성, 김영진 집행위원이 함께 개막식에 참석한 가운데 화려한 축하공연이 펼쳐졌다.

대한민국 임시정부가 들어섰던 상하이는 한국 독립운동의 중심지였다. 한국과 근대적 상처를 나눈 도시 상하이를 처음으로 방문한 것은 한중 국교수립 2주년이던 1994년 8월의 일이었다. 80여 명의 '대한민국예술단'을 인솔하고 톈진, 베이징 등을 거쳐 두 차례 공연을 위해 상하이를 처음 방문했다. 이후 고려대 언론대학원 최고위 과정에 다니던 1995년에는 상하이 푸단대학과 고려대 언론대학원이 공동 주관한 한중 포럼에 기조연설을 하기 위해 방문했었다. 그로부터 10년이 흐른 2005년 6월, 상하이 국제영화제가 최초로 주최한 '진주에 국제영화포럼' 중 제3주제인 국제영화산업정상회의 '미래전략' 부문의 주제 발표를 위해 처음으로 영화제에 참가했다.

오늘날 상하이는 세계적인 국제도시로 발돋움을 했지만, 도시를 찾는 외국인들에게 그리 친절한 도시라고 할 수는 없다. 영어를 할 줄 아는 사람을 찾기가 몹시 힘든 데다가 영어 안내서 하나를 찾기도 쉽지 않기 때문이다. 상하이 국제영화제 역시 마찬가지다. 개막식을 포함한 주요 행사 대부분이 영어 통역 없이 진행되고 영어 자막 없이 중국영화가 상영되기도 한다. 또한 실질적인 거래가 이루어지는 필름마켓에서조차 영어가 가능한 관계자를 만나기가 쉽지 않다.
사람들은 이를 두고 중국 국내 영화시장의 빠른 성장을 이유로 들고 있다. 해마다 전년 대비 거의 40퍼센트에 이르는 성장세를 보이고 있는 중국의 국내 시장은 세계의 그 어떤 영화시장보다 거대한 잠재력을 가지고 있다. 필름마켓에 참가하는 대부분의 중국 영화업자들은 외국과의 거래보다는 급속한 성장을 보이고 있는 중국 내 지방업자들과의 거래를 더 원한다. 따라서 '영어'는 반드시 필요한 요인이 되지 못한다는 것이다. 상하이 영화제는 이 문제를 주요 게스트에게 개별 수행원을 붙여주는 방식으로 해결하고 있다. 다른 영화제에서는 상상조차 하기 힘들 정도로 많은 인원을 필요로 하는 해결방식이다.

2010 상하이 영화제의 심사위원단. 위 왼쪽부터 중국 여배우 조미, 왕 샤오슈아이 감독, 다키다 요지로 감독, 레오 까락스 감독, 빌 거튼태그 감독, 아모스 키타이 감독, 오우삼 감독의 심사 결과 〈애자〉의 정기훈 감독은 감독상을, 최진호 감독의 〈집행자〉는 심사위원상을 수상했다.

10년 만에 다시 찾은 상하이는 엄청나게 발전하고 있었다. 영화 전문지 『버라이어티』의 에릭 미카 사장의 주재하에 나와 제프리 길모어 선댄스 영화제 집행위원장, 당시 칸 영화제 사무총장이던(현재 프랑스 국립영화센터 위원장) 베로니크 케일라, 미국 월트디즈니의 R&D 부회장 브루스 본, 홍콩의 에드코 영화사 대표 빌 콩, 미국 미라맥스 공동 창립자이자 프로듀서인 하비 와인스타인 등이 주제 발표와 토론에 참가했다.

2007년에 개최된 제10회 상하이 국제영화제에서도 토론은 이어졌다. '국제영화제 집행위원장'들이 참가한 국제 포럼에서는 에릭 미카가 다시 사회를 맡고 나를 포함해서 제프리 길모어(선댄스), 츠구히코 가토가와(도쿄), 압둘 하미드 주마(두바이), 종룬 렌(상하이), 제임스 힌드맨(AFI), 마르코 뮐러(베니스), 척 볼러(하와이), 산드라 덴 하머(로테르담), 제롬 파이야르(칸) 등의 집행위원장이나 주요 인사가 발표를 하고 토론을 벌였다.

2008년 6월 28일, 상하이에서 개최된 '아시아그래프'에서 수여하는 공로상을 받기 위해 아시아그래프 총회에 참석하였다. 아시아그래프는 한·중·일 3개국 첨단영상산업 분야의 학자들이 주축이 되어 3개국을 순회하면서 행사를 개최하는 학술단체다. 2009년 6월에는 박정자, 김화숙 등 연극인과 무용인을 비롯한 문화예술계 대표들과 함께 항저우에서 장이모 감독이 연출한 〈인상서호〉를 관람한 후 상하이 영화제에 참가했다.

올해로 상하이 국제영화제는 13회를 맞이했다. 우선 오랫동안 상하이의 부시장과 함께 주석을 맡아왔던 중국 광파전영전시총국의 부국장이 자오시라는 여성에서 장피민으로 교체되었다. 지난해 대니 보일 감독을 심사위원장으로 위촉했던 영화제는 올해 우위썬 감독을 심사위원장으로, 레오 까락스, 아모스 키타이, 자오웨이 등을 심사위원으로 위촉했다. 개막식에서는 뤽 베송에게 평생공로상을, 첸카이거에게 중국영화공로상을 수여했다.

국제경쟁 16편, 공식선정 7편, 신인상부문 10편, 회고전 13편, 중국영화 특별전 37편, 지구촌 영화 90편, 환경영화 4편, IMAX 4편, 스펙트럼 93편, 다큐 및 단편 2편 등 모두 276편이 18개 스크린에서 상영되었고, 국제포럼부문에서는 심사위원장 강연, 영화산업 포럼, 라운드테이블, 마스터클래스 등이 개최되었다. 그리고 올해 아시아신인상부문에 초청된 한국영화 두 편은 나란히 수상의 영광을 안았다. 〈애자〉의 정기훈 감독이 감독상을, 최진호 감독의 〈집행자〉가 심사위원상을 수상한 것이다.

엑스포가 열리는 올해의 상하이는 또다른 모습을 보여주고 있었다. 새로 조성된 공항과 공항에서 시내로 들어가는 고속도로가 손님을 맞이했다. 광활한 대지에 조성된 엑스포 전시장은 하루 50만 명의 관객이 찾고 있었고, 4만 명을 수용하는 웅장한 중국관은 하루 전에 예약해야 입장할 수 있었다. 한국관도 3시간은 줄을 서서 기다려야 입장이 가능했다.

엑스포의 거대한 규모 앞에서 문득 감회에 젖는다. 19세기 중반 서구 열강에 개항된 이후 상하이는 자의 반 타의 반 세계적인 국제도시로 성장해왔다. 유럽풍과 동양풍의 건물이 공존하고, 자본주의와 공산주의가 타협하는 이 도시는 늘 세계의 축소판이었다. 중국 내 유일한 국제영화제인 상하이 국제영화제가 세계영화와 중국영화의 조화를 일구어내는 영화제로 발돋움하길 기대해본다.

해변의 작은 도시에서 개최되는 칸 영화제에 매료된 그는 칸처럼 바다가 있는 해변에서, 모든 사람들이 즐기면서 영화를 볼 수 있는 독특한 영화제를 만들기로 마음을 굳혔다. 그리고 여러 가지를 검토한 끝에 아름다운 바다와 해변이 있고 도쿄, 서울, 상하이에서 네 시간 이내의 거리에 위치한 오키나와를 낙점했다.

沖縄国際映画祭
OKINAWA INTERNATIONAL MOVIE FESTIVAL

일본 오키나와 국제영화제
Okinawa International Film Festival

'웃음과 평화'를 지향하는 해맑은 영화제

오키나와는 일본 규슈와 대만의 중간지점에 위치한 섬이다. 오키나와는 반원형으로 펼쳐진 난세이 제도 남부인 류큐 제도에 속해 있다. 해안에 발달한 산호초, 감청색 바다, 흰 모래밭을 자랑하는 오키나와는 일본 본토나 중국과 구별되는 독특한 류큐(琉球) 문화를 발전시켜 왔다. 이 지역은 연평균 섭씨 22도의 따뜻한 아열대성 기후로 연간 5백만 명의 관광객이 몰려드는 일본의 대표적인 관광지이자 휴양지이기도 하다.

오키나와는 일본의 현(縣)으로 귀속되기 전인 14세기에서 17세기까지 류큐 왕국의 중심지였다. 지리적인 이점을 이용하여 일본, 중국, 조선, 동남아시아 등 여러 나라와 중계무역을 하며 무역대국으로서 번성을 누려왔다. 슈리 성(城) 정전에 있는 '만국진량의 종'에 각인된 명문(銘文)은 당시 류큐 왕국이 누렸던 위상과 번성을 말해준다. 슈리 성은 독특한 건축양식 때문에 유네스코가 지정한 문화유산으로 등재

되어 있다. 이 지역에 대해 처음으로 문화적인 느낌을 갖게 된 것은 지난 2003년 야마카타 다큐멘터리영화제에 처음으로 방문했을 때였다. 때마침 오키나와 특산물 전시와 함께 오키나와에서 촬영했거나 오키나와 출신 감독에 의해 제작된 60여 편의 영화가 상영되고 있었다.

오키나와는 이처럼 풍부한 역사가 서려 있을 수밖에 없는 지리적 위치를 차지하고 있다. 섬이 속해 있는 고대 류큐 왕국은 삼한(三韓 · 조선)의 빼어남을 모아놓았고, 대명(大明 · 중국)과 밀접한 관계에 있으면서 일역(日域 · 일본)과도 떨어질 수 없는 관계를 유지해왔다. 그러다가 1609년 일본 규슈의 사쓰마 번에게 정복당하면서 류쿠 왕국은 도쿠가와 막부 통치하의 일본과 중국에 동시에 귀속된다. 그리고 1879년 '류큐 처분'에 의해 메이지 정부의 현으로 귀속된다.

오키나와가 근대사에 등장한 것은 제2차 세계대전이 막바지에 달했던 1945년 4월이었다. 이곳에서 실시된 미군의 상륙작전으로 인해 3개월에 걸친 태평양전쟁에서 가장 치열했던 전투의 현장으로 기록된다. 이 전투에서 1만2천 명의 미군과 10만 명의 일본군이 전사했을 뿐 아니라 주민의 4분의 1이 희생당했다. 징병과 징용 그리고 종군위안부로 끌려갔던 1만 명에 달하는 한국인도 이곳에서 희생됐다.

오키나와 시내의 사키마 미술관 중앙에 전시된 '오키나와 전쟁', '치비치리가마', '집단자결' 등의 대형 그림들과 도시 곳곳에서 발견되는 동굴, 방공호는 당시 처참했던 모습을 생생하게 상기시켜준다. 특히 지난 1975년 8월 조성된 한국인 위령탑에는 시인 이은상이 짓고 서예가 서희환이 쓴 다음과 같은 비문이 우리를 숙연케 한다.

> 역사의 흙탕물 폭포같이 쏟아질 적에 양떼처럼 희생의 제물이 되어
> 바다 하늘 맞닿은 곳으로 끌려와 광풍에 생명의 등불 꺼지던 날
> 하늘도 울고 파도도 울고 핏줄기 뻗혀 오색 무지개처럼
> 용솟고 치솟아 해달을 덮고 산과 바다를 회오리바람처럼 돌고

오키나와 영화제 주 상영관. 레드카펫을 밟은 배우들이 팬들에게 사인을 해주고 있다.

조국을 향하여 기원하던 목소리 지금도 들리는 영원한 메아리…

1945년 8월, 일본의 패전으로 오키나와는 미군 점령하의 군정체제로 바뀐다. 26년간의 오랜 군정이 종식되고 1972년 5월 15일, 오키나와는 일본에 반환되었지만 아직도 2만5천 명 이상의 미군이 주둔하고 있으며, 면적의 75퍼센트가 미군기지로 남아 있다. 이처럼 오랜 역사를 거치면서 가장 '비극적인 삶'을 살아온 오키나와이기에 평화에 대한 갈구와 염원은 남다르다. 그들은 '평화기념공원'의 기념을 '세월 기'(紀)의 '기념'(紀念)이 아닌 '바랄 기'(祈)의 '기념'(祈念)으로 표기한다. 오키나와가 갖고 있는 이러한 역사 문화적 배경과 평화를 갈구하는 주민들의 염원에 비추어볼 때 '웃음과 평화'를 주제로 한 오키나와 국제영화제의 탄생은 오히려 늦은 감이 있다.

오키나와 국제영화제는 2009년 3월 요시모토 흥업주식회사에 의해 창설되었다. 요시모토 흥업은 일본 최대의 코미디 기획사다. 오사카에서 창업한 요시모토는 오사카와 도쿄에 본사를 두고 있으며 오는 2012년 창립 100주년을 맞는다. 이 요시모토 흥업은 연예 · 연극 · TV드라마 · 영화 · 디지털콘텐츠 · CD 및 DVD 등을 제작, 배급하고, 흥행과 배우 양성 및 관리 등을 업무를 관장하고 있다. 이 기획사는 현재 1천2백 명의 코미디언과 현재 교육중인 1천 명의 예비 코미디언을 확보하고 있는, 명실상부한 일본 연예계의 대부다.
이것은 역사의 교차를 보여주는 순간이기도 하다. 근대사의 비극이 가시지 않은 이 땅에 코미디의 명가인 요시모토가 뿌리내리기 시작한 것이다. 요시모토 흥업의 히토시 오사키 사장은 33년간 재직해온 요시모토의 산 증인이며, 사장에 취임한 후 적극적인 경영 전략으로 사세를 대폭 확장해온 전문경영인이다. 부사장이던 2007년 5월, 요시모토 흥업이 제작한 히토시 마투모토 감독의 〈대일본인〉이 칸 영

나는 지난해에 이어 올해 열린 제2회 영화제에서도 심사위원장을 맡게 되었다. 수상작을 발표하려는 순간이다. 요시노 이사오 조직위원장과 오사키 히로시 집행위원장이 카메라를 향해 브이를 그리며 아이처럼 웃고 있다. 심사위원단과 영화제 스텝들도 옹기종기 모였다.

화제 감독주간에 초청되자 그는 히데노리 나가이 등 대표단을 이끌고 칸으로 갔다. 해변의 작은 도시에서 개최되는 칸 영화제에 매료된 그는 칸처럼 '바다가 있는 해변'에서 모든 사람들이 '즐기면서 영화를 볼 수 있는' 독특한 영화제를 만들기로 마음을 굳혔다. 그리고 여러 가지를 검토한 끝에 아름다운 바다와 해변이 있고 도쿄, 서울, 상하이에서 네 시간 이내의 거리에 위치한 오키나와를 낙점했다.

그해 가을에 히토시 오사키 사장은 〈대일본인〉이 야외상영되는 부산국제영화제를 찾았다. 부산에서 많은 것을 보았고, 나를 포함한 여러 사람에게 자문을 받았다. 그는 부산국제영화제가 끝난 후 자신이 만든 첫 영화제의 심사위원장으로 나를 초청했다.

제1회 오키나와 영화제는 차탄쵸 해변에서 3월 19일부터 22일까지 나흘간 열렸다. 선셋비치에 야외무대를 마련하고 250미터의 레드카펫을 깔았다. 경쟁부문에 선정된 8편을 포함하여 특별초청 10편, 특별상영 13편, 회고전 26편을 포함하여 장·단편을 아우르는 161편의 영화가 상영되었고, 콘텐츠 마켓, 뮤직 이벤트, 라이브 코미디 이벤트, 심포지엄, CM경쟁 등 다양한 이벤트를 마련하여 나흘간 11만 명의 관객을 동원하였다.

심사위원단은 나를 포함하여 미국의 제리 쥬커 감독, 홍콩의 고든 첸 감독, 일본의 스토리 작가인 소메마루 하야시야, 일본의 여배우 요, 일본 목판화가 부쿠넨 나카로 구성되었다. 대상에 해당하는 심사위원 특별상은 일본 가츠히데 모토키 감독의 〈카모가와 호르모〉가 수상했고, 관객상에 해당하는 '해인상'은 한국 김성욱 감독의 〈못 말리는 결혼〉에 돌아갔다.

올해 개최된 제2회 영화제에서도 나는 심사위원장을 맡게 되었다. 지난 3월 20일에서 28일까지 9일간 열렸던 제2회 영화제에는 나와

2009년 제1회 오키나와 영화제 심사위원단

함께 베를린 영화제 영 포럼 책임자인 크리스토프 테레히테, 홍콩의 영화감독 리치카이, 대만의 프로듀서 리칸, 일본 소설가 에이키 마타요시가 심사위원으로 참여했다. 에이키 마타요시는 1996년 『돼지의 응보』로 '아쿠타가와 상'을 수상한 작가다. 그의 이름은 조금 낯설지만 재일교포 감독 최양일이 몇 작품을 영화화한 바 있다. 주로 오키나와를 소설의 배경으로 삼은 작가다.

다양한 연령층으로 구성된 13명의 예심위원들이 경쟁에 오른 26편의 영화 중 6편을 선정하여 본선에 올렸다. 우리는 타쿠 와타나베 감독의 〈미스 구로자와 필름〉에 대상을 주기로 결정했다. 관객들은 '웃음' 부문에는 〈미스 쿠로자와 필름〉을, '평화' 부문의 관객상에 해당하는 '해인상' 수상작으로는 야쉬 초프라 감독의 〈신이 맺어준 커플〉(A Couple Made By God)을 선정했다.

올해의 영화제는 발전된 모습을 보여주었다. 개최 기간을 4일에서 9일로 늘렸고, 장소도 접근성이 높은 기노완 해변의 컨벤션 센터로 옮겼다. 대극장을 포함한 5개 스크린과 해변무대, 그리고 예술전용극장인 사쿠라자카 극장을 사용하였다. 상영작은 90편으로 줄이는 대신 관객과의 대화시간을 늘렸다. 관객이 만든 코믹 동영상을 보여주는 '월드 와이드 래프'(World Wide Laugh)와 '구로자와 아키라 감독 탄생 100주년 기념전' 등의 이벤트 행사를 마련해 관객의 참여폭도 넓혔다. 무엇보다 요시모토 흥업의 명성을 선전하듯 영화제 기간 동안 많은 코미디언들이 참여해 관객과 함께 웃고 즐기는 코미디 천국을 이뤄냈다. 폐막을 하루 앞둔 토요일에만 관객 10만 명을 동원함으로써 오키나와 주민 모두가 '함께 웃고 즐기는' 축제의 장임을 보여주었다. 시간이 흘러 영화제의 역사가 쌓여가면 근대사의 비극은 누그러지지 않을까 싶다. 영화제는 기록과 영상을 통해 과거를 되새기는 자리인 동시에 사람들의 감정을 달래고 즐기는 놀이의 마당이기도 하기 때문이다. 영화제를 통한 과거와 현재의 만남은 섬 한쪽에서도 깊은 뿌리를 내려가고 있다.

배지(badge)

영화제에 가면 여러 색깔과 모양을 지니고 있는 배지를 목에 건 관객들을 만나게 된다. 한국에서는 아이디카드라고도 불리는데, 전 세계적으로 통용되는 명칭은 '배지'다. 작은 규모의 영화제들은 관객들에게 아무 때나 영화를 선착순으로 입장하여 영화를 볼 수 있는 배지를 판매하기도 한다. 극장에 입장할 때 보디가드나 자원봉사자들로부터 제재를 당하지 않는 '패스'가 되는 셈이다. 하지만 큰 규모의 국제영화제일수록 배지의 신청자격은 엄격하게 제한된다.

전 세계적으로 가장 세부적인 배지의 규정체계를 갖고 있는 것은 칸 영화제다. 배지마다 색깔이 다를 뿐 아니라 배지에 기록된 데이터도 다르다. 칸 영화제는 참여 횟수에 따라 더 높은 등급을 부여하는 것으로 유명하다. 오랫동안 칸 영화제를 다닌 게스트들에겐 아주 좋은 등급의 배지가 부여된다. 경쟁부문의 작품을 제외하곤 대부분 배지를 갖고 줄을 서서 입장을 기다린다. 줄마다 오렌지, 블루, 레드 등의 이름이 달린 통로가 구별되어 있고, 자신의 배지에 맞는 줄에서 입장을 한다. 좋은 등급의 배지를 갖고 있으면 훨씬 더 수월하게 입장을 할 수가 있다. 경쟁부문의 영화는 인터넷이나 발권 시스템을 통해 정해진 시간에 티켓을 신청할 수가 있는데, 이 역시 배지에 따라 구별된다. 심지어 티켓을 갖고 극장에 들어가도 티켓마다 좌석 서열이 각기 다르다. 칸 영화제의 배지는 돈이 있다고 무조건 살 수 있는 게 아니다. 자신을 증명할 서류와 증빙자료가 필요하다. 언론사 기자라도 칸 영화제 기사를 얼마나 오래 다뤄왔는지 서류를 통해 각종 증빙자료를 내놓아야 한다. 당연히 매번 참여하는 언론사에게는 좋은 등급의 배지를 제공한다. 배지 신청이 거절당하는 경우도 흔하다. 배지를 구입하기 위해 비용을 지불하는 경우도 많다. 베를린 국제영화제는 어지간한 등급이 아니면 1백 유로 정도의 비용을 지불해야 한다. 칸 영화제는 일반 배지에 대해 비용을 받지는 않지만 신청을 받아들이는 경우가 흔하지 않기 때문에 자주 마켓 배지를 권유한다. 마켓 배지는 영화필름을 구매하러 온 영화사 관계자들이 구입하는 것으로 4백 유로 이상을 지불해야 한다. 비싼 만큼 여러 혜택을 주는 것이 사실이다.

부산국제영화제 역시 다양한 색깔의 배지가 있다. 배지의 색깔에 따라 프레스(언론사) 배지와 일반 게스트 배지, 특별 게스트 배지를 일별해볼 수 있다. 배지 성격에 따라 입장 가능한 범위가 결정되며, 티켓을 신청할 수 있는 숫자가 달라지기도 한다. 일반인들 중에는 '시네필' 배지를 신청받기도 한다. 배지를 신청할 수 없는 이들에게는 배지가 일종의 권력처럼 보이기도 할 것이다. 하지만 한정된 기간 동안 영화제에 적극적으로 참여하는 게스트에게 약간의 혜택을 주기 위해 만들어낸 제도라고 생각해주면 좋겠다. 종종 배지를 기념품처럼 소중히 다루는 이들도 있으니 단순한 영화 관람권을 넘어 추억을 간직하는 한 방식으로 배지를 생각해볼 수도 있겠다.

시네필들 사이에서 이란은 1990년대 급부상한 영화 강국으로 기억된다. 칸 영화제에서 황금종려상을 받았던 압바스 키아로스타미 감독과 가족 모두가 영화감독인 모흐센 마흐말바프 감독 같은 거장이 출현했기 때문이다. 파지르 영화제는 정부의 엄격한 검열과 수입 제한으로부터 상대적으로 자유로운 이란 시네필들의 해방구 역할을 하고 있다.

이란 파지르 국제영화제
Fajr International Film Festival

혁명과 전쟁, 무역봉쇄를 헤쳐나가는 자유로운 시네필들의 해방구

이름에는 얼마나 특별한 역사가 숨어 있는지 놀랍다고 여겨질 때가 있다. 서울의 강남 한복판에는 잘 알다시피 '테헤란로(路)'가 있다. 마찬가지로 테헤란에는 '서울로'가 있다. 이것은 중동 진출이 한창이던 1977년 6월 17일, 서울시와 테헤란 시의 자매결연을 기념하여 서로 이름을 나눈 덕분이다. 1970년대 이란과 한국은 피를 나눈 사이까지는 아니지만 수도의 거리 이름을 나눌 정도는 되었다.
이란은 오랜 역사를 가진 중동의 문화 강국이다. 고대 페르시아 왕국의 후손답게 찬란한 문화를 키워왔다. 이란은 세계 제2의 석유 매장량을 가진 산유국이지만 국민소득이 낮은 빈국에 속한다. 1979년 왕정에서 종교국가가 되면서 잦은 정치적 격변으로 부를 축적할 수 없었기 때문이다. 같은 이슬람 국가면서도 주변의 회교 국가들과 다른 종파인 시아파가 절대 다수를 차지하고 있다.

시네필(cinephile)들 사이에서 이란은 1990년대 급부상한 영화 강국으로 기억된다. 1997년 칸 영화제에서 〈체리향기〉(The Taste Of Cherry)로 황금종려상을 받은 압바스 키아로스타미 감독은 1990년대에 〈내 친구의 집은 어디인가〉(Where Is The Friend's Home?)로 우리를 열광시키며 다수의 수작을 만들어냈다. 〈천국의 아이들〉(The Children Of Heaven)로 우리의 심금을 울렸던 마지드 마지디 감독은 또 어떠한가. 그들의 뒤를 따라 바흐만 고바디 감독은 이란의 감독이면서도 〈취한 말들을 위한 시간〉(A Time For Drunken Horses)처럼 쿠르드족의 이야기를 들려주는 대표적인 동시대 감독이 되었다. 또한 이들 앞 세대의 감독으로 다리우스 메흐르지, 〈칸다하르〉(Kandahar)로 칸 영화제 경쟁에 올랐던 모흐센 마흐말바프 같은 이가 있다. 특히 마흐말바프 감독과 그 가족들이 모두 영화인이라는 것은 널리 알려진 사실이다. 부산에서 '뉴커런츠 상'을 수상했던 그의 아내 메르지예 메쉬키니, 〈칠판〉(Blackboards, 2000)과 〈오후 다섯 시〉(At Five In The Afternoon, 2003)로 칸에서 연이어 심사위원특별상을 받은 큰딸 사미라 마흐말바프, 아들 메이샴과 막내딸 하나 역시 영화를 만드는 사람들로, 이들은 이란 영화를 대표하는 영화 가족이라 할 수 있다.

2010 파지르 영화제 개막식

이란 영화의 유수한 영화인들을 이어주는 것은 누가 뭐래도 영화제다. 올해로 28주년을 맞은 파지르 영화제는 이란 영화의 든든한 버팀목이 되고 있고, 엄격한 검열과 수입 제한으로부터 상대적으로 자유로운 시네필들의 해방구 역할을 하고 있다. 이란혁명(1979)을 기념하기 위해 1982년에 파라비영화재단이 설립한 파지르 영화제는 이란과 이라크의 전쟁을 비롯한 험난한 정치적 격변 속에서도 단 한 번을 제외하고는 매년 꾸준히 개최

테헤란 시 전경. 이란의 수도 테헤란은 만년설이 덮여 있는 고산지대에 위치하고 있다. 1979년 이슬람 혁명을 승리로 이끈 호메이니가 집권하면서 테헤란은 외부와의 접촉이 거의 없는 폐쇄적 도시가 되었다. 그러나 이란 영화의 거장들이 등장하면서 세계 영화계에서 이란의 위상은 높아졌다. 모흐센 마흐말바프, 압바스 키아로스타미, 마지드 마지디, 바흐만 고바디 같은 감독들은 뛰어난 서사와 인간애를 바탕으로 한 독창적인 영화로 크게 사랑받고 있으며, 페르시아의 후예 이란이 뛰어난 문화 강국임을 보여주고 있다.

되어왔다. 파라비영화재단은 우리나라의 영화진흥위원회처럼 이란 정부가 영화인들을 지원하기 위해 설립한 기구다. 때로는 정부 입맛에 맞는 영화만 지원한다는 비판을 받기도 하지만 예술영화뿐 아니라 상업영화에 대한 제작비 지원, 영화제작에 대한 직접투자와 해외배급 지원, 베를린이나 칸과 같은 주요 영화제에 마켓부스 설치 및 홍보 등 이란 영화의 진흥을 목표로 다양한 활동을 전개하고 있다. 1998년부터는 이란 필름마켓도 운영하고 있다. 특히 영화제 기간 중 자막이나 동시통역을 통해 해외 게스트만을 위한 특별상영제도를 운영함으로써 자국 영화의 해외 진출에 힘쓰고 있다.

파지르 영화제는 매년 1월말에서 2월초에 열린다. 네덜란드의 로테르담 영화제, 스웨덴의 예테보리 영화제와 개최 기간이 같고, 베를린영화제의 개막일과 겹치기 때문에 매년 초청을 받고도 참석하지 못하다가 2008년에 비로소 테헤란에 갈 수 있었다.
2008년 1월 31일은 금요일이었다. 로테르담 영화제에서 출발하여 테헤란 호메이니 공항에 도착했다. 아침에 도착하니 많은 눈이 내린 상태였다. 중동국가이기 때문에 따뜻할 것이라고 생각했지만 예상과 달리 날씨는 무척이나 매서웠다. 국토의 대부분이 고원지대에 속해 있고, 수도 테헤란도 1천2백 미터의 고원에 위치하고 있다. 그 탓에 여름에는 덥고 겨울에는 춥다. 호텔에 비치된 TV에서는 아랍어 방송만 나왔고 핸드폰은 불통이었다. 금요일에는 모든 상점이 문을 닫기 때문에 문을 연 식당은 찾을 수도 없었다. 시민은 물론 택시기사도 영어가 거의 통하지 않았다. 여행객들에게는 매우 불편한 환경이다. 인구 1천1백만 명이 넘는 대도시답게 거리는 차도르를 쓴 여성들과 행인들로 북적거리고 있었다. 그 복잡한 거리에서 자동차나 사람들이 교통신호에 개의치 않고 오가는데도 교통사고가 나지 않는 것이 신기했다. 눈길을 끄는 것은 거리를 누비는 자동차 중에 한국 자

2009년 파지르 영화제 포스터. '온갖 새들이 모여 신을 찾는 동안 한 마리의 커다란 새가 되었다'는 유명한 신비주의 시인 아타르의 아름다운 시를 연상시키는 포스터다(위). 이란의 영화를 대표하는 모흐센 마흐말바프 가(家) 사람들. 오른쪽부터 모흐센의 아내 마르지예 메쉬키니, 아들 메이삼 마흐말바프, 딸 하나 마흐말바프, 이들처럼 가족 전부가 영화감독인 경우는 찾아보기 어렵다(아래 왼쪽).

동차들이 많다는 사실이다. 언젠가 압바스 키아로스타미 감독이 농담처럼 했던 말이 떠올랐다. 테헤란에 자신이 사인(sign)한 로고를 단 한국 자동차가 많다는 것이었다. 자동차 회사의 이름인 KIA라는 로고가 공교롭게도 '키아로스타미'라는 사인과 일치했기 때문이다.

파지르 영화제를 처음 방문했던 그해에 소개된 한국영화는 다양했다. 심형래 감독의 〈디 워〉가 특별상영부문에, 김태용 감독의 〈가족의 탄생〉과 이윤기 감독의 〈아주 특별한 손님〉이 경쟁부문에, 윤용아 감독의 〈도구〉가 단편경쟁부문에 올라왔다. 이 리스트만 보면 영화제의 뚜렷한 색깔을 파악하기가 쉽지 않다.

파지르 영화제에 한국영화가 소개된 것은 2000년대에 들어서였다. 2002년에 〈하루〉(한지승), 2003년에 〈무사〉(김성수), 2005년에는 〈거울 속으로〉(김성호), 〈청풍명월〉(김의석), 〈튜브〉(백운학)등 3편이 초청 받았다. 2006년에는 〈태극기 휘날리며〉(강제규), 〈키다리 아저씨〉(공정식), 〈안녕, 형아〉(임태형), 〈엄마〉(구성주), 〈가족〉(이정철) 등 6편이 상영되었다. 2007년에는 권수경 감독의 〈맨발의 기봉이〉와 윤종찬 감독의〈청연〉이 초청된 가운데 〈청연〉이 각본상을 수상했다.

2009년에는 김유진 감독의 〈신기전〉과 전수일 감독의 〈검은 땅의 소녀와〉가 경쟁부문에, 박재옥 감독의 〈스탑〉이 단편경쟁부문에 각각 초청되었다. 전수일 감독은 감독상을 수상했다. 김지운 감독의 〈좋은 놈, 나쁜 놈, 이상한 놈〉과 이미 상영되었던 〈공동경비구역 JSA〉 등 9편을 포함해 모두 13편의 한국영화가 초청되면서 파지르 영화제의 또다른 중심을 이루었다.

올해 열린 파지르 영화제에는 많은 변화가 있었다. 세이드 모함마드 후세이니가 이슬람 문화부 장관이 되고, 영화국장이 자바드 샤막다리로 바뀌면서, 마흐디 마소드샤이가 집행위원장으로 새로 부임했다. 또한, 주 행사장을 중동에서 가장 높은 건물인 밀라드 타워의 국제 컨벤션 센터로 옮겨 영화제를 이란 최대의 문화행사로 격상시켰다. 그러나 작년에 아마디네자드 대통령이 부임하면서 촉발된 소요사태로 이란의 많은 감독들이 영화제 불참을 선언하고, 해외 게스트들도 안전을 이유로 불참했다. 17개의 섹션에 모두 280여 편이 초청되어 작년과 비슷한 규모를 유지했지만 이란 필름마켓은 매우 한산했다. 한국영화는 이해준 감독의 〈김씨 표류기〉와 김태균 감독의 〈크로싱〉이 비경쟁부문에 초청되었다.
이 와중에도 신인들의 활약은 두드러졌다. 첫 장편인 〈죽음의 여정〉(Journey Of Death)을 선보인 아가 카리미 감독은 고립된 상황에서 서로를 경계하는 택시기사와 승객의 팽팽한 불신감을 그렸으며, 〈비터 드림〉(Bitter Dream)으로 칸 영화제에 초청되었던 모흐센 아미르유세피 감독은 두번째 장편 〈불을 지키는 사람〉(Fire Keeper)으로 주목을 받았다. 부산국제영화제와 인연이 있는 감독들도 꾸준히 활약하고 있었다. 〈길라네〉(Gilaneh, 2005)와 〈정맥 주사〉(Mainline, 2006)로 부산을 찾았던 모흐센 압돌바합 감독은 단절과 오해로 가득한 이란의 현대 사회를 풍자한 옴니버스 영화 〈방해하지 마시오〉(Please Don't Disturb)로 호평을 받았다.
올해 파지르에서 가장 주목받는 영화 〈테헤란, 테헤란〉을 선보인 마지드 마지디 감독은 무너져가는 집에서 고군분투하는 도시 빈민을 따스한 인간애로 그려냈다. 하지만 모흐센 마흐말바프 감독이 여전히 프랑스 망명상태에서 반정부 시위를 하고 있고, 많은 감독들이 정치범 석방을 요구하며 작품활동을 중단하고 있는 현실은 가슴 아프게 다가왔다. 그래서인지 올해는 유독 상호불신과 소통의 부재, 인간의 나약함 등과 같은 무거운 주제의 영화가 많아 보였다.
최근 자파르 파나히 감독과 가족이 '정치적인 이유'로 이란 당국에 체포되어 구금된 일도 있었다. 자파르 파나히는 1999년 제2회 부산프로모션플랜(PPP)에서 발표된 〈순환〉(The Circle)으로 베니스 영화제에서 황금사자상을 받은, 부산과 끈끈한 인연이 있는 감독이다. 뿐만 아니라 나와는 러시아 소치 영화제, 호주의 '아시아 퍼시픽 영화상' 등 여러 영화제에서 심사위원을 함께한 절친한 친구다. 아시아영화진흥기구에서도 그의 석방을 탄원하는 운동을 전개하고 있다. 그가 조속히 풀려나기를 기대한다.

파지르 영화제는 그동안 많은 위기를 겪어왔다. 혁명과 전쟁, 무역봉쇄와 같은 시련에도 이란 영화가 세계로 진출할 수 있는 교두보 역할을 꾸준히 해온 점이 높은 평가를 받고 있다. 자국의 영화문화 전반에 걸친 자부심이 안정적인 재정 투자로 이어지고, 이것이 이란 영화층을 두텁게 하여 국제적으로 인정을 받게 되는 선순환 구조가 있기에 가능한 일이다. 국가가 영화진흥에 힘쓰는 것과 더불어 많은 독립영화인들이 활동하고 있는 것 역시 이란 영화계에 건강한 다양성을 부여해주고 있다. 부산국제영화제도 한국영화의 성장과 더불어 성장해왔다는 점에서 파지르 영화제와 닮은 점이 많다. 자국 영화와 자국인들에게 든든한 버팀목이 되고 소중한 자산이 되기 위해 오늘도 두 영화제는 함께 노력해나가고 있다.

이란의 영화가족 마흐말바프 일가

마흐말바프 일가는 이란의 가장 유명한 영화가족이다.

아버지인 모흐센 마흐말바프는 이란을 넘어 아시아가 낳은 세계적인 거장 감독으로 손꼽히고 있다. 1957년 테헤란 출생으로 10대 시절부터 반정부 운동에 가담했으며, 1982년에 〈노수의 회개〉로 감독으로 데뷔한 후 정치적인 소재와 현실 비판을 아우르면서 이란 현대영화를 대표하는 인물이 되었다. 국내에서도 〈칸다하르〉와 같은 작품이 개봉되었고, 1998년작 〈고요〉는 제3회 부산국제영화제 개막작으로 초청되기도 했다. 모흐센 감독은 마흐말바프 학교를 통해 자신의 가족뿐만 아니라 여러 사람에게 다양한 방법으로 영화를 가르치는 실천적 영화인이기도 하다.

그의 아내이자 아이들의 어머니인 마르지예 메쉬키니는 마흐말바프 영화학교에서 4년간 영화를 공부하였으며, 남편과 장녀 사미라 마흐말바프의 작품에서 조연출 및 편집을 담당했다. 〈내가 여자가 된 날〉(2000)이라는 작품으로 이란의 여성 영화감독 대열에 본격적으로 합류했다.

장녀 사미라 마흐말바프는 1980년생으로 여덟 살 때 아버지의 〈싸이클리스트〉에 출연하면서 영화에 입문했고, 1994년부터 1997년까지 마흐말바프 영화학교를 다녔다. 열여덟 살에 만든 〈사과〉(1998)가 칸 영화제 주목할 만한 시선 부문에 초청되어 주목을 받기 시작했고, 〈칠판〉(2000)은 칸 영화제 경쟁부문에 초청되어 심사위원대상을 받았다. 둘째이자 장남인 메이삼 마흐말바프는 아버지의 작품뿐 아니라 어머니가 만든 〈내가 여자가 된 날〉의 편집을 맡았다. 그는 누이가 만든 〈칠판〉의 제작과정을 담은 다큐멘터리 〈사미라는 〈칠판〉을 어떻게 만들었는가〉로 데뷔했다.

막내인 하나 마흐말바프는 여러 단편을 만들다가 2007년에 〈학교 가는 길〉이라는 작품을 선보였다. 열네 살 때부터 다큐멘터리를 만들기 시작한 그녀는 아프가니스탄을 배경으로 만든 〈학교 가는 길〉을 통해 열여덟 살의 나이에도 불구하고 여러 상을 받았다.

이처럼 영화를 만드는 마흐말바프 가족은 제작비 마련을 위해 집과 차를 팔기도 하고, 이란의 검열에 시달리기도 하지만, 자급자족의 영화제작 방식을 통해 창의성을 잃지 않고 있다. 무엇보다 한 가족이 모두 연출을 하는 경우는 영화 역사상 유례를 찾아보기 힘든 것이다.

홍콩 영화제가 사랑을 받은 데에는 많은 이유들이 있겠지만, 도시 자체가 지닌 매력 또한 빼놓을 수 없다. 영화관이 있는 홍콩 섬과 구룡 지역 사이를 오가는 페리 선(船)의 낭만, 이국의 풍취를 자아내는 멋진 야경, 다양하고 맛있는 음식들, 언어소통의 용이함 등 홍콩은 여러 장점을 지닌 도시다.

HK International Film Festival

중국 홍콩 국제영화제
Hong Kong International Film Festival

홍콩영화 전성기의 화려한 기억과 낭만을 간직한 영화제

홍콩, 도쿄, 부산은 아시아를 대표하는 국제영화제가 열리는 도시다. 홍콩 영화제는 부산영화제보다 19년 전인 1977년에, 도쿄 영화제는 11년 전인 1985년에 출범했다. 1996년 사단법인으로 부산국제영화제가 출범한 직후에, 가장 먼저 홍콩 영화제를 찾았다. 영화제 전반에 걸친 벤치마킹도 필요했고, 무엇보다도 영화제 창설을 알리고 주요 해외 영화인들과 영화를 초청하는 일이 시급했기 때문이다. 때마침 홍콩 영화제는 20주년을 기념하는 해였다.

홍콩 영화제는 3월 25일부터 4월 9일까지 16일간 열렸지만, 나는 4월 4일부터 나흘간 머물다 왔다. 영화제 측은 20주년 기념행사로 홍콩영화 회고전과 함께 '한국 고전의 발견'이란 주제로 〈자유부인〉(한형모), 〈하녀〉(김기영), 〈마부〉(강대진), 〈사랑방 손님과 어머니〉(신상옥), 〈오발탄〉(유현목), 〈김 약국집 딸들〉(유현목), 〈삼포로 가는 길〉(이만희), 〈짝코〉(임권택), 〈안개마을〉(임권택), 〈바보선언〉(이장호), 〈깊고 푸른 밤〉(배창호), 〈티켓〉(임권택) 등 12편의 한국영화를 특별 초청했고, '전후 한국영화'에 관한 세미나를 개최했다. 일반 프로그램에서 상영된 〈아름다운 청년 전태일〉의 박광수 감독과 〈낮은 목소리〉의 변영주 감독은 출품작 감독으로, 박기용 감독과 이효인 교수는 세미나 주제의 발표자로, 나는 참관자로 참석했다. 프로그래머 웡아인링이 기획한 한국영화에 관한 회고전과 세미나는 한국영화에 대한 인식을 국제사회에 각인하는 데 큰 역할을 했다. 부산국제영화제 부위원장을 맡고 있던 박광수 감독과 나는 만나는 사람마다 부산국제영화제 창설을 알리고 부산에 와줄 것을 부탁했다.
베를린 영화제의 '영 포럼' 책임자 울리히 그레고르에게 심사위원장을 부탁했으나 그는 선약 때문에 참석하지 못했고, 영화평론가인 부인 에리카 그레고르가 심사위원으로 부산에 왔다. 웡아인링은 일 년 후 본토 상환을 앞둔 상황에서 중국과의 마찰로 영화제가 끝나자마자 퇴임했고, 우리는 즉시 부산영화제 자문위원으로 그녀를 영입하여 창설과정에 관한 자문역할을 맡게 했다. 그해 6월 7일 부산에서 열린 부산국제영화제 창설 관련 세미나에 그녀를 초청하기도 했다.
현재 홍콩 영화제에는 부산의 프로그래머와 마켓 실무자들이 매년 참석하고 있기 때문에 내가 직접 홍콩에 가지는 않는다. 영화제 경비를 불필요하게 지출할 필요가 없기 때문이다. 그러나 올해는 좀 특별했다. 지난 1월 13일 부산국제영화제가 한국의 위상을 국제사회에 드높인 공로로 사단법인 한국이미지커뮤니케이션 연구원 최정화 이사장으로부터 '디딤돌 상'을 받게 되었다. 또한 부상으로 주어진 것이 공교롭게 서울-홍콩 간 왕복항공권이었다. 이런 핑계로 15년 만에 홍콩 영화제에 참석하게 되었다.

홍콩 영화제는 1977년 6월 27일 '세계영화계를 이끄는 홍콩영화의 위상을 높이기 위한' 목적으로 홍콩 시청과 오락위원회의 주도 아래

홍콩 영화제 쇼수웨이 집행위원장(위 가운데), 윌프레드 왕 조직위원장과 함께. 2010년 올해는 한국 배우 한예슬(아래 가운데)이 홍콩의 VJ인 안젤라 우, 리사와 함께 아시아영화상 사회자로 초빙됐다.

창설되었다. 출범 당시부터 홍콩 영화제는 아시아 영화에 포커스를 맞추는 비경쟁영화제를 표방하였다. 홍콩 영화제는 경쟁영화제의 화려한 외형보다는 비경쟁영화제의 내실을 추구하면서 착실하게 성장했고, 1984년 첸카이거의 〈황토지〉(Yellow Earth)를 소개하며 중국 5세대 영화의 탄생을 세계에 알렸다. 홍콩 영화제가 사랑을 받은 데에는 많은 이유들이 있겠지만, 도시 자체가 지닌 매력 또한 빼놓을 수 없다. 영화관이 있는 홍콩 섬과 구룡 지역 사이를 오가는 페리 선(船)의 낭만, 이국의 풍취를 자아내는 멋진 야경, 다양하고 맛있는 음식들, 언어소통의 용이함 등 홍콩은 여러 장점을 지닌 도시다.
하지만 1997년 홍콩이 중국에 반환된 뒤 영화제의 독립적 운영에 어려움이 생기면서 홍콩 영화제가 담당했던 아시아 영화 창구로서의 역할은 퇴색하기 시작했다. 홍콩 영화제는 아시아 영화 섹션을 없애고, 부산영화제의 '뉴커런츠'처럼 아시아의 디지털영화 경쟁부문을 신설하는 등 변화를 꾀했지만 큰 성과는 없었다. 영화제 측은 타개책을 모색하며 전전긍긍했지만 정작 대안은 정부 측에서 나왔다. 필름과 TV 마켓인 홍콩 필름마트의 개최 일정을 홍콩 영화제와 맞추고, 아시아영화상을 신설하여 화려한 축제로서의 면모를 갖추고자 한 것이다. 홍콩 필름마트는 원래 무역 발전국에서 개최하던 필름과 TV 마켓으로 매년 6월에 개최되었다. 홍콩 정부는 영화 · TV · 음악산업 분야를 총괄하는 '엔터테인먼트 엑스포 홍콩'을 창설하면서 홍콩 영화제와 아시아영화상, 홍콩 필름마트를 '엔터테인먼트 엑스포 홍콩'의 한 행사로 편입시켰다.

올해 홍콩 필름마트는 50여 개국에서 540여 개 업체가 참가함으로써 뚜렷한 성장세를 반영했다. 홍콩 필름마트의 이러한 성장세는 중국 시장과 밀접한 관련이 있다. 중국의 영화시장이 급성장하면서 중국의 신생 업체들이 대거 홍콩 필름마트를 찾고 있으며, 중국시장 진출

홍콩 필름마트는 글로벌 영화들이 아시아로 진출하는 첫 관문이다(위). 지난 4년 동안 〈괴물〉(2007)과 〈밀양〉(2008), 올해 〈마더〉에 이르기까지 한국영화가 세 번이나 작품상을 수상했다(아래).

을 노리는 해외 업체들도 늘고 있기 때문이다. 아시아영화상은 2007년에 시작되었다. 당시 정부에서 영화제 측에 5백만 홍콩달러의 운영비를 지원하며 아시아영화상의 출범을 독려했다. 이는 2006년 시작된 부산국제영화제의 아시아 필름마켓 행사 중 하나인 '스타서밋 아시아'에 자극받았기 때문인 것으로 알려졌다. 2010년의 아시아영화상은 3월 22일 홍콩 컨벤션 센터에서 열렸다. 이날 시상식에서 주목의 대상은 단연 한국영화였다. 봉준호 감독의 〈마더〉가 작품상, 여우주연상, 각본상 등 3개 부문에서 수상한 것이다.

이는 비단 올해만의 현상이 아니다. 지난 4년 동안 〈괴물〉(2007년 1회)과 〈밀양〉(2008년 2회) 그리고 올해 〈마더〉까지 한국영화가 세 번이나 작품상을 수상한 것이다. 시상식 사회자 세 명 중에는 한국의 한예슬 씨가 초빙되어 눈길을 끌었다. 그녀는 유창한 영어와 진행 실력을 과시하였다. 반면 아시아영화상의 전체적인 열기는 예년에 비해 다소 떨어지는 편이었다. 성룡, 유덕화, 여명, 왕가위, 조니 토 등 홍콩을 대표하는 많은 스타 배우나 감독들이 참석하지 않았다. 이들은 1회 시상식 때에는 대부분 자리를 지켰다. 더군다나 수상자인 봉준호 감독과 김혜자 씨마저 불참해서 영화제 측은 매우 아쉬워하였다.

진짜 문제는 그 다음이다. 영화제가 한정된 인력으로 대규모 행사인 아시아영화상의 운영까지 떠안다보니, 정작 영화제에 대한 집중도가 떨어지는 문제가 발생하고 있는 것이다. 지난 몇 년간 영화제는 예산 검열 등 이러저러한 어려움을 겪었고, 변화가 필요하다는 판단하에 지난해 새로운 집행위원장을 영입하였다. 싱가포르 국적을 가지고 있는 쇼수웨이가 그 주인공이다. 그녀는 홍콩영화의 전성기를 이끌었던 영화사 쇼브러더스의 창립자 런런쇼의 손녀딸로, 주로 미디어와 배급 쪽 경력을 가지고 있다. 새롭게 집행위원장을 영입할 당시 국적과 젊은 나이 때문에 일부 반발도 있었다고 한다. 그녀는 올해 베르사체와 아우디 등 명품 브랜드 업체를 스폰서로 영입하는 능력을 발휘하여 홍콩 영화제의 재정 안정에 기여하고 있다.

얼마 전에 집행위원장이 쇼수웨이에서 로저가르시아로 다시 바뀌었다. 그럼에도 홍콩 영화제가 정작 필름마트와 아시아영화상에 가려 무게 중심을 잃고 있는 것은 아쉬운 일이다. 이를테면 홍콩 영화제의 개막식은 화려함과는 거리가 먼 영화제의 모습을 유지해왔지만, 하루 차이로 열리는 아시아영화상과 대비되면서 상대적으로 초라해 보이는 것 또한 엄연한 현실이다. 과거에는 1천5백 석 규모의 홍콩문화센터 대극장에서 개막작을 상영하지만, 이제는 홍콩 컨벤션 센터의 3백석 규모의 소극장에서 개막작을 상영한다. 올해는 이 3백석 규모의 개막작 상영관도 좌석의 3분의 2 정도를 겨우 채웠을 뿐이다. 상영관 또한 홍콩 전역에 산재해 있어 관객의 열기를 모으기가 쉽지 않다. 영화제 기간도 17일로 상당히 긴 편인데, 평일 낮에는 관객이 많지 않기 때문에 상영 횟수가 그다지 많지 않으며, 그 때문에 초청작품 편수가 240편임에도 불구하고(지난해 부산국제영화제는 9일간 355편 상영) 영화제 기간을 길게 잡고 있는 것이다. 홍콩 영화제에서의 세계 최초 상영(월드 프리미어)의 이점도 이제는 점차 사라지고 있다. 올해 홍콩 영화제의 월드, 인터내셔날 프리미어 숫자는 65편에 불과했다(PIFF는 지난해 144편이었다).

홍콩 영화제의 흥망성쇠는 홍콩영화 산업의 부침과도 밀접한 관계가 있다. 1980년대 홍콩영화의 전성기는 곧 홍콩 영화제의 전성기이기도 했다. 하지만 21세기에 들어서면서 많은 홍콩 영화인들이 해외로 건너갔고, 뒤를 이을 눈에 띄는 신인들도 그다지 많이 배출되지 못했다. 홍콩 영화산업은 그렇게 내리막길을 걸었다. 이제 남은 희망은 광대한 중국시장이다. 홍콩은 중국과의 합작과 교류를 늘려가고 있고, 홍콩 필름마트 역시 그에 힘입어 성장을 거듭하고 있다. 문제는 중국의 엄격한 검열제도와 제작 시스템의 차이로 인해 홍콩영화의 창의적 장점이 아직은 잘 발휘되지 못하고 있다는 점이다. 홍콩 영화제의 위상 역시 홍콩영화의 현황처럼 아직은 시계가 불안정한 변환기에 놓여 있다. 하지만 누구나가 기억하는 홍콩 영화제의 낭만은 영화제의 위상과 상관없이 오랫동안 보존되어야 할 문화유산과도 같은 것이 아닐까.

중국 제5세대 영화

1982년 베이징 영화학교 출신들이 주축을 이룬 중국의 영화감독 군을 일컫는다. 장쥔자오 감독은 촬영감독인 장이모우와 함께 항일전쟁 당시 공산당의 사슬에 묶인 죄수들이라는 비판적인 소재의 영화 〈하나와 여덟〉을 만들어 화제를 모았다. 그러나 당시 중국사회에서 이 영화를 공개할 수 없었다. 같은 해 졸업 동기인 첸카이거 감독 역시 장이모우 촬영감독과 함께 〈황토지〉를 만들었다. 중국의 민족지학을 바탕으로 한 붉은빛이 감도는 이 작품은 홍콩 국제영화제를 통해 소개가 되면서 전 세계의 이목을 집중시켰다. 첸카이거는 또한 〈대열병〉(1985), 〈아이들의 왕〉(1987) 등을 만들어 과거의 문화혁명을 강력하게 비판했다.

또한 이들과 동급생이었던 톈좡좡 감독의 〈사냥터에서〉(1985)와 〈말도둑〉(1986)은 정치적으로 예민한 상태에 놓여 있던 몽골인과 티벳인들에게 초점을 맞추어 중국 내의 한족중심주의를 비판하기도 했다. 다민족 국가인 중국사회가 오래전부터 한족을 중심으로 지배이데올로기를 형성해온 것을 비판적인 시각으로 다루었던 것이다. 저명한 다큐멘터리 감독 요리스 이벤스는 톈좡좡의 영화를 보고 난 뒤 중국영화의 무한한 가능성을 예찬했다.

제5세대 감독들은 중국 문화혁명에 대한 비판과 국가에 대한 환멸을 거리낌 없이 표현했다. 이들이 만든 1980년대의 주요한 영화들은 베를린 국제영화제를 중심으로 곳곳에서 소개되면서 국제적인 명성을 쌓았지만, 중국 내에서는 검열과 비난의 대상이 되었다. 장이모우는 1980년대 중반부터 감독으로 변신하여 〈홍등〉, 〈국두〉, 〈붉은 수수밭〉과 같은 '레드 3부작'을 선보였는데, 붉은색은 중국의 민중을 대변하는 동시에 질곡에 묶여 있던 여성의 성정체성을 상징했다. 훗날 이러한 스타일은 서구사회가 중국을 소비하는 '오리엔탈리즘'을 유도했다는 비판을 받았다. 그런 비판에도 불구하고 다른 한편에선 중국문화의 특색들을 양식화했다는 찬사가 지속됨으로써 5세대에 대한 평가를 엇갈리게 했다.

장이모우의 행적만 보자면, 1990년대에는 〈인생〉이나 〈귀주이야기〉와 같은 민중의 삶을 다룬 영화로 상찬을 받는가 하면, 2000년대에는 〈영웅〉과 〈연인〉 같은 대작 스펙터클을 만들며 변질되었다는 비판을 받기도 했다. 타고난 이야기꾼 장이모우는 오늘날에는 대작 연출과 소박한 리얼리즘 영화를 오가며 말년의 삶을 살아가고 있다. 후세대 감독들은 이런 태도를 비판적으로 바라보지만, 시대의 변화에도 꿋꿋이 자신의 스타일을 지키는 5세대의 몇몇 감독들은 오늘날 중국영화의 대표자로 평가되고 있다.

상영된 영화는 모두 23편으로 영화제의 규모가 작은 만큼 게스트도 많지 않았다. 영화제 직원도 몇 명에 불과했다. 하루의 영화상영이 끝나면 초청된 영화인과 영화제 스태프, 자원봉사자들이 함께 어울려 저녁을 먹었고, 2차로 허름한 술집이나 가라오케에 들러 밤늦도록 술잔을 기울이거나 춤을 추면서 함께 지냈다.

ASIA

Focus on Asia
Fukuoka International
Film Festival

일본 후쿠오카 아시아영화제
Fukuoka Asian Film Festival

포커스온아시아 후쿠오카 국제영화제
Focus On Asia, Fukuoka International Film Festival

한 가족처럼 따뜻하고 친근한 영화제, 가을의 후쿠오카를 물들이다

후쿠오카는 내가 좋아하는 도시 중 하나다. 그곳에 가면 왠지 옛날에 살았던 고향에 온 것 같은 느낌이 든다. 인구 142만 명, 면적 340평방킬로미터로 일본에서는 네번째로 큰 도시다. 부산의 절반 정도 되는 인구와 규모를 갖췄지만 내게는 작고 아늑한 도시로 느껴진다. 벌써 13년이나 되었다. 1년에 최소한 한 번은 후쿠오카를 찾는데, 갈수록 정이 더 든다.

후쿠오카는 부산과 밀접한 관계에 있다. 지난 2006년 6월에 언론계와 문화예술계가 주도하여 '부산-후쿠오카 포럼'을 창설한 후, 매년 문화예술계와 언론계가 교환방문을 하고 있다. 2007년 2월에는 두 도시 간의 자매결연이 맺어졌다. 2008년 10월 20일에는 초광역경제협력협의회가 창립되었으며, '우정의 해'로 선포되었던 2009년에는 이를 기념하는 문화교류 활동이 전개되었다. 그리고 현재는 2011년을 목표로 '아시아 게이트웨이' 프로젝트가 두 도시에서 추진되고 있다.

이처럼 후쿠오카와 부산, 두 도시 간의 우정은 해가 갈수록 두터워지고 있는 것이다.
부산과 끈끈한 우정을 자랑하는 이곳 후쿠오카에는 두 개의 영화제가 있다. 7월에는 '후쿠오카 아시아영화제'가 열리고, 9월에는 '후쿠오카 국제영화제'가 개최된다. 두 영화제 모두 규모가 작고 아시아 영화만 상영한다는 점에서는 성격이 같다. 7월의 영화제는 마에다 부부가 창설하여 지금까지 운영하고 있고, 9월의 영화제는 후쿠오카시에서 창설했지만 2006년까지는 사토 다다오 부부가 운영해왔다. 두 커플 모두 잉꼬처럼 항상 함께 다니는 것으로 유명하다.

후쿠오카 아시아영화제

여름에 열리는 후쿠오카 아시아영화제는 1987년 슈 마에다와 미요 이마무라 부부가 창설했다. 슈 마에다는 규슈대학에서 생물학을 전공했다. 영화에 심취했던 그는 대학에서 만난 미요 이마무라와 함께 영화 동아리 활동을 전개하면서 영화평론을 쓰기도 했다. 졸업한 후 이들은 작은 규모의 영화제를 운영하다가 1987년에 이 영화제를 창설했다. 이들 부부는 1988년부터 매년 영화 선정을 위해 영화진흥공사(현재 영화진흥위원회)를 방문하기 시작했고, 당시 공사 사장으로 재직했던 나는 이때부터 이들 부부와 친해졌다. 그 후 1996년 부산국제영화제가 창설되면서 마에다 부부는 매년 영화제를 찾아오는 단골손님이 되었다.
제1회 부산국제영화제가 끝난 이듬해, 이들 부부는 나를 심사위원으로 초청했고 나는 처음으로 후쿠오카를 방문했다. 캐나다에서 활동하는 한국계 여성감독 헬렌 리, 중국 감독 황지엔신이 심사위원으로

1997년 7월 후쿠오카 영화제 자원봉사자, 스탭 및 심사위원단 (앞줄 왼쪽 두번째부터) 마에다 집행위원장, 헬렌 리(한국계 캐나다 감독, 심사위원), 김동호 위원장, 황지엔 신(중국 감독, 심사위원).

함께 참여했고, 경쟁부문에 초청된 8편의 영화 중 중국의 장밍 감독이 만든 〈무산의 비구름〉(Rain Clouds Over Wushan)이 그랑프리를 받았다. 이 영화는 제1회 부산국제영화제에서 '최우수아시아영화작가상'을 수상한 작품이었다. 상영된 영화는 모두 23편으로 영화제의 규모가 작은 만큼 심사위원을 제외한 게스트도 많지 않았다. 영화제 직원도 몇 명에 불과했다. 하루의 영화상영이 끝나면 초청된 영화인과 영화제 스태프, 자원봉사자들이 함께 어울려 저녁을 먹었고, 2차로 허름한 술집이나 가라오케에 들러 밤늦도록 술잔을 기울이거나 춤을 추면서 함께 지냈다. 한 가족처럼 따뜻하고 친근한 영화제, 이것이 바로 후쿠오카 아시아영화제다.

마에다가 이끄는 이 영화제는 1990년 제4회 영화제에 40편이 상영된 것을 제외하고는 매년 15~25편의 아시아 영화가 상영된다. 1994년 제8회 영화제부터 경쟁부문을 신설(그랑프리 1개만 시상)하면서 아시아

파노라마 부문이 독립되었고, 심사위원이 만든 영화와 개막작품 등 특별상영부문이 해에 따라 추가되기도 한다. 신설된 경쟁부문에는 5~7편 정도가 선정된다. 1991년에는 처음으로 북한영화 7편이 상영됐다.

7월의 후쿠오카 아시아영화제 체류 기간 중 일본의 전통축제 '하카타 기온 야마카사'를 볼 수 있었던 것은 큰 행운이었다. 일본의 중요 무형 민속문화재로 지정된 이 전통축제는 1241년에 처음 열린 이후 769년을 전승해오면서 일본의 대표적인 '마쓰리'로, 또 많은 관광객을 끌어 모으는 관광 자원으로 각광받고 있다. 마쓰리는 신을 받들어 봉사하면서 신의 영혼을 위로하고 제사를 지내는 갖가지 의식을 통틀어 말한다고 할 수 있다. 신사에서 신에게 제사를 지낸 다음, 신을 더욱 기쁘게 하기 위해 길거리로 나가서 많은 구경꾼들 앞으로 신명나게 행진한다.
후쿠오카의 하카다 지역에서 열리는 마쓰리는 동네마다 주민들이 모

1997년 7월 후쿠오카영화제_ (왼쪽부터) 마에다 집행위원장, 김동호 위원장(심사위원), 황지엔 신 중국 감독(심사위원) 및 미요 이마무라. **2007년 9월 후쿠오카영화제_** (왼쪽 두번째부터) 사토 다다오 전 집행위원장, 김동호 위원장, 사토 위원장의 부인과 다카노 여사.

여 '카자리야마'라 부르는 무겁고 큰 가마를 만들고, 그 위에 종이로 만든 커다란 인형을 올려놓는다. 그 다음 '훈도시' 차림의 장정 1~2백 명이 한 조가 되어 이를 어깨에 메고 약 5킬로미터의 거리를 달려 구시다 신사에 봉안한다.
흥미로운 것은 매년 7월 15일 새벽 4시 59분, 여러 동네에서 동시에 가마들이 출발해 구시다 신사에 모여 제례를 치른 후 일제히 해산한다는 것이다. 카자리야마가 거리를 지나가면 동네 사람들이 몰려나와 이들에게 물을 뿌려 땀을 식혀준다. 마을주민 모두가 준비하고 동참해 동네 단위로 겨루는 마을축제인 셈이다. 영화제와 마쓰리가 어우러지면서 전통과 현대가 만나는 자연스러운 풍경이 연출된다.

지난해 7월, 나는 또다시 이 영화제의 심사위원으로 초청을 받았다. 세계적인 불황으로 대부분의 영화제가 규모를 축소했는데 이 영화제도 예외는 아닌 듯했다. 심사위원은 후쿠오카에 거주하는 프랑스 평론가 세바스천 프로와 나 둘뿐이었고, 심사 대상인 경쟁부문에 한국 영화 〈미스 홍당무〉(이경미), 〈달콤한 거짓말〉(정종화)과 태국 영화 등 3편, 개막영화 〈강철중〉(강우석)과 아시아 파노라마 부문에 8편 등 모두 12편의 영화만 초청됐다. 해외 게스트도 거의 없었다. 그러나 멀리 도쿄, 오사카, 야마가타에서 찾아오는 열성적인 영화팬들로 영화관은 이내 가득 찼다. 이들이 있어서 마에다 부부는 불황을 극복하면서 이 영화제를 이끌고 있는 게 아닐까 하는 생각이 들었다.

2002년 9월 개막식에서 사토 다다오 전 집행위원장(위). 영화제에 참석했던 임권택 감독(아래).

포커스온아시아 후쿠오카 국제영화제

'포커스온아시아 후쿠오카 국제영화제'는 후쿠오카 아시아영화제보다 4년 늦은 1991년 9월, 후쿠오카 시에 의해 창설되었다. 1980년대 말, 후쿠오카 시는 건축비 214억 달러를 투입하여 시립도서관을 개관하면서 250석 규모의 영화관과 50석 규모의 영화 시사실, 그리고 공조 시설을 완비한 필름저장고를 마련하여 '시민들을 위한 시네마테크'를 운영하기 시작했다. 시 당국은 이 도서관의 준공을 계기로 일본의 저명한 영화평론가 사토 다다오 씨를 집행위원장으로 영입하여 영화제의 창설을 맡겼다. 1930년생인 사토 다다오씨는 140여 권의 책을 저술한 일본의 대표적인 원로 영화평론가이자 학자다. 1996년에는 일본영화학교를 창설하고 교장을 맡아 후진 양성에 주력해왔다. 그는 오래전부터 부인 히사코 다다오와 함께 전 세계를 돌아다니며 영화 선정에 주력했다. 1980년대 중반 그는 마닐라 영화제에서 임권택 감독의 〈만다라〉를 본 뒤 임 감독의 후견자가 되었다.
1989년 임권택 감독의 소개로 사토 다다오 부부를 만났고, 이후 이들 부부가 한국에 올 때마다 식사를 함께했다. 1996년 부산국제영화제를 창설하면서 공교롭게도 개막일과 폐막일의 날짜가 이 영화제와 같아서 곤욕을 치르기도 했다. 이들 부부는 1997년부터 매년 부산영화제를 방문했고, 나도 매년 이 영화제의 개막식에는 반드시 참석하면서 우의를 다져왔다.

사토 다다오 씨는 2006년까지 15년간 영화제를 이끌다가 후쿠오카 시와의 예산 갈등 문제, 부인 히사코 다다오 여사의 건강문제를 이유로 사임했고, 2007년에 개최된 제16회 영화제부터 하루키 야스히로가 후임 집행위원장으로 영화제를 맡아 운영하기 시작했다. 하루키 야스히로는 1952년생으로 와세다대학 제1문학부를 졸업하고 규슈

오타니대학 교수로 있으면서 『아사히신문』과 『니시닛본신문』에 연극 평론을 기고해왔다. 1991년 영화제가 창설되자 기획위원으로 참여하다가 집행위원장까지 맡게 되었다. 그가 새로 영화제를 맡았던 2007년에는 같은 기간에 열린 삿포로 단편영화제의 심사위원장을 맡느라 참석을 못했지만 2008년, 2009년에는 계속해서 후쿠오카 국제영화제를 방문했다.

이 영화제도 매년 20여 편의 아시아 영화를 초청하여 상영하고 있고, 비경쟁영화제로 운영해오고 있다. 2008년에는 이안 감독 특별전 3편을 포함하여 26편의 영화가 상영되었고, 한국영화는 〈7월 23일〉(진승현), 〈처음 만난 사람들〉(김동현), 〈바보〉(김정곤)가 초대되었다. 지난해에 개최된 제18회 영화제에는 '후쿠오카-부산 우정 기념 한국영화 컬렉션'으로 〈낮술〉(노영석), 〈고고70〉(최호), 〈이리〉(장률) 등 3편이 초대되는 등 모두 20편의 아시아 영화가 상영되었다. 이밖에 갑자기 별세한 말레이시아 여성감독 야스민 아마드를 위한 추도행사와 '한류 이후의 한국영화'란 주제의 토론회가 열렸다.

아시아 영화에 초점을 맞춘 이 두 영화제는 경쟁적으로 지역주민들과 영화 마니아들에게 영화에 대한 깊은 이해와 즐거움을 선사하고 있다. 후쿠오카가 아시아와 한국영화를 위한 주요한 자리가 되고 있는 것은 당연한 일이다. 영화제는 이처럼 문화를 확산시키는 스며듦의 축제다. 그것은 정치와 이데올로기가 힘으로 하려는 것을 자연스럽게 이해하도록 만든다. 이들 영화제가 표방하는 것이 바로 이러한 이해와 교류의 마당이라고 할 수 있을 것이다.

극장 앞에서 줄서기

칸 영화제를 비롯한 여러 영화제에서 관객들이 줄을 서서 기다리는 것을 볼 수가 있다. 표를 구하려는 줄이구나 하겠지만, 이들은 영화표 구매가 아닌 영화관 입장을 기다리는 것이다. 좌석이 특별히 지정돼 있지 않은 탓에 일찍 줄을 설수록 유리하다. 칸 영화제는 한꺼번에 관객을 입장시키는 법이 없고 순서에 따라 통제 가능한 인원만 입장시킨다. 검색대를 통과해야 하므로 당연한 절차라고도 할 수 있다. 그러나 한국의 국제영화제는 선착순이 아니라 지정좌석제다. 현재의 극장 시스템을 그대로 수용한 결과다. 그러다보니 상영 전까지만 오면 자리 확보는 문제가 없다. 두 시스템 중 어떤 것이 더 낫다고 할 순 없으리라. 뚜렷한 것은 문화의 차이다. 칸 영화제에서 줄서기를 하다 보면 한 시간을 훌쩍 넘기는 경우가 다반사다. 배지 등급이 낮다면 더더욱 그렇다. 심지어 두 시간 가까이 기다렸는데 만석이 됐다고 돌려보내는 경우도 많다. 한국에서 이런 일이 벌어진다면 어떻게 될까? 그런데 유럽 시네필들의 반응은 의외로 담담하다. 아쉬운 탄성을 한 번 내지른 뒤 순순히 자리를 파한다. 정말 보고픈 영화라면 일찍 줄을 서거나 VIP 라인에서 편하게 입장할 일이다.

유럽의 국제영화제에선 극장에 아주 일찍 들어가 통로측 좌석에 앉아 있다가 더욱 앞쪽으로 들어가달라는 진행요원들의 종용을 받기도 한다. 나중에 입장할 이들이 빨리 착석할 수 있게 배려해달라는 것이다. 개중에는 꿈쩍도 않는 이도 있지만 대개 요청을 따른다. 따라서 잘 되는 영화제는 언제나 '자리 확보'가 관건이다. 뜻밖의 상황도 일어나므로, 어느 국제영화제나 극장 중앙 열은 티켓 판매를 하지 않는 경우가 많다. 상영작 감독과 배우를 위해, 중요한 초청 게스트를 위해 미리 자리를 묶어두는 것이다. 이렇게 자리를 만들어놓지 않으면 상영작 감독과 배우들이 앞자리에 쪼그려 앉게 되는 진풍경이 연출되기도 한다.

한국의 국제영화제에서는 지정좌석제의 장점을 살려 한동안 정시입장제를 시도했다. 상영시간을 넘기면 티켓이 있더라도 입장을 가로막았다. 이 제도 역시 많은 불만을 샀다. 일반 극장에서는 10분이 지나도 입장을 허용해주기 때문이다. 영화제만의 고유한 문화가 현실에 안착하기란 쉬운 일이 아니다. 부산국제영화제에서는 제15회부터 정시입장제를 폐지하고 티켓 소지자가 진행요원을 따라 들어가도록 입장을 허용했다. 그래도 문제는 있을 것이다. 일반 극장에서는 영화를 보며 음료수를 마시거나 과자를 먹는 것을 흔히 볼 수가 있지만 국제영화제에서는 음식물 반입이 금지되어 있고, 물을 소지하는 것 정도가 허용된다. 쾌적한 관람 환경을 제공하기 위해서다. 상황이 이러할진대 적막이 감도는 초반 장면에 누군가가 두리번거리며 발소리를 낸다면 불쾌하지 않을 수 있을까. 자신의 입장도 중요하겠지만 상대를 배려하는 문화가 성장할 때 영화제도 자연스럽게 성숙할 수가 있다. 이렇게 조금씩 고쳐가면서 영화제의 전통과 문화가 이루어진다.

영화, 영화인
그리고
영화제

Mr. KIM Goes To Film Festivals

3

미주 아프리카 오세아니아의 영화제

America
Africa
Oceania

직선으로 뻗은 넓은 도로, 바둑판처럼 들어앉은 건물, 무성한 가로수와 고딕 양식으로 지어진 성당과 바로크풍의 낮은 주택들이 서로 조화를 이루면서 도시를 아름답게 만든다. 사람들은 과달라하라를 '서쪽의 진주' 또는 '장미의 도시'라고 부른다.

FESTIVAL INTERNACIONAL de Cine en Guadalajara

멕시코 과달라하라 국제영화제
Guadalajara International Film Festival

보랏빛 자카란다 꽃, 데킬라, 그리고 그들의 열정에 뜨겁게 취하다

지난 2007년 3월 21일. 나는 멕시코 과달라하라 국제영화제의 초청을 받고 처음으로 멕시코 땅을 밟았다. LA에서 비행기를 바꿔 탄 지 세 시간 만이다. 과달라하라는 멕시코시티에서 북서쪽으로 480킬로미터 떨어진 곳에 위치한 멕시코 제2의 도시이다. 할리스코 주의 주도이며 인구는 4백만 명이다. 해발 1,567미터의 고지대에 위치한 것이 지리적인 특징이지만, 쾌적하고 온화한 기후로 많은 관광객들이 몰려오는 휴양지이기도 하다.

과달라하라는 1530년 멕시코가 스페인(에스파냐)의 식민지가 되면서 계획도시로 건설되었다. 직선으로 뻗은 넓은 도로, 바둑판처럼 들어앉은 건물, 무성한 가로수와 고딕양식으로 지어진 성당과 바로크풍의 낮은 주택들이 서로 조화를 이루면서 도시를 아름답게 만든다. 사람들은 과달라하라를 '서쪽의 진주' 또는 '장미의 도시'라고 부른다. 그러나 장미보다는 브라질이 원산지라는 보라색의 자카란다 꽃이 거리를 뒤덮고 있어 차라리 '자카란다의 도시'라고 부르고 싶다.
과달라하라는 100년 전 멕시코 독립운동의 무대가 된 유서 깊은 도시다. 마야, 아즈텍, 톨테카 문명 등 아메리카 인디오의 찬란한 문명을 이어받은 대도시답게 풍부한 문화유산을 자랑한다. 전통음악 마리아치, 솜브레로 카우보이 모자, 토날라 도자기는 이 고장의 대표적인 문화상품이다. 또한 전 세계 애주가들이 즐겨 마시는 데킬라야말로 과달라하라의 대표적인 브랜드라고 할 수 있다. 그러나 무엇보다 과달라하라의 가장 큰 자랑은 이 지역에서 출생한 화가 호세 클레멘테 오로스코이다. 그는 멕시코 출신인 디에고 리베라와 함께 세계적인 벽화의 대가이다. 과달라하라대학 옆 가장 오래된 성당에 가면 오로스코와 리베라가 벽과 천장에 그린 담청색 벽화가 사람들을 압도한다. 작년 덕수궁미술관에서 열렸던 '중남미 회화 특별전'에서도 이 두 화가의 작품은 압권이었다.
10월이 되면 노래와 춤으로 온 도시가 출렁인다. 공예품 전시를 포함한 다양한 문화행사가 열린다. 영화에 대한 시민들의 열정도 뜨겁다. 바로 이러한 열정이 수도 멕시코시티를 제쳐놓고 이곳에 과달라하라 국제영화제를 탄생시킨 것이다.

과달라하라 영화제는 1986년에 창설되었다. 처음에는 멕시코 영화를 소개하는 '멕시코 영화전'으로 출범했으나 2005년을 전후해서 국제영화제로 규모를 키웠다. 2010년 올해로 25회를 맞은 과달라하라 영화제는 그동안 기예르모 델 토로, 카를로스 카레라, 알폰소 쿠아론, 디에고 루나 등 세계적인 멕시코 감독들을 배출했다. 2003년에 이베로 아메리칸 필름마켓을, 2005년에는 이베로 아메리칸 공동제작 미팅을 창설하면서 중남미 지역의 영화산업을 주도하기 시작했다. 그 중심에 호르헤 산체스 소사 집행위원장이 있다.
2006년에 부임한 소사 위원장은 멕시코 국립 오토노마대학에서 사

개막식 공연을 위해 민속의상을 입은 공연단. 2007년 제22회 과달라하라 영화제의 소사 집행위원장(왼쪽 첫번째)과 게스트들.

회학을, 영화교육센터에서 영화를 전공했다. 그는 졸업 후 영화계에 입문하여 멕시코독립영화제작자협회(AMPI)를 창설했고, 이베로 아메리칸영화제작자연맹(FIPCA)의 창설을 이끌었다. 2001년부터 5년간 브라질 리우데자네이루 주재 멕시코 총영사를 지낸 외교관 출신답게 친화력과 추진력을 겸비했다. 그는 특히 도심에 있는 과달라하라대학을 영화제의 든든한 후원자로 끌어들였다. 2007년도 영화제 예산인 미화 210만 달러(약 24억 원) 중 70만 달러는 중앙정부와 주, 시정부의 지원을 받았고 50만 달러는 대학에서 현금으로 지원받았다. 이 밖에 영화제의 주 극장인 2천5백 석의 '테아트로 디아나'를 포함하여 지하극장, 전시장, 버스 등 시설과 장비는 물론, 자원봉사자들까지 대학의 적극적인 지원을 받고 있다. 소사 위원장은 17편의 영화를 만든 영화제작자이기도 하며, 그 가운데 몇 편은 칸 영화제에서 소개되기도 했다.

처음 이 영화제에 참가했을 때 중남미 국가와 스페인에서 개최되는 크고 작은 영화제의 집행위원장들을 만날 수 있었다. 영화제에서는 멕시코에서 새로 제작된 장·단편영화와 다큐멘터리영화를 선보이고 있었고, 이베로 아메리칸의 장편과 단편 그리고 다큐멘터리영화가 별도의 섹션으로 상영되고 있었다. '브라질 영화 특별전'에서는 브라질에서 새로 제작된 영화와 고전영화를 함께 볼 수 있었을 뿐 아니라 많은 감독들도 만날 수 있었다. 세계적인 작가인 넬슨 페레이라와 코스타 가브라스 감독, 페드로 알모도바르 감독의 회고전도 열렸다. 특히 파리에서 두 차례 점심과 저녁을 함께했던 코스타 가브라스 감독을 과달라하라에서 다시 만나 며칠간 함께 지낼 수 있었던 것은 큰 행운이었다. 그가 2009년 부산국제영화제에 온 것은 이런 인연 덕분이다.
소사 위원장은 특히 칸 영화제와 제휴하여 이베로 아메리칸 공동제

코스타 가브라스 감독(위 왼쪽에서 세번째)의 저서 발표회장(위). 과달라하라 영화제에서 그와 함께 보낸 시간은 좋은 추억으로 남았다. 영화제 기자회견장(아래).

작 미팅을 운영함으로써 칸 영화제의 제롬 파이야르 마켓 책임자, 로테르담 국제영화제의 산드라 덴 하머 집행위원장과 후버트 발스 펀드 책임자, 예테보리 영화제와 베를린 영화제의 기금운영 책임자들을 초청할 수 있었다. 이 역시 그의 수완을 보여준 것이라고 할 수 있다. 한마디로 이곳은 중남미와 스페인 등 스페인어권의 모는 영화와 영화인이 모이는 장소라 할 수 있다. 또한 인상적인 것은 개막식뿐만 아니라 폐막식에도 멕시코시티에서 많은 배우들이 찾아온다는 점이다. 자국 영화제에 대한 애정을 보여주는 대목이다. 다만 개막식과 폐막식을 포함한 기자회견, 세미나, 관객과의 대화 등 대부분의 공식행사가 영어통역 없이 스페인어로 진행되고 있어 불편한 점도 없지 않다.

2010년에 열린 제25회 영화제에서는 또다른 도약을 보여주었다. 멕시코혁명 200주년과 멕시코 해방 100주년을 동시에 맞이한 올해 영화제에서는 예년보다 자국 영화를 많이 상영하였다. 멕시코혁명과 독립을 주제로 한 1분 30초짜리 애니메이션 26개를 모은 공동작품을 주 상영관인 '테아트로 디아나'에서 상영하면서 멕시코 관객들의 인기를 모았다. 또한 멕시코가 사랑하는 국민감독 기예르모 델 토로가 지원하는 멕시코 단편애니메이션 경쟁부문이 신설되어 9편의 영화가 상영되었다. 비경쟁부문에서는 '제3세계'로 불리는 나라들의 영화가 많았고 브라질 '시네마 노보'의 전통으로 유명한 중남미권에서는 여전히 사회참여적이고 정치적인 성향이 강한 영화들이 만들어져 상영되고 있었다.
아르헨티나, 콜롬비아, 칠레, 엘살바도르 등에서도 독재와 내전의 상흔을 소재로 만든 수작들이 대거 선보였다. 그 가운데 내전으로 가족을 잃은 소녀의 시각으로 콜롬비아의 비극적 현실을 조망한 〈거짓말의 바다, 그 초상〉(Portraits In A Sea Of Lies)은 대상과 여우주연상을 수

과달라하라에 처음 방문했던 2007년의 영화제 포스터

상했다. 칠레의 노장 미구엘 리틴, 멕시코의 작가 감독 카를로스 카레라의 신작들도 자국의 정치사회적 현실에 메스를 들이대는 예리함을 보여주었다. 이처럼 유럽을 필두로 멕시코와 중남미를 벗어난 다양한 국적의 영화들이 소개되었지만, 안타깝게도 아시아 영화의 비중은 미미했다. 총 250여 편 중 박찬욱 감독의 〈박쥐〉를 포함해 네 편밖에 눈에 띄지 않았다.

3년 전 과달라하라에 처음 방문했을 때 나는 안내원 카를로스와 그의 친구 유고와 함께 북서쪽으로 48킬로미터에 위치한 '아시엔다 산 호세' 데킬라 공장에 들른 적이 있다. 데킬라는 용설란인 '아가베'로 주조된다. 과달라하라의 도심을 벗어나면 광활한 평원 곳곳에 녹색 또는 청색 '아가베' 농장이 나타난다. 그 거대한 모습이 꽤나 인상적이었다. 항공편을 이용해 멕시코시티도 방문했다. 근교에 있는 피라미드와 시내에 있는 역사박물관, 국립미술관, 현대미술관, 루피노 토마요 미술관 등을 돌아보기 위해서였다. 짧은 일정이었지만 멕시코의 어제와 오늘의 문화를 섭렵할 수 있었던 것은 커다란 행운이었다.

처음 과달라하라 국제영화제를 방문한 후 부산국제영화제와 프로그래머들을 서로 교환하여 초청하면서, 한국영화가 멕시코에 진출하는 길을 텄다. 앞으로 두 영화제 간의 활발한 교류를 통해 한국영화가 중남미 지역에 널리 알려지고 중남미 영화들도 한국에 소개될 수 있기를 바란다.

브라질의 시네마 노보

새로운 영화 세대의 출발은 대부분 새로운 문화적 경험을 한 이들을 거쳐 이루어지는 경우가 많다. 라틴아메리카에서 일어난 '시네마 노보'도 예외는 아니었다. 로마에서 영화를 공부하고 본국으로 돌아온 이들은 제작 여건상 비전문 배우를 기용한 다큐멘터리 스타일의 영화를 만들 수밖에 없었다. 네오리얼리즘의 영향이 있던 시기여서 이들의 초기작은 네오리얼리즘의 스타일과 닮아 있었다. 미학적인 이유도 있었다. 네오리얼리즘이 가난한 사람들과 하층민을 주로 다루었듯이, 현실을 응시하고자 했던 라틴아메리카의 젊은 감독들은 자연스럽게 네오리얼리즘 스타일을 통해 영화를 배우고자 했다.

1963년 브라질 영화감독 '넬송 페레이라 두스 산투스' 감독은 브라질의 오지로 들어간 농촌지역 주민의 삶을 그린 〈메마른 삶〉을 만들었다. '루이 게라'는 원주민인 세르탕 부족 사람들의 굶주림과 군인과의 다툼을 다룬 〈대포〉도 만들었다. 이것을 서막으로, 브라질과 쿠바의 노예를 소재로 한 〈강가줌바〉(1963)에서는 재빨리 서구의 새로운 형식들을 수용해 인류학적 시선으로 피로한 현실을 직시하고자 했다.

'글라우레브 로샤' 감독은 시네마 노보의 무서운 아이였다. 그는 1965년에 「굶주림의 미학」이라는 선언문을 내놓았고, "굶주리는 자들에게 폭력은 일상적 행위다"라는 말로 가난한 자들을 옹호하는 시네마 노보 특유의 독창적인 영화를 만들었다. 이것은 달리 보면 미 제국주의에 대한 도전이기도 했다. 시네마 노보 감독 중 가장 지적인 인물이었던 로샤는 체 게바라와 프란츠 파농의 사상이 겹쳐진 영화들을 선보였고, 1967년에 만든 〈고통의 땅〉을 통해 농촌지역을 벗어나 도시와 정치권력의 투쟁으로까지 영화의 영역을 확장해 보였다. 그러나 1968년에 일어난 브라질의 두번째 쿠데타로 정치적 억압이 심각해지자, 항거의 표시로 망명길에 오른다. 브라질의 현실과 거리를 둔 이후의 작품들은 다소 힘이 떨어진다는 평가를 받는다.

이외에도 시네마 노보는 코미디 스타일의 영화나 브라질의 신화를 담은 다양한 영화들을 선보이며, 디에게스 감독처럼 대중적인 성공을 거머쥔 감독을 낳기도 했다. 하지만 시네마 노보의 영화는 현실에 뿌리내릴 때 그 진가를 발휘했다. 시네마 노보의 주역들은 라틴아메리카의 유수한 작품들을 영화로 옮겨냈고, 다른 한편으로는 자신의 현실을 들여다보며 뜨거운 역사의 시대를 영화와 더불어 살아냈다.

이처럼 오랜 기억을 담아내는 영화적 장소에서 한국영화가 다양하게 상영되는 것을 보니 꽤 이채롭다는 생각이 들었다. 근래의 한국영화도 역사적인 기억의 장소를 찾아서 '다양한 로케이션 촬영'을 시도하고 있다. 언젠가 한국영화 역시 새로운 장르와 새로운 도전으로 이곳을 찾지 않을까. 이곳을 눈에 담아간 무수한 한국 영화인들이 모로코의 인상을 놓치지는 않았을 테니 말이다.

10e FESTIVAL INTERNATIONAL DU FILM DE MARRAKECH
3-11 DÉCEMBRE 2010

모로코 마라케시 국제영화제

Marrakech International Film Festival

숱한 거장들의 영화 속을 누비는 모로코의 황토색 도시

북쪽으로는 지중해, 서쪽으로는 대서양을 마주하고 있는 모로코는 아프리카 북서쪽에 자리잡고 있다. 국토의 3분의 2는 사막이다. 남북을 비스듬히 가로지르는 최고봉 4,167미터의 아트라스 산맥을 중심으로 사막이 내륙을 차지하고 있다. 대서양과 지중해 연안은 이곳 주민의 표현처럼 '구름이 산에 머물다 비를 뿌린' 덕분인지 비교적 비옥하다.

수도는 인구 170만 명의 라밧이고, 제1의 도시는 380만 명이 사는 카사블랑카다. 카사블랑카는 같은 제목의 영화 때문에 실제보다 더 유명하다. 험프리 보가트와 잉그리드 버그만의 열연으로 전 세계 영화 팬들의 심금을 울렸던 마이클 커티즈 감독의 불후의 명화 〈카사블랑카〉는 사실 할리우드의 스튜디오에서 세트촬영을 한 작품이었다. 하지만 모로코란 도시 자체는 대단히 사랑스러운 곳이다. 실제로 그곳을 찾아 영화를 찍었던 감독들이 많다. 알프레드 히치콕, 오손 웰스,

데이비드 린, 리들리 스코트, 마틴 스코시지 등의 감독들이 모로코를 촬영장소로 택했고, 지금도 연간 1천 편 이상의 영화가 이곳에서 촬영되고 있다.

카사블랑카에서 남쪽으로 자동차로 두 시간 반, 비행기로 20분 거리에 마라케시가 있다. 모로코의 옛 수도였던 마라케시는 이슬람문명의 예술과 문화의 중심지다. 도시 전체가 흰색인 카사블랑카와는 대조적으로 마라케시는 도시 전체가 흙색인 황토색으로 통일되어 있다. 지난 2009년 12월, 이 조용한 도시 마라케시를 한국영화가 강타했다. 12월 4일 개막된 제9회 마라케시 영화제에 무려 44편의 한국영화가 초청 상영되었고, 40명에 달하는 한국영화대표단이 마라케시를 찾았다. 44편의 영화에는 1955년에 제작된 〈피아골〉(이강천)에서부터 올해 제작된 〈박쥐〉(박찬욱)에 이르기까지 연도별로 한국영화사에 남는 대표 작품들이 고루 포함되었다.

경쟁부문에 선정된 김태식 감독의 〈도쿄택시〉, 쿠프드쾨르(coup de coeur, '첫눈에 반하다'라는 뜻) 부문의 〈김씨 표류기〉(이해준)를 포함하면 46편이 상영된 셈이다. 해외에서 40편이 넘는 한국영화가 상영된 것은 1994년 프랑스 퐁피두센터에서 80편이 상영된 이후 처음이다. 더구나 우리에겐 여전히 미지의 대륙인 아프리카에서 이처럼 많은 한국영화가 상영된 것은 역사적인 일이다. 한국대표단도 화려했다. 임권택 감독을 비롯해 이두용, 이장호, 장선우, 박찬욱, 이현승, 이윤기, 이경미, 김태식, 양익준, 이해준 등 11명의 한국감독과 강수연, 문소리, 김옥빈, 송강호 등 4명의 배우가 초청을 받았다. 영화진흥위원회 조희문 위원장, 영상자료원 이병훈 원장, 프랑스 주재 최준호 한국문화원장도 대표단에 합류했다.

영화제 개막식에서부터 한국영화를 위한 깜짝쇼가 연출되었다. 국악이 흐르면서 막이 오르자 서울예대의 농악팀이 무대에 등장하여 모로코의 연기자들과 함께 농악공연으로 서두를 장식했고, 무대 위 심

모로코 최대의 시장 수쿠는 아주 유명하다. 저 뒤쪽으로 야외상영 스크린이 보인다.

사위원들과 어울리면서 막이 내렸다. 한국영화 회고전이 열린 12월 6일은 '한국의 날'이었다. 영화제의 주 상영관인 '팔레 데 콩그레스' 주변에는 한국영화의 스타들을 보기 위해 몰려든 관중들로 붐볐고, 공연장 안은 최재철 주 모로코 한국대사를 비롯한 교민들과 영화인, 관객들로 가득 찼다.

30분에 걸친 서울예대의 농악공연, 알랭 코르노 프랑스 감독의 한국영화에 대한 헌사, 27명의 한국영화계 대표단의 무대인사에 이어 심사위원장인 압바스 키아로스타미 감독이 임권택, 박찬욱 감독에게 한국영화에 대한 공로상을 수여하는 순서로 기념식이 진행되었고, 곧이어 임 감독의 〈취화선〉이 회고전 개막영화로 상영되었다.

모로코 최대의 시장인 '수쿠'와 '제마엘프나 광장'에서는 관객들이 운집한 가운데 김지운 감독의 〈놈, 놈, 놈〉과 이명세 감독의 〈형사〉가 심야상영 되었다. 수쿠와 제마엘프나 광장은 유네스코 세계문화유산으로 등재된 곳으로, 히치콕의 영화 〈나는 비밀을 알고 있다〉에서 관광 여행길에 오른 제임스 스튜어트와 도리스 데이가 아들을 유괴당하는 현장으로 묘사된 곳이다. 영화제 기간 동안 발 디딜 틈이 없을 정도였지만, 히치콕의 영화가 촬영된 1955년의 모습은 지금도 그대로 간직하고 있었다.

마라케시 영화제는 2001년, 무레이 라히드 왕자의 적극적인 후원 아래 '유니프랑스 인터내셔널'의 사장이었던 다니엘 토스캉 뒤 프랑티에의 주도로 창설되었다. 유럽과 미국영화 사이에 가교를 잇고 모로코의 독립영화를 진흥시키는 것을 목표로 세웠다.

인도와 모로코(2003), 스페인(2005), 이태리와 인도(2006), 이집트(2007), 영국과 모로코(2008) 등 주요 국가 영화의 회고전과 세계적인 감독 및 배우들의 특별전을 중심으로 상영하고 있고, 일반 상영은 경쟁, 비경쟁, 쿠프드쾨르 부문으로 나뉘어져 30여 편이 선정된다. 상은 그랑프리, 심사위원상과 남녀주연상 등 4개 부문에 수여된다. 다니엘 토스캉 뒤 프랑티에에는 프랑스의 대표적인 영화제작사인 고몽사 사장(1975~1985), 프랑스 영화예술 및 기술아카데미 회장(1992), 세자르 아카데미 회장 등을 역임했던 프랑스 영화계의 대부였다. 1998년 당시 유니프랑스 사장이었던 그는 프랑스의 세계적인 여배우 이자벨 위페르를 비롯한 프랑스 대표단을 이끌고 제3회 부산국제영화제에 참가하기도 했다.

2003년 2월 11일 베를린 영화제 기간 중 그는 오찬을 끝내고 나오다가 호텔 로비에서 심장마비로 별세했다. 당시 옆 테이블에서 오찬을 함께했던 나에게도 그의 죽음은 너무나 갑작스러웠고 상당한 충격이었다. 그가 별세하자 2003년 3회 영화제부터 미망인 멜리타 토스캉 뒤 프랑티에가 이 영화제의 집행위원장을 이어받아 지금까지 맡고 있다.

2004년 마라케시 영화제는 프랑스의 미디어 그룹인 '퍼블릭 시스템즈'로 운영권이 넘어갔다. 퍼블릭 시스템즈는 도빌 미국영화제, 도빌 아시아영화제, 제레르메 영화제와 꼬냑 영화제 등 프랑스의 4개 국제영

2009년 마라케시 영화제는 40편이 넘는 한국영화를 초청했다. 감독과 배우를 포함한 20여 명의 한국대표단이 마라케시를 찾아 공손한 무대인사를 했다. 한국영화 회고전이 열렸던 그해 12월 6일은 '한국의 날'이나 다름없었다.

화제를 운영하고 있는 회사다. 퍼블릭 시스템즈에서 영화제를 운영하게 되자 프랑스 4개 영화제의 집행위원장이면서 고인이 된 다니엘과 친구 브뤼노 바르드가 마라케시 영화제의 예술총감독을 맡게 되었다.
한국영화와 마라케시 영화제와는 오랜 기간 연이 닿지 않았다. 한국영화의 마라케시 진출은 브뤼노 바르드가 2007년 부산국제영화제에 참가하면서 생겨났다. 부산영화제에 매료된 그는 그해 12월에 개최된 제7회 마라케시 영화제에 나를 초청했고, 전수일 감독의 〈검은 땅의 소녀와〉를 경쟁부문에 올렸다. 마라케시에 한국영화가 소개된 것은 이 영화가 처음이었고, 아역배우 유연미가 여우주연상을 수상했다. 그런데 지난해는 무려 46편의 한국영화가 소개된 것이다.

한국영화 회고전 개막행사가 끝난 다음날, 한국대표단은 에사우이라를 방문했다. '잘 그려진'이란 뜻인 에사우이라는 마라케시 서쪽, 승용차로 두 시간 반 거리의 대서양을 마주한 관광의 명소다. 전통 건물과 현대 건물 그리고 아름다운 어촌이 공존하는 이 아름답고 작은 도시는 윈드서핑으로 유명하지만, 그에 못지않게 영화촬영지로도 널리 알려져 있다. 1952년 오손 웰스가 셰익스피어의 희곡을 영화화한 〈오델로〉를 촬영한 이후, 수많은 감독들의 영화가 이곳에서 촬영되었다. 최근에는 리들리 스코트의 〈킹덤 오브 헤븐〉(2005), 올리버 스톤의 〈알렉산더〉(2004) 등 장대한 역사물들이 이곳에서 촬영되었다.
이처럼 오랜 영화적 기억이 서린 곳에서 한국영화가 다양하게 상영되는 것을 보니 꽤 이채롭다는 생각이 들었다. 근래의 한국영화도 역사적인 기억의 장소를 찾아서 '다양한 로케이션 촬영'을 시도하고 있다. 언젠가 한국영화 역시 새로운 장르와 새로운 도전으로 이곳을 찾지 않을까. 이곳을 눈에 담아간 무수한 한국 영화인들이 모로코의 인상을 놓치지는 않았을 테니 말이다.

시네마테크 프랑세즈

전 세계 시네마테크의 원형이자 표본인 시네마테크 프랑세즈는 1936년 영화 수집광이었던 앙리 랑글루아가 창설하였다. 2차 세계대전 이후 재정난이나 화재 등을 겪으면서도 오늘날까지 명성을 지켜가고 있다. 이곳은 고전영화를 상영하는 장소이자 영화를 보존하고 복원하는 것을 목표로 삼고 있다.

2005년 9월에는 건축가 프랭크 게리가 설계한 건물로 이전하면서 프랑스 영화뿐만이 아니라 할리우드의 고전영화, 제3세계의 영화 등을 상영하는 세 개의 상영관과 두 개의 전시관도 갖추게 되었다. 전시도 예술의 중요한 부분으로 여겼던 랑글루아의 정신을 계승한 것이다. 전시관 중 하나는 '영화역사박물관'이다. 3천 개가 넘는 카메라, 소품, 역사적인 사진을 포함한 고문서 등 영화의 역사를 한눈에 볼 수 있다. 다른 한 곳은 시즌마다 다른 테마를 가지고 새롭게 기획된 전시가 정기적으로 이루어진다. 새로운 건물에는 '영화도서관'도 있다. 이곳에는 총 6천 작품이 넘는 DVD와 VHS 테이프를 보관하고 있으며, 영화 관련 서적만 해도 2만5백 권이 넘는다. 영화의 현재를 기록하는 2만 권 정도에 달하는 영화잡지 이외에도 60만 개에 달하는 사진과 문서들이 디지털 데이터 형태로 개방되어 있다.

이곳에 문화사적인 의미를 더한 해는 1968년이었다. 프랑스 드골 정부는 사무국장직을 수행하던 앙리 랑글루아를 해임했다. 이에 분노한 영화인들은 랑글루아의 해임에 반대하면서 시위를 벌였다. 앙리 랑글루아는 복직되었으며, 이를 통해 시네마테크 프랑세즈는 독립성을 인정받았다. 그리고 같은 해 5월에 프랑스 68혁명이 일어났다. 우연의 일치였던 혁명의 기운은 시네마테크 프랑세즈의 의미를 깊게 되새겨주었다. 그러나 오랫동안 정부의 재정 지원에 의존할 수밖에 없는 한계 탓에 알력 관계를 감수해오다가 2003년에야 새롭게 재정된 관련법으로 자유로운 의사결정이 가능해졌다. 물론 의사결정의 독립성은 인정하되, 여전히 재정의 80퍼센트를 국가가 보전해준다. 그들이 영화의 문화적 가치를 어떻게 생각하고 있는지 보여주는 예라 하겠다.

70년이 넘는 세월 동안 영화의 역사를 기록해온 시네마테크 프랑세즈는 시네필들의 메카로 여겨지면서 전 세계 영화인들이 찾아오는 중요한 성소가 되었다.

임권택 감독의 〈아다다〉가 몬트리올 영화제의 경쟁부문에 올랐다는 소식이 날아들었다. 즉시 임권택 감독을 설득했고, 드라마 〈지리산〉을 찍고 있던 주연배우 신혜수와 함께 몬트리올로 날아갔다. 당시는 국제영화제의 네트워크는 물론이고 아무런 토대나 관행도 없던 시절이었다. 〈아다다〉는 공식 시사회가 끝난 후 관객들로부터 기립박수를 받았고, 주연배우 신혜수는 여우주연상을 받는 영예를 안았다. 이때부터 국제영화제와의 만남이 본격적으로 시작되었다.

Festival des FILMS du MONDE | The WORLD FILM Festival

캐나다 몬트리올 국제영화제
Montreal World Film Festival

영화제 역사의 산 증인들이여, 옛 명성을 손에 쥐고 다시 오르막길로!

토론토와 밴쿠버 그리고 몬트리올 영화제는 모두 캐나다를 대표하는 주요 영화제들이다. 올해 35주년을 맞는 토론토 국제영화제는 피어스 핸들링과 노아 코언이 이끌고 있으며 비경쟁영화제 중 정상급에 속한다. 온타리오 호숫가에 위치한 토론토는 인구 437만의 캐나다 제1의 도시다. 내년에 30주년을 맞는 밴쿠버 영화제도 비경쟁영화제이지만, 최우수작품에 '용호(龍虎)상'을 시상하고 있어 비경쟁영화제이면서 '뉴커런츠상'을 수여하는 부산국제영화제와 성격이 비슷하다. 알란 프레니가 집행위원장을 맡고 있다. 태평양 연안에 위치한 밴쿠버는 불어사용권에 속하며, 올 2월에 김연아 선수가 피겨스케이팅 금메달을 땄던 밴쿠버 동계올림픽으로 우리에게 더 친근해진 도시다.
토론토보다 1년 늦게 탄생한 몬트리올 영화제는 한때 세계 8대 영화제의 반열에 올랐던 지명도 높은 경쟁영화제다. 창설 이후 지금까지 세르주 로지크 위원장이 장기 집권하고 있다. 인구 320만이 거주하는 몬트리올은 불어사용권인 퀘벡 주의 수도이자 세인트로렌스 강에 인접한 캐나다 제2의 도시다.

캐나다의 주요 영화제 중 최초로 방문했던 곳이 바로 몬트리올 국제영화제였다. 1988년 4월, 나는 8년간의 문화공보부 기획관리실장을 끝으로 관직에서 물러나 영화진흥공사로 자리를 옮겼다. 88서울올림픽을 앞두고 전국에서 크고 작은 문화행사들이 기획되고 있었고, 영화진흥공사도 올림픽 기간 중에 우리 영화 10편을 충무로에 있는 대한극장에서 무료상영하자는 계획을 확정해놓고 있었다. 이 계획에 대해 개인적으로는 회의적이었다. 왜냐하면 올림픽에 참가하려고 서울에 온 외국인이 극장을 찾을 것 같지도 않았고, 이미 개봉했던 영화를 내국인이 볼 것 같지도 않았기 때문이다. 그래서 별도로 '해외우수영화 특별전'을 마련했다. 88서울올림픽이라는 명분을 앞세워 소련, 동독, 헝가리, 체코, 루마니아 등 공산권 국가들의 영화를 포함해 미국, 프랑스, 이탈리아 등 1985년 이후 주요 영화제에서 수상한 영화 40여 편을 초청할 수 있었다. 작은 규모의 국제영화제를 연 셈이다. 이런 가운데 임권택 감독의 〈아다다〉가 몬트리올 영화제의 경쟁부문에 올랐다는 소식이 날아들었다.
이 영화제의 집행위원장인 세르주 로지크가 직접 서울에 와서 선정해갔다는 사실도 알게 되었다. 이 분위기를 어떻게 더 좋은 결과로 이어갈 수 있을지 고민하지 않을 수 없었다. 한국영화가 주요 영화제에서 경쟁부문에 선정되면 영화진흥공사에서 '한국의 밤' 행사를 개최하는 것이 필요하다고 판단하기에 이르렀고, 즉시 임권택 감독을 설득했다. 그리고 KBS 측에 양해를 구해 드라마 〈지리산〉을 찍고 있던 주연배우 신혜수와 함께 몬트리올로 날아갔다. 박수길 주 캐나다 한국대사에게 '한국의 밤' 행사에 참석한 후 영화제 집행위원장과 조찬을 함께해달라고 부탁했고, 문화공보부에는 천호선 주 캐나다 공

몬트리올 영화제 주 상영관인 메종뇌브에 레드카펫이 깔렸다(위). 1988년 〈아다다〉가 몬트리올 영화제 경쟁부문에 올랐다는 소식을 듣고 임권택 감독, 배우 신혜수와 함께 몬트리올로 날아갔다(아래).

보관을 몬트리올에 파견해줄 것을 요청했다. 나원찬 몬트리올 총영사는 공관에 대표단을 초대하여 환영 만찬을 열었고, 영사 한 명과 승용차 한 대를 배치해주었다. 당시는 국제영화제의 네트워크는 물론이고 아무런 토대나 관행도 없던 시절이었다.

〈아다다〉의 첫 시사회는 1천4백 석의 메종뇌브 극장에서 열리는 오전 프로그램이었다. 우리 교민들이 많이 참석해 열띤 분위기를 조성할 수 있도록 몬트리올 한인교회 목사님들에게 일일이 전화로 부탁을 하기도 했다. 나 역시 처음 참석한 영화제였기에 〈아다다〉에 대한 분위기 조성과 홍보에 치중했다. 다행히 〈아다다〉는 공식 시사회가 끝난 후 관객들로부터 기립박수를 받았고, 주연배우 신혜수는 여우주연상을 받는 영예를 안았다. 이때부터 국제영화제와의 만남이 본격적으로 시작되었다. 다음해인 1989년 8월 임권택 감독의 〈아제아제 바라아제〉가 모스크바 영화제 경쟁부문에 선정되었을 때에도 대표단을 파견해 '한국의 밤' 행사를 개최했다. 이 관행은 현재까지도 이어지고 있다. 파티를 통한 교류는 영화제의 또다른 축제인 동시에 창구 역할을 하고 있는 것이다.

몬트리올 영화제는 지금으로부터 33년 전인 1977년 세르주 로지크와 다니엘 소샤에 의해 설립되었다. 현재까지 로지크는 회장 겸 집행위원장을, 다니엘은 사무총장을 맡고 있다. 20년째 마켓 책임을 맡고 있는 질 베리오도 1978년부터 일하고 있다. 따라서 이들 세 사람은 최장수 집행위원장 또는 사무총장으로 기네스북에 오를 만하다. 세르주 로지크는 1931년생으로 올해 79세가 된다. 대학졸업 후 영화예술학교를 창설한 후 그 책임자로 활동했고, 장뤽 고다르 특별전과 같은 기획전을 꾸준히 열어오다 몬트리올 영화제를 창설했다. 이처럼 20여 년간 주요 경쟁영화제로 영예를 누렸던 몬트리올 영화제는 2000년대에 접어들면서 내우외환을 겪는다. 2003년 5월 칸 영화제

2008년 세번째로 몬트리올을 찾았을 때 영화제의 세르주 로지크 집행위원장과 함께 찍은 사진이다.
그와 나는 영화제에 참석한 각국 대표단과 함께 기념사진을 찍었다.

기간 중 몬트리올 영화제 개최 시기를 9월초로 늦춘다고 발표한 것이 화근이었다. 개최 시기가 겹치게 된 베니스 영화제 모리츠 데 하델른 위원장의 원색적인 비난과 강력한 항의를 받았고, 세계영화제작자연맹(FIAPF)은 경고와 함께 경쟁영화제 등급을 A등급에서 B등급으로 하향 조정했다. 몬트리올 영화제의 로지크는 이에 불복해 연맹의 결정을 거부하는 등 갈등이 상당기간 지속됐다.

그러나 이보다 더한 영화제 최대의 시련과 위기는 안으로부터 왔다. 2003년 장기 집권으로 영화제가 타성과 침체에 빠졌다는 비판 여론이 일자 연방정부와 주정부, 시당국은 영화제에 대한 지원금을 끊었고, 베니스 영화제 집행위원장에서 물러난 모리츠 데 하델른에게 새로운 영화제의 창설을 위탁했다. 이에 하델른은 2005년 2월 13일 제55회 베를린 영화제에서 '뉴 몬트리올 영화제'의 창설을 알리는 리셉션을 개최했다. 로지크는 사면초가에 몰렸다. 불행 중 다행이랄까. 하델른의 뉴 몬트리올 영화제는 단발로 그쳤다. 더 많은 관객을 유치하고 유명 배우와 감독을 보게 되리라 기대했던 관객들에게 실망을 안겨줬기 때문이다. 로지크에겐 전화위복이 됐지만, 지금도 연방정부나 주정부로부터 예산을 확보하는 데 많은 어려움을 겪고 있다.

몬트리올 영화제와 한국영화는 오랜 기간 끈끈한 역사를 이어오고 있다. 1983년 임권택 감독의 〈불의 딸〉이 참가한 이후로 이두용의 〈뽕〉(1986), 박철수의 〈안개기둥〉(1987)에 이어 1988년 이두용의 〈업〉(業)과 임권택의 〈아다다〉가 초대받았다. 1990년에는 장선우의 〈우묵배미의 사랑〉과 신승수의 〈수탉〉이, 1991년에는 김유진의 〈단지 그대가 여자라는 이유만으로〉, 박광수의 〈그들도 우리처럼〉, 장길수의 〈은마는 오지 않는다〉가 상영되었고, 이 가운데 〈은마는 오지 않는다〉는 여우주연상(이혜숙)과 각본상(장길수)을 수상했다. 1992년에는 박종원의 〈우리들의 일그러진 영웅〉이 최우수제작가상(도동환)

1988년 세르주 로지크와 함께 찍었던 사진이다. 영화제를 두루 다니며 사람들과 찍어 둔 사진들이 영화보다 더 영화처럼 느껴질 때도 있다.

을, 1996년에는 박철수의 〈학생부군신위〉가 최우수예술공헌상을 탔다. 1997년에는 이명세의 〈지독한 사랑〉 등 2편이, 1998년에는 〈한국영화 특별전〉으로 10편의 한국영화가 초청되어 교민사회를 열광케 했다. 〈아름다운 시절〉, 〈창〉, 〈나쁜 영화〉, 〈편지〉, 〈강원도의 힘〉, 〈접속〉, 〈8월의 크리스마스〉, 〈내 안에 부는 바람〉, 〈낮은 목소리2〉, 〈엑스트라〉 등 다양한 한국영화가 극장을 수놓았다. 이후에도 진출은 계속 이어졌다. 1999년에는 〈이재수의 난〉을 비롯한 5편, 2000년에는 〈박하사탕〉을 비롯한 3편, 2001년에는 〈친구〉를 비롯한 3편이 초청되었고, 2002년에는 〈클래식〉을 비롯한 4편, 2005년에는 〈말아톤〉과 〈활〉이 초청되었다. 2006년에는 〈너는 내 운명〉, 〈데이지〉, 〈야수〉 등 3편이, 2007년에는 〈여름이 가기 전에〉, 〈풀 메탈 빌리지〉와 함께 강수연이 심사위원으로 초대되었다.
최근에는 한국영화의 몬트리올 진출이 비교적 주춤한 편이다. 이에 대해 세르주 로지크는 한국에서 몬트리올에 대한 관심이 없어졌을 뿐만 아니라 지원을 해주지 않고 있다며 불만을 털어놓았다. 그와 나는 22년을 사귀어온 오랜 친구다. 4년 전에 그는 토론토 방송국에 근무하는 한국여성을 며느리로 삼았다. 몬트리올에서 결혼식을 올린 후 한국에서 전통결혼식을 다시 올렸을 때 로지크 부부는 중국 출장 중이어서 참석을 하지 못했다. 내가 대신 대구에 가서 신랑 아버지 역할을 했다.

1988년과 1990년에 이어 세번째로 방문했던 2008년 8월, 몬트리올 영화제는 많이 달라져 있었다. 주 상영관인 메종뇌브에서는 하루 한 번만 저녁에 경쟁영화를 상영하였고, 세르주 로지크의 아들 프랑수아가 관장으로 있는 임페리얼 극장을 경쟁영화 전용관으로 사용하고 있었다. 대부분의 영화는 새로 조성된 멀티플렉스 극장 콰티에 라틴을 이용했고, 야외 광장에서도 밤늦게 영화를 상영하고 있었다. 미국

배우 알란 래드의 아들이자 제작자로 활약하고 있는 '알란 래드 주니어 특별전'과 함께 미국배우인 토니 커티스와 일본의 영화큐레이터였던 '가시히코 가와기타 추모전'이 열리고 있었다. 로지크는 영화제 기간 중 주요 게스트들을 버스로 세 시간 거리에 있는 그의 농장에 초청하여 가족적인 분위기의 파티를 준비하기도 했다.

어떤 영화제든 한두 번의 위기나 시련은 있게 마련이다. 몬트리올과 우리의 오랜 우정을 생각할 때 몬트리올 영화제가 세르주 로지크를 중심으로 시련을 극복하고 옛 명성을 되찾기를 바라는 마음이 간절하다. 그들이야말로 영화제 역사의 산 증인들이니 말이다.

인구 7천5백여 명이 사는 이 작은 도시는 새해가 되면 뜨거운 영화의 불꽃에 휩싸인다. 그 불꽃의 중심으로 미국을 비롯한 세계 각국의 영화관계자들이 미래 영화의 '새로운 주역'들을 보려고 모여든다. 30년이 넘는 역사를 쌓아가면서 선댄스는 어느새 독립영화와 신인감독을 발굴하는 최고의 영화제가 된 것이다.

Sundance
Film Festival
2010

미국 선댄스 영화제
Sundance Film Festival

수많은 선댄스 키드를 탄생시킨 독립영화의 산실

최근 2년간 세계영화제에 지각변동이 있었다. 2008년 1월에는 산드라 덴 하머에 이어 루트거 울프슨이 로테르담 영화제의 새로운 수장이 되었고, 3월에는 낭트 3대륙 영화제를 직접 창설하고 30년간 운영해오던 필립 잘라도와 알랭 잘라도 형제가 필립 렐라크에게 자리를 내주었다. 2009년 3월에는 1990년 이후 20년간 선댄스 영화제를 이끌던 제프리 길모어가 트라이베카 영화제의 기획본부장으로 자리를 옮겼고, 트라이베카 영화제의 피터 스칼렛 집행위원장은 새로 창설된 아랍에미리트의 아부다비 영화제의 수장이 됐다. 4월에는 로테르담의 시네마트 책임자로 있다가 포르티시모 영화사를 만들었던 바우터 바렌트레이트가 타계했다.

외부에서 보기에 영화제는 행사 그 자체로 브랜드의 가치를 평가받는 것 같지만 영화제 역시 사람이 하는 일인지라 책임자가 누구냐에 따라 색깔과 평판이 바뀌기 마련이다. 이번에 소개할 선댄스 영화제는 존 쿠퍼를 새로운 집행위원장에 임명했다. 제프리 길모어가 떠나고 생긴 공석에 앉게 된 그는 일찍부터 선댄스에서 잔뼈가 굵은 사람이다. 존 쿠퍼는 1989년부터 20년간 선댄스협회에서 일해온 일꾼이며, 2002년 9월부터 선댄스 영화제의 수석 프로그래머로 활동해왔다. 선댄스를 지탱해온 오랜 경험을 통해 자연스럽게 위원장의 자리에 오른 경우라 할 수 있다.

선댄스 영화제는 미국 유타 주의 파크시티에서 매년 1월에 열린다. 해발 2천 미터의 고지대인 파크시티는 겨울에는 눈이 많고 여름에는 무척 덥다. 1890년대 서부영화에서처럼 일확천금을 노리는 사람들로 북적대던 은(銀)의 명산지 파크시티는 1898년 1월 29일 대형 화재로 도시가 전소되고, 대공황과 파업으로 유령도시로 변했다. 그러나 1963년 이후 재개발로 일년 내내 스키, 골프, 승마, 산악 바이크를 즐기는 연간 1천7백만 명의 관광객이 찾는 세계적인 관광명소로 변신했다. 인구 7천5백여 명이 사는 이 작은 도시는 새해가 되면 뜨거운 영화의 불꽃에 휩싸인다. 그 불꽃의 중심으로 미국을 비롯한 세계 각국의 영화관계자들이 미래 영화의 '새로운 주역'들을 보려고 모여든다. 30년이 넘는 역사를 쌓아가면서 선댄스는 어느새 독립영화와 신인감독을 발굴하는 최고의 영화제가 된 것이다.
이 겨울 영화축제의 기원은 1978년 9월에 유타 주의 필름 커미셔너로 일하던 존 얼과 스터링 반 웨이지넌이 솔트레이크시티에서 창설했던 '유타/미국영화제'(Utah/US Film Festival)다. 처음에는 유명한 미국 감독의 회고전을 중심으로 기획했다가 신인감독의 독립영화를 몇 편 포함시켰던 것이 성공을 거두면서 독립영화제로 성격이 바뀌기 시작했다. 1981년 3회 영화제부터는 개최 시기를 1월로 바꾸고 파크시티로 장소를 옮겼다. 당시 새로운 매체로 등장한 비디오아트를 영화제 프로그램에 추가하고 영화제 명칭도 '미국영화 · 비디오 영화제'

설원의 축제, 선댄스 영화제의 도서관 극장.
'미스터 선댄스'라고 불렸던 전 집행위원장 제프리 길모어(맨 아래 가운데).

로 바뀠다. 1982년 4회 영화제부터는 다큐멘터리와 단편부문을 신설했다. 그러다 1985년에 선댄스협회가 공식 주관기관 및 후원자로 등장하면서 튼튼한 기반을 구축하게 된다.

선댄스라는 이름은 영화배우 로버트 레드포드가 폴 뉴먼과 함께 출연한 〈내일을 향해 쏴라〉(Butch Cassidy And The Sundance Kid, 1969)에서 맡았던 캐릭터 이름에서 빌려온 것이다. 이 작품의 원제는 '부치 캐시디와 선댄스 키드'다. 그들은 서부를 주름잡는 악당인 동시에 아메리칸 뉴시네마의 반항적인 캐릭터를 대표했다. 로버트 레드포드는 뉴욕과 할리우드를 주 무대로 활동하면서 유타 주를 자주 찾았고, 1969년 파크시티 근처에 있는 워사치 산맥의 팀포로고스 산 일대의 땅을 매입하여 이 땅을 근거로 1980년에 선댄스협회를 창설했다. 그는 해마다 선댄스협회로 사람들을 초대해 워크숍을 개최하고 랩(Lab) 프로그램 등을 열었다. 이렇게 영화인의 목마름을 풀어주며 지난 30년간 1천 명이 넘는 감독, 시나리오 작가, 프로듀서 등 다양한 분야의 영화전문가를 배출했다.

영화제와의 결합은 이 과정에서 생겨났다. 제프리 길모어가 집행위원장으로 부임한 뒤 이듬해인 1991년 '선댄스 영화제'로 명칭을 바꾸고, 미국의 독립영화에 중점을 두면서 대표적인 독립영화제로 굳건하게 터를 잡은 것이다. 이곳에서 등장한 스타감독들은 오늘날 미국영화의 정신을 대변한다. 코언 형제의 〈블러드 심플〉(Blood Simple), 짐 자무시의 〈천국보다 낯선〉(Stranger Than Paradise), 스티븐 소더버그의 〈섹스, 거짓말 그리고 비디오 테이프〉(Sex, Lies, And Videotape), 쿠엔틴 타란티노의 〈저수지의 개들〉(Reservoir Dogs) 등이 선댄스에서 처음으로 소개됐다. '선댄스 키드'라 불리는 이들 감독의 성장과 함께 영화제도 세계적인 명성과 권위를 쌓아갔다. 무엇보다 소더버그의 일화는 흥미롭다. 그는 1989년에 선댄스 영화제에서 자원봉사 운전기사로 2주 동안 일을 했다. 그리고 다음해에 자신이 직접 시나리오를 쓴 첫 작품인 〈섹스, 거짓말 그리고 비디오테이프〉를 내놓았다. 이 작품은 선댄스에서 최우수관객상을 수상했고 칸 영화제의 황금종려상을 거머쥐었다. 게다가 개봉하자마자 미국 박스오피스에서만 2천5백만 달러를 벌어들이며 선댄스 키드의 명성을 드높였다.

설원의 도시 위에 펼쳐져 있는 선댄스를 처음 방문한 것은 2005년 때의 일이다. 마을은 눈에 덮인 설원 위에 높지 않은 건물들과 조화를 이루며 배치돼 있고, 국제 규모의 주변 스키장과 시내를 도는 무료 순환버스는 스키어들로 붐빈다. 파크시티는 선댄스 키드뿐만 아니라 스키어들에게도 꿈의 도시인 셈이다. 하지만 선댄스는 스키어 못지않게 표를 구하기 힘들 정도로 많은 관객이 몰리는 영화제이기도 하다. 그래서 1998년에 새로 개관한 1,270석의 에클스 극장을 비롯해 이집트 극장(296석), 라켓클럽, 도서관극장, 프로스펙터 스퀘어 극장, 야로우 극장 등 꽤 떨어져 있는 극장들을 이어주는 순환버스가 심야까지 운영되고 있고, 1천 명이 넘는 자원봉사자들이 정류장마다 두세 명씩 밤새워 안내하며 관객들의 편의를 돕고 있다.
한국영화가 선댄스에 본격적으로 소개되기 시작한 것은 1996년이었다. 박철수 감독의 〈301, 302〉와 〈학생부군신위〉가 처음 소개됐고, 이후로 박철수 감독의 〈산부인과〉, 이명세 감독의 〈인정사정 볼 것

임우성 감독과 영화제의 창립자 로버트 레드포드(왼쪽)와 선댄스를 찾은 빌 게이츠(오른쪽).

선댄스, 눈 덮인 고요한 풍경

없다〉, 김기덕 감독의 〈봄, 여름, 가을, 겨울 그리고 봄〉, 김동원 감독의 다큐멘터리 〈송환〉이 소개됐다. 비전향 장기수를 다룬 김동원 감독의 작품은 '표현의 자유상'을 수상했다. 2005년에는 새로 신설된 극영화 국제경쟁부문에 박철수 감독의 〈녹색의자〉와 이윤기 감독의 〈여자, 정혜〉가 함께 상영됐다. 2006년에는 조창호 감독의 〈피터 팬의 공식〉이 초청을 받았고, 재미교포 감독 김소영의 〈방황하는 날들〉과 재일교포 감독 양영희의 〈안녕, 평양〉이 심사위원특별상을 함께 받았다. 작년에는 이충렬 감독의 〈워낭소리〉가 한국 다큐멘터리 최초로 다큐월드 경쟁부문에서 상영되었고, 2010년 제26회 영화제에서는 임우성 감독의 〈채식주의자〉가 월드 경쟁부문에 초대됐다. 선댄스가 선택하는 한국영화들이 매우 다양한 것은 아니지만 독특한 스타일과 독립적인 성격의 영화들을 자주 소개하고 있다. 특히 한국 다큐멘터리영화에 대한 유별난 관심은 여타의 국제영화제들과 사뭇 다른 점이라 할 수 있다.

2009년 3월에 취임해 올해 처음으로 영화제를 이끄는 존 쿠퍼 신임 집행위원장은 프로그래머 출신답게 조용한 가운데서도 의욕적인 변신을 시도하고 있다. 종전까지 스타가 나오는 한 편의 화제작을 개막작으로 상영했지만, 올해는 미국 극영화 · 다큐멘터리 경쟁부문과 단편영화부문 등 세 개 부문에서 선정한 세 편의 개막영화를 시작으로 영화제의 문을 열었다. 또한 다양한 저예산 영화들을 폭넓게 소개하는 비경쟁부문 '넥스트'(NEXT)를 신설했다.

지난해 칸 영화제에서 개최된 작고한 바우터 바렌트레이트의 추도식에서 존 쿠퍼 신임위원장을 만나 인사를 나누었다. 나는 그가 제프리 길모어처럼 매년 부산을 찾아와 보다 많은 한국영화들이 선댄스에 진출할 수 있게 되기를 기대한다. 사람들 사이에서 '미스터 선댄스'로 불렸던 '제프리 길모어'는 정말 대단한 인물이었다. 그는 19년간 선댄스 영화제의 비약적인 발전을 이끌었다. UCLA에서 영화, TV, 연극학과를 졸업한 후 미국과 프랑스 등지에서 강의와 저술활동을 하다가 1991년에 집행위원장을 맡았다.

나는 오래전부터 여러 영화제에서 그를 만났지만 2001년 12월 1일 베를린에서 베를린, 베니스 등 9개 영화제 집행위원장들이 모인 '영화제 정상회담'에 함께 참여한 후 본격적으로 친분을 쌓기 시작했다. 그는 2002년부터 집행위원장을 사임할 때까지 한 해도 빠지지 않고 매년 부산국제영화제를 찾아와 한국영화들을 초청해갔다. 새로운 위원장인 '존'에게는 무엇보다 미국 경제 상황의 악화와 재정적 어려움이 큰 과제일 것이다. 존 쿠퍼 위원장은 올해 비아시아권의 신인감독을 발굴하는 '플래쉬 포워드' 의 심사위원장으로 부산을 찾는다. 그가 보기에 새로운 감독들이 대거 등장하는 한국영화계는 새로운 '선댄스 키드'를 찾아내기 위한 적합한 장소 중 하나일 것이다. 앞으로 소더버그나 코언 형제처럼 한국의 감독 중 누가 '선댄스 키드'의 영예를 얻을지 모르지만, 아주 먼 일은 아니라는 생각이 든다.

이곳의 다큐멘터리는 원주민의 역사와 전통, 애환, 보존과 개발이라는 이슈를 제기함으로써 아름다움 속에 감춰진 보편적인 삶의 문제를 건드린다. 신자유주의에 의해 훼손되는 토지와 이를 극복해가는 사람들의 노력이 펼쳐지고 있는 것이다. 그것은 이 영화제가 멜로드라마의 낭만이 아니라 현실을 다루는 다큐멘터리영화제로 정착된 이유가 무엇인지를 짐작하게 한다.

남태평양 타히티 국제다큐멘터리영화제
Pacific International Documentary Film Festival of Tahiti

이들의 다큐멘터리에는 눈부신 풍경뿐 아니라 곡진한 삶이 있다

타히티는 프랑스 영토인 폴리네시아(프렌치 폴리네시아)의 118개 섬 중 가장 큰 섬이다. 프렌치 폴리네시아는 소시에테, 투아모투, 마르케사스, 잠비아, 오스트랄 등 다섯 개의 군도(群島)로 구성된 섬나라이며, 타히티는 소시에테 군도에 속한다. 전체 인구는 25만 명이고, 그중 17만5천 명이 타히티에 거주하고 있다. 수도는 인구 10만 명이 거주하는 '파페에테'다.

타히티 하면 누구나 인상주의 화가 폴 고갱을 연상한다. 고갱이 처음으로 타히티에 온 것은 1891년 4월 1일이다. 그는 프랑스 정부의 허가를 받고 마르세유를 떠나 2개월 후에 파페에테에 도착했다. 현지에 쉽게 적응하지 못했던 그는 2년 후인 1893년 6월에 그림 66점을 가지고 프랑스로 돌아가 타히티 현지 사람들과 풍경을 그린 유명한 『노아노아』(Noa Noa)를 출간했다. 그러나 1895년 9월 또다시 타히티로 돌아온 고갱은 파페에테에서 13킬로미터 떨어진 푸나우이아에 집을 짓고 정착한다. 끝없는 좌절과 고독, 가난과 질병에 자살을 시도했지만 실패하고 만다. 그 후 고갱은 타히티에서 멀리 떨어진 마르케사스 군도의 작은 섬 히바오아의 아투오나에 '환락의 집'을 짓고 많은 그림을 그리면서 교회의 권위와 싸우다가, 환락과 기아로 건강이 악화되어 1903년 5월 8일 사망했다. 그가 외롭게 묻혀있는 히바오아 섬의 묘소에는 마르케사스 주교 마틴이 남긴 비명만이 간혹 이곳을 찾는 사람들의 가슴을 적신다. "신과 도덕의 적인, 위대한 화가, 불운한 친구가 이곳에 잠들다!"

고갱이 처음 정착했던 타히티에는 1967년에 개관한 고갱 박물관이 있다. 파페이테에서 동쪽으로 한 시간 거리인 파페아리의 아름다운 해변에 위치한 고갱 박물관에는 아쉽게도 고갱의 진품 그림이 한 점도 없다. 종이에 인쇄된 색 바랜 그림들, 모조 조각들, 나무에 음각된 작품들, 고갱의 가족사를 보여주는 가계도와 프랑스를 중심으로 그의 이동 경로를 그린 지도가 전시되어 있을 따름이다. 파페에테 인근에 있는 타히티 박물관에도 '핵실험의 흔적'은 전시돼 있지만 고갱은 없었다. 어쩌면 타히티는 '고갱의 이미지'를 벗어던지려 했는지도 모르겠다. 그들은 유럽이 기억하는 문화가 아니라 자신이 만들어가는 '해양영화의 중심'이라는 새로운 이미지를 창출하기 위해 노력하는 것 같다. 그리고 그 중심에 '오세아니아 다큐멘터리영화제'가 있다.

타히티 '오세아니아 다큐멘터리영화제'는 7년 전 웰레스 코트라와 피에르 올리비에의 주도로 창설됐다. 웰레스 코트라는 뉴칼레도니아 출신으로 오랫동안 지역방송국에서 일하다가 지금은 라디오 프랑스 해외방송 총국인 채널5의 책임을 맡고 있으며, 피에르 올리비에는 해군 출신으로 타히티에서 근무하다가 변호사인 타히티 여성을 만나 결혼한 후 정착하게 된 프랑스인이다. 이곳 섬사람들에게 방송은 유일한 정보원이고 오락 매체다. 특히 섬지역 원주민들의 생활, 민속,

고갱박물관의 고요한 풍경.
가스톤 통 상 대통령이 연설을 하고 있다. 영화제 심사위원들은 출품된 작품들을 놓고 토론을 벌인다.

역사 등을 소재로 한 방송다큐멘터리는 가장 인기 있는 프로다. 이 점에 착안하여 전문방송인 웰레스 코트라와 영화광인 피에르 올리비에가 손을 잡고 오세아니아를 대상으로 하는 다큐멘터리영화제를 출범하게 되었다.

여기서 오세아니아라는 지리학적 범주를 생각해볼 필요가 있다. 오세아니아는 폴리네시아(하와이, 뉴질랜드, 프렌치 폴리네시아, 이스트 아일랜드, 투발루, 쿡 아일랜드 등), 멜라네시아(파푸아 뉴기니, 뉴칼레도니아, 피지, 솔로몬, 바누아투 등), 미크로네시아(마리아나, 캐롤라인, 마셜, 키리바시, 괌 등), 호주 등 네 개 권역을 지칭한다. 크게 보자면 아시아를 제외한 태평양의 섬들을 망라한다.

오세아니아 다큐멘터리영화제는 이 지역 공동관심사에 관한 정보 공유, 공동 프로젝트 개발, 영화전문가들의 회동과 경쟁을 통한 영화제작과 판매 촉진, 다큐멘터리 제작자와 방송구매자 간의 시장 형성 등을 목표로 하고 있다. 초청 대상은 오세아니아에서 제작됐거나 이 지역에서 촬영된 다큐멘터리영화다. 매년 경쟁과 비경쟁을 포함하여 40여 편의 작품이 선정된다. 이들 영화는 20여 명으로 구성된 예심위원회를 거쳐 엄선되고 있으며, 피에르 올리비에 집행위원장을 포함해 지역의 영화전문가들이 예심을 맡고 있다.

2010년 올해 오세아니아 다큐멘터리영화제에 참석한 것은 개인적인 인연 덕분이었다. 지난해 이 영화제의 심사위원으로 참여한 하와이

대학의 빌소니 헤레니코 교수와 그의 부인 지넷 펄슨 헤레니코가 올해 심사위원으로 나를 추천했고, 덕분에 '아시아에서 온 최초의 심사위원'이라는 타이틀을 걸고 영화제를 둘러볼 수 있었다. 그점에서 언론의 집중적인 인터뷰 세례를 받기도 했다. 올해 영화제의 심사위원은 11명이다. 프랑스 언론인 플로랑스 오베나가 심사위원장을 맡았다. 프랑스 일간지『리베라시옹』의 기자 출신인 그녀는, 2005년 1월 5일 이라크로 납치됐다가 6개월 만인 6월 11일에 석방되면서 세계 매스컴의 주목을 받았던 인물이다. 현재는 주간지『누벨 옵세르바퇴르』에서 근무하고 있다. 이 잡지는 국내에도 잘 알려진『개미』의 작가 베르나르 베르베르가 과학 컬럼을 쓰던 곳이기도 하다. 나머지 열 명의 심사위원은 프랑스, 호주, 뉴질랜드, 피지, 뉴칼레도니아, 미국, 프랜치 폴리네시아 등 각 지역을 대표하는 인물로 구성됐다.

올해 초청된 영화는 경쟁부문 17편, 비경쟁 부문 24편으로 총 41편이었다. 경쟁에 오른 17편에는 호주와 뉴질랜드가 각각 6편, 프렌치 폴리네시아에서 만든 작품이 2편, 하와이 뉴칼레도니아 그리고 이 지역에서 촬영한 프랑스영화가 각각 1편씩 올랐다. 시상부문은 대상과 심사위원특별상 3편, 관객상 1편이다. 상금은 대상이 4만5천 달러, 심사위원특별상이 2만5천 달러다.

특히 올해에는 개막 전날 '픽션 이벤트'의 하나로 프랑스 신부가 폴리네시아 섬에 처음 상륙하여 원주민과 함께 생활해가는 내용을 다룬 장편영화를 다른 단편영화 7편과 함께 상영했다. 영화제의 상영관은 2개 극장이지만 상영작마다 만석을 이룰 정도로 관객의 열기는 뜨거웠다. 오세아니아 다큐멘터리영화제는 보여주는 것에 머물지 않는다. 영화제 기간동안 각 학교에서 초청영화를 상영하고 오디오 비주얼, 시나리오, 촬영, 편집, 디지털영화 등에 대한 워크숍을 1회 때부터 열어 영화전문가 양성에도 주력하고 있다. 올해부터는 다큐멘터리 사전 제작기획 10편과 투자자 또는 공동제작자를 연결시켜주는 '인터내셔널 핏치' 프로젝트를 운영했다. 호주의 ABC와 SBS 같은 방송사도 참여해 열띤 질의응답 시간을 가짐으로써 첫회부터 성공적인 분위기를 만들어냈다. 이 다큐멘터리영화제는 전체 예산 4천만 프랑(약 3만5천 유로) 중 절반은 시에서, 4분의 1은 프렌치 폴리네시안 정부와 프랑스 정부에서 각각 부담하고 있다. 스폰서를 유치해 메우는 금액은 4분의 1정도에 해당된다.

지역의 특성상 프랑스와 유대가 깊다는 것은 개막식을 통해 충분히 느낄 수 있었다. 아돌프 콜라 자치정부 수반, 가스톤 통 상 대통령, 파페에테 시장은 개막식과 폐막식에 참석했을 뿐 아니라 영화제 기간 중 교대로 관저에 영화제 참가자들을 초청하여 전통 민속공연을 곁들인 파티를 개최할 정도였다. 지역 대학에 영화학과는 아직 개설돼 있지 않았지만 워크숍 등을 통해 24명 정도의 영화 전공인력이 교육받고 있다. 타히티에서 만난 주부 최선원 씨도 그중 한 사람이다. 그녀는 8년째 이곳에 살고 있다. 어머니가 부산 사람인 최 씨는 한국외국어대학교와 프랑스에서 불어교육학을 전공하였고 프랑스 건축가와 결혼하였다. 이곳으로 온 것은 남편의 직장 때문이다. 그녀의 말에 따르면 타히티에는 일곱 명의 한국인이 살고 있었는데, 2년 전에 한 부부가 고향인 부산으로 돌아갔다고 한다. 현재 남은 사람은 다섯 명인 셈이다. 타히티라는 이름은 친숙하지만 한국인의 발길은 덜 닿은 아주 낯선 곳인 셈이다.

그러나 이곳에는 사람들을 모으는 영화가 있다. '오세아니아의 영화 중심지'로 새롭게 변신하려는 노력은 여러 곳에서 발견할 수 있다. 'APAC'이라는 지방정부의 영화지원 펀드가 3년 전에 창설되어 14편에 대한 지원이 이루어지고 있다.

프렌치 폴리네시아 지역은 대부분 화산 폭발로 땅이 솟았거나 가라앉아 생긴 섬들이어서, 큰 섬을 중심으로 작은 섬(motu)들이 원을 그리며 포진(stoll, 環礁)하고 있다. 큰 섬과 환초 사이에는 호수 또는 얕은 바다(lagoon, 礁湖)가 짙은 옥색을 띠고 있어 절경을 이룬다. 그렇다고 그 아름다운 풍경만 담아내는 것은 아니다. 이들의 다큐멘터리에는 풍경뿐 아니라 곡진한 삶이 있다. 다큐멘터리는 원주민의 역사와 전통, 애환, 보존과 개발이라는 이슈를 제기함으로써 아름다움 속에 감춰진 보편적인 삶의 문제를 건드린다. 신자유주의에 훼손되는 토지와 이를 극복해가는 사람들의 노력이 펼쳐지고 있는 것이다. 그것은 이 영화제가 멜로드라마의 낭만이 아니라 현실을 다루는 다큐멘터리영화제로 정착된 이유가 무엇인지를 짐작하게 한다.

2010년 타히티 영화제에서 (왼쪽부터) 피에르 집행위원장, 플로랑스 심사위원장, 그리고 심사위원단과 함께.

토론토 영화제는 많은 나라의 다양한 영화들이 선을 보이고, 예의바른 기립박수와 더불어 영화에 대한 뜨거운 격려를 보내는 관객들의 열정적인 참여로 유명한 영화제다. 이제 토론토는 미국으로 가는 관문을 지키는 문지기의 역할을 넘어 미국영화 안에 있는 현대성을 재조명하고, 영어권 영화들을 새롭게 큐레이팅하는 수문장으로서 다시 태어나고 있다.

tiff. toronto international film festival

캐나다 토론토 국제영화제
Toronto International Film Festival

현대 예술을 아우르는 넉넉한 품을 펴고 토론토의 시대가 열린다

토론토 국제영화제는 1억3천5백만 캐나다달러의 경제 효과를 유발하는 것으로 알려진 가장 큰 규모의 비경쟁영화제다. 매년 1백여 명의 상근 직원과 5백여 명의 단기직, 그리고 2천 명 이상의 자원봉사자들이 활동하는 북미의 영화 창구로 알려져 있다. 제34회 토론토 국제영화제의 자료에 따르면 총 64개국 336편의 영화를 32개의 스크린을 통해 상영하였다. 이 가운데 월드 프리미어가 96편, 인터내셔널 프리미어가 39편, 북미 지역에 처음으로 소개되는 작품이 110편에 해당된다. 규모만을 놓고 보았을 때에는 지난해 부산국제영화제와 흡사하다고 할 수 있다.

일반인들에게는 토론토 영화제 직전에 열리는 베니스 영화제가 더 꼽히겠지만 근래 들어 영화인이나 영화산업 종사자들 사이에서는 토론토의 위상이 훨씬 더 높아졌다. 토론토를 통해 많은 영화들이 미국

영화시장으로 진출하는 기회를 얻기 때문이다. 이 두 영화제는 개최 시기를 놓고 심심치 않게 충돌하기도 한다. 지난해 베니스 영화제는 9월 1일에 개막해 11일까지 개최되었고, 토론토 영화제는 9월 9일에 개막하여 18일까지 진행되었다. 베니스 영화제 중간에 많은 세일즈 에이전트들과 영화제 마켓의 바이어들이 토론토로 출발하는 모습을 보여주었다. 이 때문에 베니스의 신경이 날카로워지기도 했는데, 마켓의 규모나 실질적인 영향력 면에 있어서 9월의 토론토를 빼놓고는 이야기할 수 없을 정도가 되었다.

흔히 토론토 영화제의 성공 비결로, 세계 최고의 영화시장이자 공장이라 할 수 있는 할리우드가 가까이 있다는 점을 꼽는다. 토론토에는 할리우드의 다양한 신작들이 소개되며, 세계 최대 규모의 '인더스트리 스크리닝 체제'와 세일즈 회사들이 저비용으로도 영화를 소개할 수 있는 환경을 제공하고 있다. 이곳을 찾는 유료 관객은 30만 명 선에 이른다. 하지만 이 영화제가 정작 자국 영화에 대한 인지도를 높이고 있는지는 의문이 든다. 단편을 포함하여 매년 60여 편 정도의 캐나다 영화를 소개하고 있지만 정작 자국 영화의 국내 점유율은 5퍼센트를 넘지 못하고 있다. 캐나다의 입장에서만 보자면 토론토는 흔히 말하는 것처럼 미국 시장으로 향하는 관문이기보다는 오히려 할리우드 영화가 캐나다를 중심으로 하는 북미 시장에 진출하는 관문이 되는 셈이다. 아무튼 할리우드의 최신작과 배우들이 대거 참여하는 분위기 자체는 뜨겁다. 북미라는 지리적 장점을 살려 토론토는 비경쟁영화제이지만 칸, 베니스, 베를린과 같은 경쟁영화제 못지않은 스타 파워와 위상을 자랑한다.
올해 토론토 영화제는 오랜 숙원이었던 페스티벌 센터를 완공하고 이를 영화제 기간에 선보일 예정이다. 그동안 나뉘어져 있었던 사무국과 호텔들 그리고 상영장을 한곳에 집중시키는 것이다. 센터의 이

토론토 영화제 'Elgin and Winter Garden' 상영관 앞 밤풍경. 상영관 앞에 줄지어 선 관객들, 영화제의 낮풍경.

름은 '벨 라이트박스'다. 이곳에는 프레스센터, 세일즈와 인더스트리 사무실 그리고 영화제 사무실 등이 위치할 예정이고, 갈라 행사가 열리는 로이 탐슨 홀과 하얏트 리젠시 호텔이 5분 거리에 있다. 이 영화제의 최대 강점으로 꼽히는 인더스트리 상영은 스코우셔뱅크 극장에서 이뤄질 예정이다. 모두가 가까이에 놓여 있어 영화제로서의 집중력이 높아질 전망이다. 제63회 칸 영화제 기간 중에 열린 기자회견을 통해 토론토 국제영화제 재단법인의 공동집행위원장이자 CEO인 피어스 핸들링은 벨 라이트박스를 2010년 9월 12일에 개관한다고 발표했다. 이는 올해 영화제 개막 사흘 뒤이다.

토론토 국제영화제의 오랜 숙원사업이었던 영화제 전용 건물 '벨 라이트박스'는 지난 2007년 2월 기공됐으며 높이가 157미터에 달하는 42층짜리 건물이다.
누가 뭐래도 가장 화제가 되고 있는 것은 건물의 모양이다. 토론토에 있는 세계적인 건축회사 '쿠와바라 페인 맥케나 블럼버그 아키텍츠' 사가 설계한 벨 라이트박스는 80석의 작은 상영관과 550석의 대극장 등 총 5개 관이 하나의 커다란 상자 안에 각 상자들이 들어가 있는 형태의 구조를 이루고 있다.
건물 전체에는 3개 층의 아트리움과 두 개의 갤러리, 그리고 세 개의 학습 스튜디오가 있으며 식당과 라운지 등도 함께 들어선다. 대규모 다목적 공간으로 1천3백 석 이상의 좌석을 확보하는 벨 라이트박스는 장애인을 위한 시설을 포함하여 최첨단 설계를 자랑하고 있다.
이 건물은 여러 사람들의 후원과 노력으로 이루어졌다. 토지는 〈고스트버스터즈〉로 잘 알려진 이반 라이트만 감독과 그의 자매들이 제공했고, 다니엘스 코퍼레이션에서 2천2백만 캐나다달러에 달하는 비용을 댔다. 건축비용은 영화제의 창설 때부터 줄곧 협찬해온 벨사를 비롯하여 온타리오 주, 캐나다 중앙정부, 토론토 시, 그리고 영화제

토론토 국제영화제 공동 집행위원장 카메론 베일리(왼쪽)와 피어스 핸들링(오른쪽)의 모습.

의 메인 협찬사이자 공식 은행인 RBC에서 지원했다.

벨 라이트박스의 프로그램은 토론토 영화제의 예술총감독인 노아 코웬이 맡게 된다. 두 가지 중요한 프로그램이 확정되어 발표되었는데 하나는 '본질적 영화'(Essential Cinema)이고, 다른 하나는 뉴욕현대미술박물관에서 이미 대성공을 거둔 '팀 버튼'이었다. 일종의 개막쇼라고 할 수 있는 '본질적 영화' 프로그램은 세 부분으로 구성되어 있다. 전시회와 영화 프로그램 그리고 스페셜 이벤트가 그것이다. 전시회는 영화의 역사를 살펴볼 수 있는 영상과 전시품들로 이뤄지며, 특별히 현대 예술품 중 영화로부터 영감을 얻은 유명한 작품들로 채워진다. 영화 프로그램은 이 영화제가 선정한 역대 최고의 영향력 있는 '영화 100선'에 의거한 작품 중 일부를 일주일간 상영한다. 이와 함께 이 영화제의 시네마테크가 주관해 올해 말까지 1백 편의 영화를 최소한 두 번씩 상영할 계획이다.
벨 라이트박스의 완공을 계기로 토론토 영화제는 영화 자체에만 국한되는 산업적인 영화제가 아니라 현대예술을 아우르고 역사를 전시하는 공간으로 탈바꿈하는 셈이다. 영화를 볼 뿐만 아니라 세계적인 전시회와 갤러리 쇼가 함께 열리는 교육의 장소로서 새로운 자부심을 갖게 될 것이다. 이쯤 되면 이름만 비경쟁영화제이지 현대영화의 한 페이지를 새롭게 장식하며 국제적인 영향력을 제대로 보여줄 것이 분명하다. 핸들링 집행위원장은 이 새로운 공간에 대해 "풍요로운 영화의 영역을 향한 우리의 문은 일 년 내내 열려 있다. 이제는 영화뿐만 아니라 개인의 경험들을 큐레이팅하기를 기대한다"며 포부를 밝히고 있다. 이제 토론토는 미국으로 가는 관문을 지키는 문지기의 역할을 넘어 미국영화 안에 있는 현대성을 재조명하고, 영어권 영화들을 새롭게 큐레이팅하는 수문장으로서 다시 태어나고 있는 것이다.
토론토 국제영화제의 변화하는 위상에 발맞춰 한국영화 시장 역시

벨 라이트 박스의 이모저모.

토론토의 중요성을 점점 더 크게 인식하고 있다. 5월의 칸을 일차 목표로 삼는다면, 이를 경유한 감독들이 토론토를 제2의 도약대로 삼을 정도이다. 2004년에는 김기덕 감독의 〈빈집〉, 송일곤 감독의 〈거미숲〉, 임권택 감독의 〈하류인생〉과 같은 한국 대표 감독들의 영화가 상영되었고, 2005년에는 다섯 편의 영화가 초청받기도 했다. 스페셜 프레젠테이션 부문에서는 베니스 영화제 경쟁부문 진출작이기도 했던 박찬욱 감독의 〈친절한 금자씨〉가, 컨템퍼러리 월드 시네마 부문엔 허진호 감독의 〈외출〉과 임상수 감독의 〈그때 그 사람들〉이, 이명세 감독의 〈형사〉는 비전부문에 초청을 받았다. 당시 국내에는 미개봉이었던 강이관 감독의 〈사과〉가 디스커버리 부문에서 상영되었다. 이런 경향은 최근까지 이어지고 있다. 지난해에는 다양한 섹션에 봉준호 감독의 〈마더〉, 홍상수 감독의 〈잘 알지도 못하면서〉, 이해준 감독의 〈김씨 표류기〉, 한불 공동제작인 우니 르콩트 감독의 〈여행자〉가 상영되었다. 해마다 4~5편 정도의 영화가 꾸준히 초청되면서 한국영화 감독들의 북미 진출 이야기가 오가기도 한다. 토론토가 한국영화를 향한 어떤 관문이 될지도 지켜볼 일이다.

지난 2002년 베를린에서 세계 각국의 영화제 집행위원장들이 한자리에 모여 회담을 나누는 자리가 마련되었다. 나는 그곳에서 토론토 영화제의 핸들링 공동집행위원장과 많은 이야기를 나누며, 비경쟁영화제로서 부산과 토론토의 비슷함을 새삼 다시 느꼈다. 부산처럼 토론토 영화제 역시 많은 나라의 다양한 영화들이 선을 보이고, 예의바른 기립박수와 더불어 영화에 대한 뜨거운 격려를 보내는 관객들의 열정적인 참여로 유명한 영화제다. 영화를 위한 뜨거운 축제의 장이면서 새로운 문화소통의 창구로 서기 위한 공간을 꿈꿔온 것 역시 중요한 공통점이 아닐 수 없다. 이제 부산보다 한발 먼저 새로운 공간을 마련하고, 색다르게 바뀐 환경 속에서 토론토가 어떤 색깔을 발하는 영화제가 될 지 주목된다.

인더스트리 스크리닝 체제(Industry Screening System)

영화제에는 크게 두 가지 상영 방식이 존재한다. 하나는 영화제 공식 상영작을 극장에서 관람하는 경우다. 이것을 일반 스크리닝이라고 부른다. 다른 하나는 마켓에 참여한 바이어(buyer)나 관계자들을 대상으로 하는 '마켓 스크리닝'이다. 그런데 모든 국제영화제가 마켓을 운영하는 것은 아니다. 당연한 말이 되겠지만, 마켓이 없는 영화제에서는 마켓 스크리닝을 하지 않는다. 두 상영 방식에는 입장할 수 있는 기준이 있다. 일반 스크리닝은 티켓을 구입한 관객이나 배지(badge)를 소유한 사람들이 입장할 수 있다. 입장하는 방식은 영화제마다 천차만별이다. 왜냐하면 배지의 경우에도 세분화하는 영화제들이 있기 때문이다(좀더 자세한 사항에 대해서는 277쪽의 '배지' 항목을 참조하기 바란다).

두 상영방식 이외에도 많은 영화제에서 운영하는 특별한 상영이 하나 더 있다. 바로 인더스트리 스크리닝이다. 이것은 영화관계자들을 대상으로 상영하는 비공개 상영 행사다. 인더스트리 스크리닝에는 일반 관객이 들어올 수가 없다. 티켓을 판매하지도 않는다. 배지를 가진 게스트나 언론사 기자들만 선착순으로 입장된다. 부산국제영화제에서는 인더스트리 스크리닝을 '부산 스크리닝'이라 부른다. 세계 최초로 공개되는 작품을 우선시하고, 그 다음으로 많은 사람들의 관심을 끌 만한 화제성이 있는지를 기준으로 작품을 선정한다. 전 세계적으로 인더스트리 스크리닝에는 영문 자막 이외에 다른 언어는 명기가 되지 않는다. 그러다 보니 한동안 부산 스크리닝에는 사람들이 많지 않았다. 최근에 이 방식을 바꾸어 한글 자막을 제공한 후에는 부산 스크리닝 역시 일반 스크리닝의 표를 구하지 못한 배지 소유자들이 대거 몰려들고 있다.

이처럼 다양한 스크리닝 방식을 구별하는 것은 모종의 효용성 때문이다. 인더스트리 스크리닝으로 프리뷰(preview) 성격의 시사회를 갖는 경우도 많다. 예를 하나 들어보자. 공식 상영작인 압바스 키아로스타미의 신작 영화가 9일에 잡혀 있고 기자회견은 그날 영화상영 두 시간 전에 예정되어 있다고 하자. 기자회견장은 썰렁할 게 뻔하다. 왜냐하면 대다수가 영화를 못 봤을 것이기 때문이다. 이럴 경우 8일에 인더스트리 스크리닝을 잡아두면 기자들이나 관계자들이 미리 관람한 뒤 기자회견에 참석할 수가 있다.

영화제에서는 운영의 묘미를 살리기 위해 인더스트리 스크리닝을 활용하기도 하고, 국제영화제에선 한 영화를 세 번까지만 상영할 수 있으므로 비공식 상영인 인더스트리 스크리닝을 통해 화제작에 대한 높은 반향을 끌어내기도 한다. 실제로 제14회 부산국제영화제에서는 〈파주〉에 대한 관심이 높아지자 추가로 인더스트리 스크리닝을 잡기도 했다. 인더스트리 스크리닝은 주로 영화관계자들에게 '어떻게 하면 더 폭넓은 관람 기회를 제공할 수 있을까?' 하는 영화제의 고민이 내놓은 해결책 중 하나인 것이다.

부록

김동호가 소개한 세계영화제들

1 유럽의 영화제들

도빌 아시아영화제는 한국, 중국, 일본, 인도, 타이 등의 아시아 영화들을 유럽 관객에게 소개하는 쇼케이스 성격의 영화제다. 유럽 여러 국가에서 아시아 영화의 관객을 발굴하고, 영화의 상영, 판매, 홍보 등을 돕는다. 아시아 거장에 대한 회고전과 공로상 등을 통해 아시아 영화의 과거, 현재, 미래를 조명하는 특별 프로그램도 함께 선보인다.

지난 2000년에 처음 시작된 스페인의 **라스팔마스 국제영화제**는 주류 영화보다는 창조적이고 독립적인 영화를 지지해왔다. 이러한 선택 덕분에 스페인 안에서 다소 소외된 영화들이 라스팔마스를 거쳐 널리 알려질 수 있었다. 이 영화제를 즐겨 찾는 이들은 자유로운 사고를 지닌 관객들이다. 그들은 장르의 규범이나 단순한 범주를 넘어서는 영화들을 선호해왔으며, 그것이 현재의 흐름으로 이어지고 있다.

칸 영화제 창설과 같은 해인 1946년부터 시작된 **로카르노 국제영화제**는 긴 역사를 지닌 영화제 중 하나다. 지역적으로는 유럽의 심장부라 할 스위스와 이탈리아 사이에 위치한 국경도시 로카르노에서 개최된다는 장점도 있다. 새로운 영화인과 새로운 트렌드를 발굴해내는 것을 목적으로, 세계영화의 새로운 흐름을 소개하는 영화제 고유의 프로그램과 시스템을 가지고 있다. 8천 명의 관객을 수용하는 대광장(피아자 그란데)의 개막식 야외상영이 특히 유명하다.

네덜란드의 **로테르담 국제영화제**는 세계 곳곳의 독립영화 제작자들을 지원하는 것으로 유명하다. 재능 있는 영화인들을 발굴하고, 주요 신작들의 월드 프리미어 상영 기회를 제공하며, 그해의 주요 장편과 단편, 다큐멘터리 작품들을 상영하는 공식 선정부문, 영상예술 전시회, 특별 주제전과 토론회 등이 영화제 기간 중에 개최된다.

이탈리아의 **베니스 국제영화제**는 1932년에 창설된 세계에서 가장 오래된 국제영화제다. 한동안 비경쟁영화제로 운영되다 1981년부터 경쟁영화제로 전환했다. 1950년까지는 성 마르코의 금사자상이라는 명칭으로 그랑프리를 수여했지만 이후 황금사자상으로 명칭이 바뀌면서 그것이 영화제의 상징이 되었다. 새로운 영화들과 세계영화의 흐름을 지속적으로 끌고 가는 9월의 축제로 베네치아 리도 섬을 중심으로 축제가 열린다.

1951년 처음으로 시작된 독일의 **베를린 국제영화제**는 베를린시 최고의 문화행사이자 세계에서 가장 큰 영화마켓을 운영하는 영화제다. 128개국에서 온 1만9천 명 이상의 영화 종사자와 4천여 명에 이르는 각국 언론인들이 해마다 이 '베를리날레'에 참가한다. 연간 30만장 이상의 입장권이 팔려 최고의 관객 수를 자랑하는 베를린 영화제는 예술과 여배우들, 파티와 비즈니스가 어우러진 2주일간의 축제다.

1971년 설립된 영화제 중의 영화제 세르비아의 **베오그라드 국제영화제**는 유명한 거장들의 작품과 영화계의 새로운 움직임과 가치를 추구하는 뉴커런츠(새로운 물결)들 사이에서 적절한 균형을 잡기 위해 애쓰는 영화제다. 매년 그해의 주요 작품들을 재발견하는 이 영화제는 일상으로 충만한 영화, 평범한 사람들이나 남들과 다른 영웅의 고뇌와 딜레마, 열정과 희로애락이 담긴 영화, 현실과 과거의 침전물 사이를 오가는 영화 등 참으로 다양한 영화들을 소개한다.

전쟁의 소용돌이에서 문을 연 보스니아의 **사라예보 영화제**는 평화를 상징하는 축제다. 보스니아 내전 중인 1995년 창설되어 오늘날은 발칸 반도 최대의 영화 축제로 자리잡았다. 유럽의 주요 작품들이 선을 보이고 있으며, 전쟁과 정치 등의 예민한 소재들이 많은 사람들의 관심을 모은다. 세계의 현실을 담아낸 다양한 영화들을 끌어안는 것이 영화제의 큰 특징이자 자부심 중 하나다.

스페인의 **산세바스티안 국제영화제**는 1953년에 처음 열렸다. 초창기에는 마케팅을 목적으로 하는 '국제영화주간'을 중심으로 개최했지만 1955년부터 국제경쟁부문을 신설해 제도를 정비해왔다. 1957년부터 영화제는 '황금조개상'(Golden Shell)을 신설하고,

미지의 영화를 재발견하여 새로운 조류의 영화들을 스페인에 소개하는 데 주력해왔으며 혁신적인 영화를 감상할 수 있는 기회를 제공해왔다. 그랑프리에 해당하는 황금조개상과 감독상, 주연상에 해당하는 은조개상(Silver Shell), 촬영상과 각본상에 해당하는 심사위원상(Jury Prize) 등을 수여한다.

스코틀랜드 에든버러에서 개최되는 **에든버러 국제영화제**는 전 세계 비경쟁영화제 중 가장 긴 역사를 자랑한다. 영화제 기간을 전후로 다양한 문화공연과 축제들이 줄줄이 열리고 있어 세계 각국의 다양한 문화를 맛볼 수 있다는 장점이 있다. 이 영화제를 통해 유럽의 주요한 작품들과 젊고 혁신적인 영화들이 대거 소개된다.

예레반 영화제는 아르메니아의 수도 예레반에서 열리는 영화제로, 지역 특산물이 '살구'인 점에 착안해 '황금살구 영화제'로도 불린다. 영화제 기간에 전 세계의 영화애호가들이 이곳에 모여 일주일간의 축제를 즐긴다. 소련연방의 붕괴, 전쟁과 비극적인 지진 등을 극복해낸 작은 나라 아르메니아는, 영화라는 도구를 통해 자신들의 역사를 전 세계에 전달해왔으며, 평화와 공존의 지혜를 모색하고 있다.

예테보리 국제영화제는 영화사에 뚜렷한 족적을 남긴 잉마르 베리만의 모국 스웨덴에서 열리는 영화제로, 올해로 33회를 맞은 짧지 않은 역사를 지니고 있다. 매년 1월말에서 2월초에 개최된다. 2010년 영화제에는 78개국 450편의 영화가 상영되고 관객도 13만명을 넘었을 만큼 큰 규모였다. 예테보리 시내 9개 극장에서 영화제가 진행되는데, 특히 주 상영관 '드라켄'은 영화제가 수여하는 상의 명칭이기도 하다. 예테보리 영화제는 매년 부산국제영화제의 PPP에 상금을 지원하고 있으며, 영화제가 운영하는 노르딕 필름마켓은 북유럽을 대표하는 영화시장이기도 하다.

오프플러스카메라 국제독립영화제는 폴란드의 도시 크라쿠프에서 해마다 열흘간 열리는 국제적인 독립영화 페스티벌이다. 그해 독립영화계의 최고 기대작들이 소개된다. 데뷔작이나 두번째 작품을 만든 12명의 신인감독들이 맞붙는 주요 경쟁부문에서는 심사를 거쳐 10만 달러 상금의 '크라쿠프 필름 어워드'를 시상한다.

이탈리아의 **우디네 극동영화제**는 대중적인 아시아 영화를 유럽 관객에게 소개하는 가장 큰 행사다. 매년 이탈리아 북동부에 위치한 우디네에서 개최된다. 한국, 중국, 일본, 태국 등 아시아의 우수한 영화들을 더 깊이 이해하고 그 진가를 발견하여 서구 관객들에게 전달하는 데 목적을 두고 있다. 이 영화제는 60개 이상의 작품이 상영되는 경쟁부문과 회고전들로 이루어진다. 친절하고 따뜻한 분위기의 영화제에서 관객들은 아시아의 감독, 배우, 프로듀서들을 만날 수 있다.

러시아의 **제르칼로 국제영화제**는 러시아의 거장인 타르코프스키를 기리며 출범한 영화제다. 영화제의 이름인 '제르칼로'는 '거울'이라는 뜻의 러시아어로, 안드레이 타르코프스키의 유명한 자전적 영화 〈거울〉에서 따왔다. 인간 내면의 신비를 밝혀내는 자신만의 영화언어를 세상에 소개했던 타르코프스키 감독처럼, 그 모범을 좇는 새로운 영화와 젊은 영화인들을 발굴해내고 지원하는 게 영화제의 목적이다.

Karlovy Vary
International Film Festival

체코의 **카를로비바리 국제영화제**는 동유럽에서 가장 오랜 전통을 자랑하는 영화제다. 영화제의 시초는 1946년으로 거슬러 올라가지만, 현대적인 면모를 갖춘 것은 1994년 체코 최고의 배우 이리 바르토스카와 그의 동료들이 영화제 조직을 맡으면서부터다. 국제영화제작자협회(FIAPF)가 장편영화를 상영하는 전 세계 경쟁영화제 중 가장 중요한 영화제로 언급한 바 있다. 동유럽과 서유럽의 경계라는 개최지의 지정학적 위치로 인해 주변지역에서 최고 인기를 누리는 영화제로 자리잡았다. 관객은 주로 젊은 층으로 매년 14만여 명이 영화제를 찾아와 수준 높고 다양한 프로그램을 즐긴다. 영화제 주요 부문은 장편영화를 대상으로 최고상 '크리스털 글로브'(Crystal Globe)와 몇몇 상을 시상하는 공식 선정부문이지만, '다큐멘터리' 경쟁부문과 포스트 사회주의국가들의 영화가 주로 소개되는 '디 이스트 오프 더 웨스트'(the East of the West)도 경쟁부문 못지않게 큰 비중을 차지한다.

FESTIVAL DE CANNES

1946년 창설된 **칸 영화제**에는 매년 전 세계로부터 온 최우수작 약 50편이 공식부문에 소개되며 그중 20여 편이 황금종려상을 두고 겨룬다. 국제적인 심사위원단에 의해 시상되는 황금종려상은 세계적인 거장들의 수상으로 특별한 영예를 상징하게 되었다.

THESSALONIKI
INTERNATIONAL
FILM FESTIVAL

테살로니키 국제영화제는 그리스 최대의 영화제이자 동남부 유럽에서 개최되는 가장 큰 규모의 영화제다. 전통의 역사를 지닌 영화제답게 유럽의 주요한 거장들이 참가하고 있으며, 주 상영관인 '올림피온'(Olympion)을 중심으로 주변에 흩어져 있는 아담한 상영관들이 지중해와 어울려 독특한 바닷가의 정취를 자아낸다. 유럽뿐 아니라 아프리카, 아시아, 남미의 주요 영화들이 소개되고 있으며, 전 세계 거장들의 특별전과 회고전을 열어 영화의 의미를 되새기게 한다.

바캉스 기간이 다가오는 매년 초여름 파리 전역에서 개최되는 **파리시네마 국제영화제**는 민주적이면서도 조금은 독특한 영화제를 지향한다. 경쟁부문에서 세계영화와 영화제작자를 발견하는 데 목적이 있으면서도, 프렌치 프리미어 부문, 회고전과 특별전, 야외상영전과 특별이벤트 등의 프로그램으로 다양한 스타일과 형식의 영화를 탐험한다. 영화제 기간에 새로운 프로젝트들로 가득 찬 영화산업 교류의 장도 마련되며, 영화감독들에게는 잘 기획된 공동제작 지원 시스템인 '파리 프로젝트'가 제공된다.

스위스의 **프리부르 국제영화제**는 전 세계의 영화들을 향해 열려 있는 국제영화제다. 특이하게도, 유럽연합(EU) 국가와 스위스와 미국의 영화를 제외한 세계 각국의 영화들이 경쟁부문에 초청되어 자웅을 겨룬다. 로카르노 국제영화제 다음으로 규모가 큰 스위스 영화제다.

이탈리아의 **피렌체 한국영화제**는 2003년 이탈리아와 한국의 문화교류를 도모하는 피렌체의 문화협회 '태극기'라는 단체가 조직한 영화제다. 양국의 문화교류라는 의미 외에, 이탈리아 관객들을 한국영화의 매력에 흠뻑 빠지게 함으로써 한국문화 전반을 알리는 장으로 자리잡아왔다. 영화제에선 일부 영화들의 월드 프리미어가 이루어지며, 이탈리아 관객들에겐 생소한 한국의 최신작들이 소개된다. 다큐멘터리, 단편영화, 장편영화 등 다양한 장르의 영화상영과 한국 거장들의 회고전이 열리며, 감독들과 한국의 스타배우들을 직접 만날 수도 있다. 영화제 기간에 한국의 전통음악과 최신음악 콘서트도 열리며, 미술전시회와 각종 세미나도 개최된다.

2 아시아의 영화제들

일본의 **도쿄 국제영화제**는 1985년부터 매년 10월에 개최된다. 국제영화제작자연맹(FIAPF)으로부터 공인받은 경쟁국제 영화제 중 아시아에서 가장 큰 규모다. 경쟁부문에 선정된 15편의 영화들 중에서 '도쿄 사쿠라 그랑프리'를 시상한다. 2008년부터 '생태계'를 주제로 삼아온 도쿄 국제영화제는 영화를 통해 지구 생태계 고찰을 추구하는 영화제로 자리매김했다. 2백여 편의 공식 출품작들, 전 세계에서 온 4천여 명의 판매자와 구매자들이 참가하는 영화제 공식 필름마켓 티프콤(TIFFCOM)은 영화와 TV영상물이

거래되는 주요 창구다.

부산국제영화제에 비해 규모도 적고 역사도 짧은 **도쿄 필름엑스영화제**는 영화제 탄생부터 부산국제영화제와 각별한 관계를 유지해왔다. 그해의 중요한 아시아 영화들을 탐구하는 경쟁부문과 우수한 새로운 영화들을 상영하는 비경쟁부문, 일본 관객들에게는 알려지지 않은 해외 수작들을 소개하는 특별상영전, 외국 관객들을 위한 일본 명작순례 등의 프로그램으로 구성되어 있다. 매년 참가하는 저명한 게스트들은 영화제 관객들의 뜨거운 열정에 놀란다. 도쿄 국제영화제는 영화의 더 밝은 미래를 위한, 더 강력한 영화인 네트워크 구축을 지향하고 있다.

두바이 국제영화제는 2004년에 '문화의 다리 놓기'라는 테마를 갖고 처음 문을 열었다. 서로 다른 언어와 문화 사이의 소통을 주요 테마로 삼고 있다. 매년 12월에 개최되며, 세계에 두바이의 문호를 개방하고 다문화주의를 포용하는 것을 목표로 한다. 2006년에 영화산업의 깃발을 내건 이래 2007년부터는 다양한 프로그램을 통해 공동제작을 비롯한 갖가지 관련 사업을 추진중이다.

중국의 **상하이 국제영화제**는 아직은 역사도 짧고 A급 국제영화제들에 비해 외형도 부족하지만, 열정과 꿈이 넘치는 신생 영화제다. 영화제 설립 때부터 중국과 아시아의 영화를 적극 홍보하고, 다른 영화계와 교류하고 협력하여 세계영화의 다양성을 높이고 영화의 성장을 돕겠다는 의지가 뚜렷했다. 이런 10여 년의 노력으로 영화제는 이제 실질적인 진용을 갖추게 되었다. 개막식과 폐막식을 화려하게 장식하고 넓은 스펙트럼의 영화 장르를 보여주는 '골든 글로벳 어워드', '아시아 뉴탤런트 어워드', '국제학생 단편 어워드' 등의 프로그램들을 마련해 여러 국가들의 영화들을 지원하고 있다. 필름마켓(CFPC와 Co-FPC)과 포럼들도 활기차게 열린다.

야마가타 국제다큐멘터리영화제는 일본 북부의 작은 도시 야마가타에서 열린다. 이 영화제는 무려 20년이라는 긴 세월 동안 다큐멘터리영화의 진보를 확인하는 자리였다고 해도 과언이 아니다. 다큐멘터리 전용 영화보관소인 '아시안 독스'와 맛깔난 요리와 사케가 이 영화제의 또다른 자랑거리다.

일본의 대표적인 관광지이자 세계적인 휴양지 오키나와에서 2009년 시작된 **오키나와 국제영화제**는 2011년 3월, 제3회 영화제 개최를 앞두고 있다. '웃음과 평화'라는 주제 아래 전 세계에서 온 영화와 영상들이 관객들에게 웃음과 행복을 선사한다. 영화제에 방문한 관객들은 일본영화와 세계영화, 특히 아시아 영화의 바다에 흠뻑 빠지게 될 것이다.

1962년 대만에서 출범한 **타이페이 금마장영화제**는 중국어권에서는 가장 긴 전통을 가지고 있다. 홍콩의 금상장, 중국의 금계백화장과 함께 중국어권 3대 영화제의 하나다. 금마란 명칭은 중국과 접한 대만 북쪽 바다에 있는 두 섬 금문(金門)과 마조(馬祖)에서 딴 것으로, 이 영화제에서 수여하는 상이 금마장이다. **타이페이 영화제**는 세계적인 거장으로 꼽히는 허우샤오시엔 감독이 이끄는 대만 유일의 국제영화제다. 전 세계 영화감독들을 대상으로 한 '뉴탤런트 경쟁부문'과 대만 영화감독에게 시상하는 '타이페이 어워드 경쟁부문'으로 구성되어 있다.

파지르 국제영화제는 매년 2월에 이란의 수도 테헤란에서 열린다. 1982년 문화부의 도움 아래, 이란혁명(1979)을 기념하는 행사로 처음 시작되었다. 아시아영화부문과 단편경쟁부문이 있는 이란에서 가장 규모가 큰 국제영화제로, 영화제 기간에는 필름마켓도 함께 열린다.

중국의 **홍콩 국제영화제**는 재능 있는 영화인들을 발굴하고, 잘 만든 수작 영화의 감동을 경험하며, 글로벌 영화들이 아시아로 진출하는 최고의 장으로 기능해왔다. 50여 개국에서 출품된 290여 편의 영화들이 홍콩의 11개 주요한 장소에서 상영된다. 홍콩 최대의 이 영화제는 60만 이상의 관객이 다녀간다.

후쿠오카에는 도시를 대표하는 두 개의 영화제가 있다. **포커스온아시아 후쿠오카 영화제**와 **후쿠오카 아시아영화제**가 그것이다. 포커스온아시아 후쿠오카 영화제는 한마디로 말하면 아시아에 있는 여러 나라와 다양한 시대의, 보다 깊은 곳에서 나오는 소리를 찾아내는 것을 목표로 하고 있다. 후쿠오카 아시아영화제는 일본에서 가장 이름 있는 독립영화제로, 열정을 지닌 젊은 영화제작자들의 영화를 지원하는 것을 목표로 하고 있다.

3 미주, 아프리카, 오세아니아의 영화제들

멕시코의 **과달라하라 국제영화제**는 매년 3월에 열린다. 스페인어권 영화제 중 라틴아메리카에서 열리는 가장 권위 있는 영화제다. 지난 20년간 멕시코의 새로운 작품들과 국제적인 독립영화 감독들의 작품들이 대거 소개가 되어왔으며, 영화제 기간에 멕시코를 비롯한 세계 각국 스페인어권 독립영화 감독들의 신작을 볼 수 있다.

모로코의 국왕 모하메드 6세의 전폭적인 지지와 대통령 몰리 라치드 왕자의 주도로 개최되는 **마라케시 국제영화제**는 다른 문화와 민족, 문명들에 대한 더 나은 이해의 기회를 제공하는 영화제다. 영화제 내내 전 세계에서 초청한 장편영화들을 상영하여 영화예술의 진보에 이바지한 새로운 스타 영화인들을 발굴하고, 더 혁신적이고 새로운 형식의 영화들을 모로코 관객들에게 소개한다. 영화라는 예술 장르의 어제와 오늘, 내일을 조망하는 거장들의 회고전과 특별전이 관객들을 걸작 영화의 세계로 안내한다.

경쟁영화제로 북미 최고 권위를 자랑하는 **몬트리올 국제영화제**는, 영화제의 외형보다 내실 있는 프로그램과 영화선정으로 수준 높은 영화와 영화인들을 발굴해냈다는 전통과 자부심을 갖고 있다. 그 자부심은 유럽의 유명 영화제보다 강하다. 실제로 몬트리올 국제영화제는 칸, 베를린, 베니스 영화제와 수준을 같이하는 명실상부한 세계 8대 영화제의 하나로 손꼽힌다. 제라드 드파르디유, 다니엘 데이루이스, 제인 폰다, 난니 모레티, 클린트 이스트우드, 알렉스 페인, 카를로스 카레라, 후앙 호세 캄파넬라, 첸카이거, 장이모우, 임권택, 마지드 마지디, 올리버 스톤, 안제이 바이다, 장뤽 고다르 등, 몬트리올에서 데뷔하고 소개된 스타와 거장들은 헤아릴 수 없이 많다.

미국과 전 세계를 대상으로 한 독립영화의 쇼케이스인 **선댄스 영화제**는 유타 주 파크시티와 그 근교에서 매년 1월에 개최된다. 신예와 중견 예술가들의 장편극영화와 다큐멘터리, 혁신적 단편을 소개하고 영화제작자 포럼, 솔로공연에서 영화음악 작곡가 이벤트에 이르는 라이브 뮤직공연, 최첨단 설치미술 전시, 참여적 공동체와 학생 프로그램 등을 조직하여 독창적인 동시대 영화인들을 한자리에 모은다. 비영리단체인 선댄스협회의 지원을 받는 선댄스 영화제는 지난 20년간 획기적인 영화들을 세계 관객들에게 선물해왔다. 〈섹스, 거짓말, 비디오테이프〉, 〈기품 있는 마리아〉, 〈더 코브-슬픈 돌고래의 진실〉, 〈헤드윅〉, 〈불편한 진실〉, 〈프레셔스〉, 〈트러블 더 워터〉, 〈중앙역〉 등이 그에 포함된다. 또한 새로운 영역의 개척이라는 정신에 맞춰 아이작 줄리안, 더그 에이트킨, 피에르 위그, 제니퍼 스타인캠프, 매튜 바니 등 미디어 아티스트들의 영상작품도 소개해왔다.

타이티 국제다큐멘터리영화제는 다른 영화제들과는 차별화된다. 남태평양 한가운데 위치한 타히티에서 개최됨으로써 매년 이 대양 지역에서 나오는 이미지들의 교차로가 되고자 한다. 멜라네시아, 미크로네시아, 폴리네시아의 국민들과 서구사회 간의 연결점이 되는 영화제로, 대양주 주민들에게 발언권이 주어지는 특별한 장이 되었다.

캐나다의 **토론토 국제영화제**는 1976년에 시작된 이래 북미의 관문으로 자리잡았다. 해마다 9월 첫째 주 월요일의 노동절이 지난 목요일 밤에 축제가 시작되며, 3백 편에서 4백 편 정도의 영화를 상영한다. 참가자는 대중 및 관련업계를 포함해 30만 명에 이른다. 토론토 요크빌 인근에서 집중적으로 이뤄지는데, 이 지역은 북아메리카에서도 가장 실속 있는 소비가 이루어지는 거리다. 할리우드의 영향력을 극복하면서, 캐나다 자국의 영화와 감독을 주로 소개해온 토론토 영화제는 요즘 아시아와 아프리카의 영화에 깊은 관심을 보이고 있다.

영화, 영화인 그리고 영화제

1판 1쇄 | 2010년 10월 15일
1판 2쇄 | 2010년 12월 1일

지은이 김동호
펴낸이 강병선
책임편집 고원효 | 편집 이정옥
모니터 이상용 | 디자인 국자와포크 디자인
마케팅 신정민 서유경 정소영 강병주 | 온라인 마케팅 이상혁 한민아 정진아
제작 안정숙 서동관 김애진 정구현 | 제작처 영신사

펴낸곳 (주)문학동네
출판등록 1993년 10월 22일 제406-2003-000045호
주소 413-756 경기도 파주시 교하읍 문발리 파주출판도시 513-8
전자우편 editor@munhak.com | 대표전화 031)955-8888 | 팩스 031)955-8855
문의전화 031)955-8891(마케팅) 031)955-2685(편집)
문학동네카페 http://cafe.naver.com/mhdn

ISBN 978-89-546-1296-8 03680

* 이 도서의 국립중앙도서관 출판시도서목록(CIP)은 e-CIP 홈페이지(http://www.nl.go.kr/ecip)에서
이용하실 수 있습니다.(CIP제어번호:CIP2010003566)
www.munhak.com